독자의 1초를
아껴주는 정성을
만나보세요!

세상이 아무리 바쁘게 돌아가더라도 책까지 아무렇게나 빨리 만들 수는 없습니다.
인스턴트 식품 같은 책보다 오래 익힌 술이나 장맛이 밴 책을 만들고 싶습니다.
땀 흘리며 일하는 당신을 위해 한 권 한 권 마음을 다해 만들겠습니다.
마지막 페이지에서 만날 새로운 당신을 위해 더 나은 길을 준비하겠습니다.

길벗 IT 도서 열람 서비스

도서 일부 또는 전체 콘텐츠를 확인하고 읽어볼 수 있습니다.
길벗만의 차별화된 독자 서비스를 만나보세요.

더북(TheBook) ▶ https://thebook.io

더북은 (주)도서출판 길벗에서 제공하는 IT 도서 열람 서비스입니다.

Next.js CHO NYUMON
© 2024 Syoda Tuyano
Korean translation rights arranged with SHUWA SYSTEM CO., LTD
through Japan UNI Agency, Inc., Tokyo and Botong Agency, Gyeonggi-do

이 책의 한국어판 저작권은 보통 에이전시를 통한 저작권사와의 독점 계약으로 (주)도서출판 길벗에 있습니다.
신저작권법에 의해 한국 내에서 보호를 받는 저작물이므로 무단전재와 복제를 금합니다.

쉽게 시작하는 Next.js
GETTING STARTED NEXT.JS

초판 발행 · 2024년 12월 12일

지은이 · 쇼다 츠야노
옮긴이 · 김성훈
발행인 · 이종원
발행처 · (주)도서출판 길벗
출판사 등록일 · 1990년 12월 24일
주소 · 서울시 마포구 월드컵로 10길 56(서교동)
대표 전화 · 02)332-0931 | **팩스** · 02)323-0586
홈페이지 · www.gilbut.co.kr | **이메일** · gilbut@gilbut.co.kr

기획 및 책임편집 · 정지은(je7304@gilbut.co.kr) | **디자인** · 장기준 · **제작** · 이준호, 손일순, 이진혁
마케팅 · 임태호, 전선하, 차명환, 박민영, 박성용 | **유통혁신** · 한준희 · **영업관리** · 김명자 · **독자지원** · 윤정아

전산편집 · 책돼지 | **출력 및 인쇄** · 정민문화사 | **제본** · 정민문화사

▶ 잘못 만든 책은 구입한 서점에서 바꿔 드립니다.
▶ 이 책은 저작권법에 따라 보호받는 저작물이므로 무단전재와 무단복제를 금합니다.
   이 책의 전부 또는 일부를 이용하려면 반드시 사전에 저작권자와 (주)도서출판 길벗의 서면 동의를 받아야 합니다.

ISBN 979-11-407-1198-7   93000
(길벗 도서번호 080432)

정가 32,000원

독자의 1초를 아껴주는 정성 길벗출판사

(주)도서출판 길벗 | IT교육서, IT단행본, 경제경영, 교양, 성인어학, 자녀교육, 취미실용
www.gilbut.co.kr
길벗스쿨 | 국어학습, 수학학습, 어린이교양, 주니어 어학학습, 학습단행본
www.gilbutschool.co.kr

페이스북 · https://www.facebook.com/gbitbook
예제소스 · https://github.com/gilbutITbook/080432

초보자 눈높이에 맞춰 설명하는 Next.js 입문서!

GETTING STARTED NEXT.JS

쉽게 시작하는
Next.js

쇼다 츠야노 지음
김성훈 옮김

길벗

지은이의 말

웹의 진화는 서버에서 프런트엔드로 전환해가는 역사입니다. 예전의 웹 애플리케이션은 프런트엔드 측에서 폼을 전송하면 서버 측에서 필요한 처리를 하고 다시 페이지를 표시하는 방식이었습니다. 이를 프런트엔드에서 모두 처리하는 형태로 진화시킨 것이 리액트입니다. 리액트의 등장으로 웹은 클라이언트와 서버 사이를 오가는 어색한 웹 페이지에서 항상 매끄럽게 변화하는 역동적인 웹 페이지로 진화했습니다. 하지만 점점 동작이 무거워지는 웹 페이지와 웹 애플리케이션의 고도화로 인해 서버 측에서 복잡한 처리를 해야 할 필요성이 높아졌는데도 프런트엔드 라이브러리인 리액트의 서버 측 처리는 무력했습니다.

"리액트의 파워를 활용하면서 서버 측에서도 고도화된 처리를 하고 싶다. 그리고 이 둘을 융합하여 리액트처럼 매끄럽고 다이내믹하게 동작하는 웹 애플리케이션을 만들자!"

이러한 리액트 개발자들의 요구를 실현한 것이 바로 Next.js입니다.

Next.js는 프런트엔드부터 백엔드까지 모두 아우르는 프레임워크입니다. 프런트엔드 측에는 리액트가 표준으로 채택되어 리액트 개발자가 쉽게 전환할 수 있습니다. 또한 서버 측 처리도 API로 기능을 제공하거나 서버에서 동작하는 컴포넌트를 만드는 등 유연하게 개발할 수 있습니다. 또 개발사 Vercel에서는 Next.js 앱을 배포, 공개하는 클라우드 서비스도 운영하고 있어 개발부터 공개까지 일관되게 진행할 수 있습니다.

Next.js에서는 애플리케이션 전체를 제어하는 라우팅 방식이 기존 Pages 라우터 외에 새로운 App 라우터가 추가되어 각각 다르게 구현해야 합니다. 책에서는 이처럼 복잡해진 Next.js의 기능을 라우팅 방식에 따라 정리하여 입문자도 알기 쉽게 설명합니다. 또한 외부 사이트와 연동하는 예로 OpenAI의 생성 AI 모델 사용법에 대해 자세히 안내합니다.

리액트를 사용해 본격적으로 웹 애플리케이션 개발을 하고 싶다면, 꼭 Next.js에 주목해보기 바랍니다. '리액트를 중심으로 한 클라이언트-서버 통합 개발'이라는 새로운 세계가 여러분을 기다리고 있습니다.

쇼다 츠야노

옮긴이의 말

웹 개발 생태계는 끊임없이 진화하고 있습니다. 특히 프런트엔드 영역은 변화의 속도가 매우 빠른데, 그중에서도 리액트는 가장 널리 사용되는 프런트엔드 라이브러리이며, Next.js는 리액트 기반의 프레임워크로 큰 주목을 받고 있습니다.

이 책을 번역하면서 가장 인상 깊었던 점은 리액트에서 Next.js로의 자연스러운 전환 과정을 독자 눈높이에서 설명한다는 것입니다. 많은 개발자가 리액트를 학습한 후 Next.js로 넘어가는 과정에서 어려움을 겪는데, 이 책은 그 간극을 효과적으로 메워주고 있습니다.

이 책의 특징은 기본기부터 실전까지 균형 잡힌 내용 구성에 있습니다. 기초 개념부터 시작해 리액트 컴포넌트, Next.js의 라우팅 시스템, 다양한 렌더링 기법을 다루며 간단한 데이터 처리와 API 개발까지 포함하고 있습니다. 여기에 최근 주목받고 있는 OpenAI API 통합 예제와 타입스크립트 기초까지 다루어 시의성 있는 내용을 담았습니다. 특히 API 부분은 제가 활용하는 여러 서비스에 적용해보면서 재미있게 번역할 수 있었습니다.

번역 과정에서는 기술 용어의 정확성을 유지하면서도 독자들이 직관적으로 이해할 수 있도록 노력했습니다. 코드 예제와 실습 과정 또한 실제 개발 환경에서 바로 적용할 수 있도록 세심하게 확인했습니다.

이 책이 리액트를 넘어 Next.js를 배우고자 하는 개발자들에게 실질적인 도움이 되길 바라며, 웹 개발 프로젝트에서 마주칠 수 있는 과제들을 해결하는 데 유용한 길잡이가 되길 희망합니다.

끝으로 좋은 책의 번역 기회를 주신 출판사 관계자분들과 꼼꼼하게 베타 리딩에 참여해주신 모든 분께 감사드립니다.

김성훈

베타테스터 후기

Next.js는 리액트를 기반으로 하는 웹 개발 프레임워크입니다. 개인적으로 리액트를 활용한 대규모 서비스 개발 경험을 가져보지 못했던 차에, 우연한 기회로 베타 테스트에 참여하게 되었습니다. 비교적 짧은 시간이었지만 리액트와 Next.js 두 프레임워크에 대한 개념을 파악하면서 실습 예제들도 구현해볼 수 있었습니다.

Next.js에 대해 공부하며 느낀 건 한마디로 '이 녀석, 참 매력적이네!'입니다. 리액트가 가진 클라이언트 사이드 렌더링 기반의 SPA 웹 프레임워크의 기능을 품었으며, 동시에 서버 사이드 렌더링을 지원하고 코드 분할(code splitting) 기술 등을 통해 페이지 로딩 속도를 획기적으로 개선했습니다. 게다가 풀스택, 백엔드 개발까지 모두 다 가능합니다. 2024년 스택 오버플로(Stack Overflow)의 개발자 설문조사에서 왜 Next.js가 웹 프레임워크 분야 4위를 차지했는지 그 진가를 실감할 수 있었습니다.

이 책은 이토록 매력적인 웹 프레임워크, Next.js에 대한 입문서입니다. Next.js가 리액트 기반으로 개발된 만큼 리액트 서비스 개발에 대해 함께 다루며 Next.js의 핵심 기술들을 골고루 경험할 수 있는 실습 예제들도 알차게 구성되어 있습니다. 특히 타입스크립트 입문 강좌를 부록으로 제공해 초보자에게 큰 도움이 될 거라 생각합니다. 여러분도 이 책을 통해 Next.js의 매력 속으로 빠져보시길 바랍니다.

최성욱 | 삼성전자 VD사업부 Security Lab

Next.js에 대해서 관심이 많았는데 이번에 베타 테스터로 참여하면서 기초부터 차근차근 배울 수 있어 더 좋았습니다. 초·중급 Next.js 개발자로 성장하고자 하는 분들에게 추천하는 책입니다.

이종우 | Paymint 개발 총괄

Next.js의 기본 개념부터 시작해 실전 활용 예제까지 잘 설명되어 있습니다. 특히 어려울 수 있는 정적 생성과 서버 사이드 렌더링의 차이를 명확하게 풀어주는 부분이 인상적입니다. 또한 장마다 간결한 예제로 기능을 친절하게 설명해주어 입문자들에게 좋은 지침서가 될 것 같습니다. 마지막 장에는 앞에서 다룬 내용들을 토대로 OpenAI를 연동하는 예제를 작성하며 Next.js의 기능을 제대로 활용해볼 수 있습니다. 전반적으로 실습 위주의 접근과 상세한 설명이 돋보이며, Next.js의 기본기부터 탄탄하게 다지고 싶은 개발자들에게 추천합니다.

이호철 | 신세계아이앤씨

Next.js로 가는 여정을 담은 책입니다. Next.js를 구성하는 React.js, Tailwindcss, JSX, 타입스크립트와 같은 구성 요소를 지나 필수 렌더링 개념을 통해 Next.js의 전반적인 특징을 이해할 수 있습니다. 설치 단계와 구성 요소부터 단계별로 학습하기 때문에 처음 프런트엔드를 접하더라도 쉽게 시작할 수 있습니다.

CSR, SSR, SSG의 개념과 메소드의 사용법 그리고 활용 예제를 통해 Next.js에 대해 세세하게 익힐 수 있습니다. Next.js의 특징을 활용한 기능과 취향에 맞게 사용할 수 있도록 다양한 예제를 제공한다는 점도 특별합니다. 이 책을 통해 Next.js의 구성과 특징을 이해하고 결국 프로젝트에 활용하게 되는 보람찬 여정을 경험하길 바랍니다.

문주영 | 스타트업 프론트엔드 개발자

> **실습 안내**
> 이 책의 Next.js 버전은 14이며, Vercel, github, OpenAI 등은 웹 기반의 서비스이므로 실습 시 접속한 사이트의 화면, 메뉴 등은 변경될 수 있습니다.

목차

CHAPTER 1 Next.js 기초 지식　015

1.1 Next.js 준비하기　016
　1.1.1　프런트엔드 개발의 진화　016
　1.1.2　리액트의 등장　019
　1.1.3　리액트에서 Next.js로　020
　1.1.4　리액트 개발과 Next.js 개발　023

1.2 리액트 애플리케이션 개발　026
　1.2.1　리액트 프로젝트 생성하기　026
　1.2.2　Visual Studio Code for the Web 사용하기　028
　1.2.3　프로젝트 열기　030
　1.2.4　프로젝트 실행하기　033
　1.2.5　리액트 애플리케이션의 구성　034
　1.2.6　index.html에 대하여　035
　1.2.7　index.js에 대하여　035
　1.2.8　App.js에 대하여　038
　1.2.9　컴포넌트는 리액트의 기본!　041

1.3 Next.js 애플리케이션 개발　041
　1.3.1　Next.js 프로젝트 생성하기　041
　1.3.2　프로젝트 이용하기　044
　1.3.3　Next.js 프로젝트 파일에 대해서　046
　1.3.4　layout.tsx의 내용　048
　1.3.5　page.tsx의 내용　052

1.4 Vercel로 배포하기　053
　1.4.1　Next.js 애플리케이션과 Vercel　053
　1.4.2　프로젝트 생성하기　057
　1.4.3　깃허브 리포지터리 정보　061
　1.4.4　비주얼 스튜디오 코드로 편집하기　063
　1.4.5　깃허브 계정에 대해서　065
　1.4.6　리액트를 배우고 Next.js로 넘어가기　069

CHAPTER 2 리액트 컴포넌트 학습　071

2.1 리액트 함수형 컴포넌트의 기본　072
　　2.1.1 리액트 애플리케이션 배우기　072
　　2.1.2 값 삽입하기　074
　　2.1.3 컴포넌트 인수와 속성　075

2.2 스테이트와 훅　080
　　2.2.1 스테이트로 값 유지하기　080
　　2.2.2 스테이트 훅의 개념　082
　　2.2.3 폼 사용하기　085
　　2.2.4 이펙트 훅에 대하여　089

2.3 컴포넌트 활용　093
　　2.3.1 데이터 목록 표시　093
　　2.3.2 스타일 클래스 다루기　096
　　2.3.3 스타일 객체 이용하기　099
　　2.3.4 여러 컴포넌트 이용하기　103
　　2.3.5 글로벌 변수를 이용해 데이터 공유하기　106
　　2.3.6 함수형 컴포넌트와 스테이트만 이해하면 OK　110

CHAPTER 3 Next.js 페이지 만들기　111

3.1 리액트 기반 컴포넌트　112
　　3.1.1 Next.js 페이지와 컴포넌트 구성　112
　　3.1.2 폰트와 여백 조정하기　113
　　3.1.3 Tailwind CSS의 주요 클래스　115
　　3.1.4 폼 이용하기　119
　　3.1.5 클래스 정의하기　123

3.2 라우팅과 페이지 이동　125
　　3.2.1 복수 페이지와 라우팅　125
　　3.2.2 other 페이지 만들기　126

    3.2.3 public 폴더 이용하기　131
    3.2.4 동적 라우팅　134
    3.2.5 파라미터를 지정하지 않은 경우　138

3.3 스타일과 레이아웃　140
    3.3.1 로컬 CSS에 대해서　140
    3.3.2 CSS 모듈에 대해서　142
    3.3.3 Styled JSX에 의한 스타일　144
    3.3.4 layout.tsx 오버라이드　148
    3.3.5 레이아웃 정보는 상속된다　151

CHAPTER 4　페이지 라우터 애플리케이션　153

4.1 페이지 라우터에 대해서　154
    4.1.1 앱 라우터와 페이지 라우터　154
    4.1.2 페이지 라우터를 이용한 프로젝트 생성　156
    4.1.3 페이지 라우터의 폴더 구성　158
    4.1.4 도큐먼트와 앱 컴포넌트　160
    4.1.5 index.tsx에 대해서　162

4.2 복수 페이지와 라우팅　164
    4.2.1 페이지 라우터와 페이지 컴포넌트　164
    4.2.2 동적 라우팅　167
    4.2.3 파라미터를 전달받는 페이지 만들기　168
    4.2.4 여러 파라미터 가져오기　170

4.3 레이아웃과 초기 속성　172
    4.3.1 레이아웃 커스터마이징　172
    4.3.2 레이아웃용 컴포넌트 만들기　173
    4.3.3 레이아웃 이용하기　175
    4.3.4 필요한 정보를 레이아웃에 전달하기　177
    4.3.5 정적 속성 이용하기　178
    4.3.6 정적 속성 준비하기　179

CHAPTER 5 페이지 렌더링 183

5.1 페이지 라우터와 서버 사이드 렌더링 184
- 5.1.1 서버와 클라이언트 184
- 5.1.2 페이지 라우터의 렌더링 185
- 5.1.3 렌더링되는 장소의 차이 186
- 5.1.4 렌더링되는 시점의 차이 187
- 5.1.5 빌드와 제품 앱 실행 189
- 5.1.6 클라이언트 사이드 렌더링에 대해서 190

5.2 페이지 라우터와 정적 사이트 생성 191
- 5.2.1 정적 사이트 생성에 대해서 191
- 5.2.2 정적 속성 이용하기 194
- 5.2.3 정적 속성 이용하기 197
- 5.2.4 동적 라우팅의 SSG 199
- 5.2.5 [name].tsx를 정적 페이지로 만들기 201

5.3 페이지 라우터의 서버 사이드 렌더링 206
- 5.3.1 동적 렌더링이란? 206
- 5.3.2 getServerSideProps에 대해서 207
- 5.3.3 SSR로 서버 사이드 속성 사용하기 208
- 5.3.4 Incremental Static Regeneration 211
- 5.3.5 페이지 라우터의 복잡한 렌더링 217

5.4 앱 라우터의 렌더링 217
- 5.4.1 렌더링과 컴포넌트 217
- 5.4.2 정적 페이지에 대해서 219
- 5.4.3 동적 렌더링 페이지 222
- 5.4.4 클라이언트 컴포넌트에 대해서 226
- 5.4.5 쿼리 파라미터 226

CHAPTER 6 데이터 액세스 231

6.1 fetch를 이용한 데이터 액세스   232
- 6.1.1 데이터를 이용하려면?   232
- 6.1.2 JSON 데이터 준비하기   234
- 6.1.3 서버 컴포넌트에서 fetch 사용하기   235
- 6.1.4 클라이언트 컴포넌트에서 fetch 사용하기   237

6.2 서버 액션   240
- 6.2.1 서버 액션에 대해서   240
- 6.2.2 서버 액션 이용하기   241
- 6.2.3 폼 전송하기   244
- 6.2.4 파일에 액세스하기   249
- 6.2.5 컴포넌트로 액세스하기   252

6.3 SWR에 의한 네트워크 액세스   256
- 6.3.1 fetch에서 SWR로   256
- 6.3.2 SWR의 기본   257
- 6.3.3 데이터 아이템을 컴포넌트로 만들기   259
- 6.3.4 데이터 아이템 컴포넌트화하기   263
- 6.3.5 서버 측에서 SWR 이용하기   268

CHAPTER 7 API 작성과 이용 273

7.1 페이지 라우터와 API   274
- 7.1.1 웹 액세스와 API   274
- 7.1.2 api 폴더에 대해서   275
- 7.1.3 API의 기본 코드   276
- 7.1.4 컴포넌트로 API 이용하기   279
- 7.1.5 ID 데이터 가져오기   282
- 7.1.6 파일에 액세스하는 API   286
- 7.1.7 API를 이용해 컴포넌트로 파일에 액세스하기   290

7.2 앱 라우터와 라우트 핸들러   293

   7.2.1 앱 라우터의 API와 라우트 핸들러   293
   7.2.2 GET 메서드의 라우트 핸들러 만들기   295
   7.2.3 컴포넌트로 API에 액세스하기   297
   7.2.4 ID를 전달해서 액세스하기   298
   7.2.5 API를 이용해 지정 ID의 데이터 표시하기   301
   7.2.6 파일 액세스와 POST 전송   303
   7.2.7 API를 사용해 폼 전송하기   307

CHAPTER 8 OpenAI API 이용하기   313

8.1 OpenAI API 준비하기   314

   8.1.1 API 이용과 OpenAI   314
   8.1.2 OpenAI 계정 등록하기   315
   8.1.3 OpenAI 플랫폼 이용하기   317
   8.1.4 크레딧 구입하기   321

8.2 Next.js에서 채팅 기능 이용하기   324

   8.2.1 Next.js에서 API 이용하기   324
   8.2.2 바디 콘텐츠에 대해서   325
   8.2.3 반환값에 대해서   327
   8.2.4 API에 액세스하는 컴포넌트   328

8.3 Next.js에서 이미지 생성하기   334

   8.3.1 DALL·E를 이용한 이미지 생성   334
   8.3.2 이미지를 생성하는 컴포넌트   337
   8.3.3 주요 코드 확인하기   341

8.4 OpenAI 패키지 이용하기   343

   8.4.1 OpenAI의 Node.js 패키지   343
   8.4.2 OpenAI 객체로 채팅 이용하기   344
   8.4.3 OpenAI를 이용하는 API 만들기   346
   8.4.4 API에 액세스하는 컴포넌트 만들기   349

8.4.5 이미지 생성 API 이용하기　351
8.4.6 Next.js와 잘 어울리는 REST　357

부록　타입스크립트 입문　359

A.1 값, 변수, 구문　360
A.1.1 타입스크립트는 플레이그라운드에서!　360
A.1.2 값, 변수, 연산　361
A.1.3 튜플　365
A.1.4 열거형　367
A.1.5 제어 구문　368

A.2 함수 이용하기　371
A.2.1 함수 정의하기　371
A.2.2 여러 개의 반환값　374
A.2.3 옵션 인수와 초깃값　376
A.2.4 가변 길이 인수　378
A.2.5 값으로 다루는 함수　380
A.2.6 함수의 인수와 반환값으로 사용하는 함수　382

A.3 객체 이용하기　385
A.3.1 객체 리터럴　385
A.3.2 클래스 정의하기　387
A.3.3 생성자　389
A.3.4 클래스의 타입　392
A.3.5 type을 이용한 타입 앨리어스　393
A.3.6 제네릭 타입　395
A.3.7 앞으로의 학습 방향　399

찾아보기　400

CHAPTER

01

Next.js 기초 지식

Next.js는 리액트를 기반으로 만들어진 웹 애플리케이션 프레임워크입니다. 1장에서는 Next.js가 어떤 것인지 이해하기 위해 리액트와 Next.js로 각각 프로젝트를 생성해보고, 두 프레임워크의 공통점과 차이점에 대해 알아보겠습니다.

포인트

* Next.js와 리액트의 관계를 이해한다.
* 리액트와 Next.js 프로젝트를 생성하고 실행한다.
* 리액트와 Next.js가 어떻게 다른지 살펴본다.

1.1 Next.js 준비하기

1.1.1 프런트엔드 개발의 진화

웹의 진화는 프로그램 진화의 역사이자, **백엔드의 진화**에서 **프런트엔드의 진화**로 전환해가는 역사라고도 할 수 있습니다.

예전에는 웹사이트라고 하면 서버 측에 프로그램을 설치하고 실행하는 것이었습니다. 따라서 웹 애플리케이션 개발은 기본적으로 **서버 측에서 어떻게 고도화된 처리를 구현할 것인가**가 중요했으며, 프런트엔드(웹 페이지에 표시되는 쪽)에서는 미리 HTML로 작성한 템플릿을 준비해두고 렌더링하여 표시한 형태가 일반적이었습니다.

이처럼 서버 측에서 모든 것을 처리하는 방식은 항상 데이터를 서버로 보낸 후 처리 결과를 받아서 표시하는 형태로 작동합니다. 하지만 일일이 서버로 전송하고 다시 결과 표시 페이지를 받아오는 방식은 응답이 돌아올 때까지 기다려야 하고 동적인 움직임에 대응할 수 없습니다.

서버에서 처리하는 방식에 한계가 보일 무렵, 웹에는 새로운 변화가 시작됐습니다.

백엔드에서 프런트엔드로

그중 하나가 **백엔드에서 프런트엔드로 전환**해가는 변화입니다. 웹이 진화함에 따라 서버에 의존하는 방식이 아닌 웹 페이지에서 해결하는 방식이 주목받게 됐습니다.

예를 들어 구글 지도를 생각해보세요. 구글 지도에 일단 접속하면 더 이상 서버에 전송하고 다음 페이지를 받아오는 처리를 거의 하지 않습니다. 마우스로 지도를 움직이거나 클릭해서 상점 정보를 표시하는 등의 처리가 모두 바로 실행되어 동작합니다. 이는 웹 페이지에 이렇게 조작할 수 있는 기능이 구현되어 있기 때문입니다.

웹 페이지에서는 자바스크립트(JavaScript)를 이용하여 그 자리에서 스크립트를 실행할 수 있습니다. 구글 지도처럼 실시간으로 변화하는 앱은 이런 기능을 활용해 만들어진 것입니다.

▼ 그림 1-1 웹은 '서버 측에서 모두 작성하는 방식'에서 '클라이언트 측에서 작성하는 방식'으로 변화하고 있다

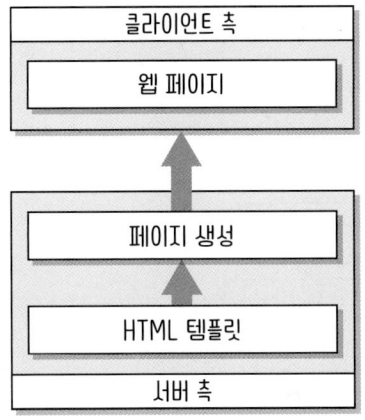
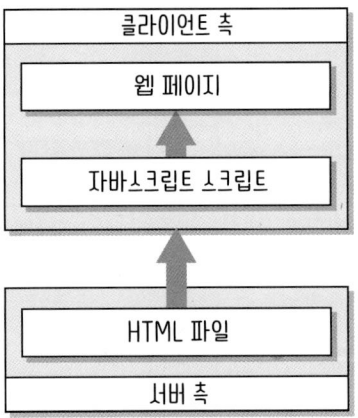

라이브러리에서 프레임워크로

하지만 이처럼 프런트엔드에서 실시간으로 화면을 조작하는 처리는 매우 복잡해서 쉽게 만들기 어렵습니다. 자바스크립트에서는 이전부터 다양한 기능을 편리하게 모아놓은 라이브러리를 사용했는데, 프런트엔드의 중요성이 높아짐에 따라 라이브러리는 더욱 진화했습니다.

현재 프런트엔드에서 널리 사용되는 것은 **프레임워크**입니다. 프레임워크는 라이브러리와 마찬가지로 다양한 기능을 제공하지만, 가장 큰 차이는 **시스템을 갖추고 있다**는 점입니다.

라이브러리는 다양한 기능이 나열되어 있을 뿐 그것을 프로그램 내에서 어떻게 사용할지는 전적으로 프로그래머에게 달려 있습니다. 반면에 프레임워크는 웹 애플리케이션의 기본 구조 자체가 내장되어 있어 '이런 경우는 여기에 이런 처리를 작성한다'와 같은 구현 방법이 정해져 있습니다. 프로그래머는 프레임워크의 지시대로 지정된 위치에 정해진 형식으로 프로그램을 작성하기만 하면 애플리케이션 전체 시스템이 완성됩니다.

과거 프레임워크는 주로 백엔드(서버 측)에서 사용됐는데, 이제는 프런트엔드에서도 사용되기 시작한 것입니다.

▼ **그림 1-2** 라이브러리는 프로그램에서 필요에 따라 호출한다. 프레임워크는 내부에 시스템을 갖추고 있어 그 안에서 필요에 따라 프로그램이 호출된다

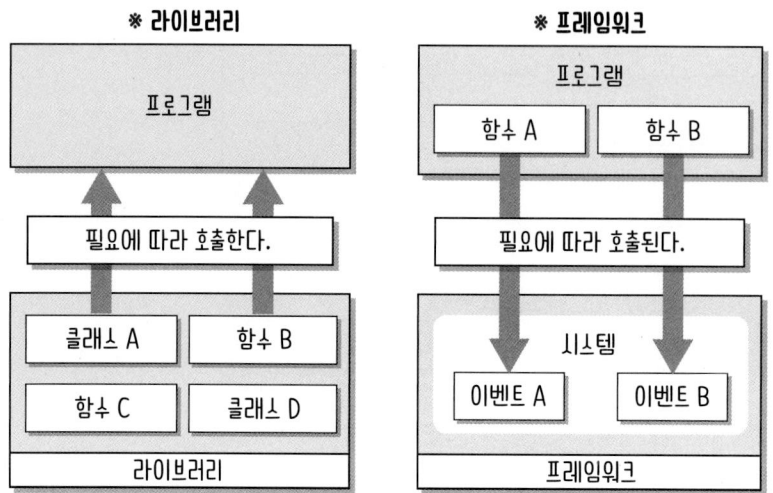

자바스크립트에서 타입스크립트로

프런트엔드 코딩 방식과는 별개로, 더 근본적인 부분에서의 변화도 일어나고 있습니다. 그것은 **자바스크립트에서의 탈피**입니다.

기본적으로 웹 브라우저에서 작동하는 언어는 자바스크립트뿐입니다. 자바스크립트는 사용하기 쉽지만, 여러 단점도 있습니다. 그래서 자바스크립트의 단점을 극복해 더욱 다루기 쉽고 강력한 언어를 웹 프런트엔드 개발에 사용하기 시작했습니다. 그것은 바로 **타입스크립트**(TypeScript)입니다.

타입스크립트는 마이크로소프트에서 개발한 오픈 소스 스크립트 언어입니다. 흔히 **트랜스컴파일러**(transcompiler)라고 부르는 언어의 일종입니다. 프로그래머가 타입스크립트로 프로그램을 작성하면 이를 트랜스컴파일(다른 언어의 코드로 번역)하여 자바스크립트 코드로 변환합니다. 이 방식이라면 자바스크립트로만 작동하는 웹 브라우저 개발에서도 타입스크립트를 사용할 수 있습니다.

1.1.2 리액트의 등장

웹 애플리케이션 개발에 변화를 가져온 가장 큰 요인은 **리액트의 등장**일 것입니다. 리액트는 Meta(구 Facebook)에서 개발한 오픈 소스 프런트엔드 라이브러리입니다. 리액트는 다음 URL에 공개되어 있습니다.

URL https://ko.react.dev

▼ **그림 1-3** 리액트 웹사이트

리액트는 주로 사용자 인터페이스(UI)를 구축하기 위해 사용되며 기존의 다른 라이브러리에는 없던 다양한 기능을 탑재하고 있습니다. 그렇다면 리액트의 특징을 살펴보겠습니다.

가상 DOM

자바스크립트로 웹 페이지를 다룰 때 가장 큰 걸림돌은 **느린 속도**입니다. 웹 페이지에는 자바스크립트로 HTML 요소에 접근할 수 있는 **DOM**(Document Object Model) 구조가 있습니다. DOM 구조를 이용하면 자바스크립트로 HTML 요소를 다룰 수 있습니다. 하지만 DOM을 조작할 때마다 웹 페이지가 다시 작성되므로 내용을 많이 업데이트하면 웹 페이지 표시와 동작에 영향을 미칩니다.

리액트에서는 이러한 문제를 해결하고자 **가상 DOM** 구조를 도입했습니다. 가상 DOM은 메모리 내에만 존재하는, 보이지 않는 DOM입니다. 리액트는 먼저 가상 DOM으로 웹 페이지를 변경하고, 모든 변경이 완료되면 가상 DOM을 웹 페이지에 적용하여 업데이트합니다. 이처럼 가상 DOM을 이용하면 실제 웹 페이지는 한 번만 렌더링하면 되므로 빠르게 업데이트할 수 있습니다.

컴포넌트와 JSX

리액트에서는 UI를 컴포넌트로 정의하고 조합합니다. 복잡한 화면도 세세한 부분을 컴포넌트로 정의하고 조합할 수 있기 때문에 UI의 재사용과 응용이 매우 용이합니다.

또한, 리액트에서는 **JSX**라는 자바스크립트 확장 문법을 도입하여 HTML 태그를 자바스크립트 코드 내에 기술해 컴포넌트의 UI를 만들 수도 있습니다. JSX를 이용하면 컴포넌트를 한층 더 쉽게 정의할 수 있습니다.

선언형 코딩

리액트 컴포넌트는 **선언형**(declarative) 방식으로 작성됩니다. 기존 프로그래밍 언어에서는 컴포넌트를 만들 때 일반적으로 **객체를 생성하고 필요한 프로퍼티를 설정**하는 방식으로 코드를 작성했습니다.

선언형 방식에서는 컴포넌트의 내용을 구조 그대로 기술합니다. 구조를 기술하는 단계에서 필요한 설정 정보 등을 미리 준비해두기 때문에 작성한 후 프로퍼티 설정 작업을 하지 않아도 됩니다. 컴포넌트의 구조를 기술하면 그대로 작동하므로 선언형으로 작성된 컴포넌트는 매우 이해하기 쉽고 만들기도 쉽습니다.

1.1.3 리액트에서 Next.js로

리액트는 매우 강력한 라이브러리지만, 어디까지나 프런트엔드 라이브러리일 뿐이며 웹 페이지 내에서 가능한 것만 지원합니다. 하지만 본격적으로 웹 애플리케이션을 개발하려면 이것만으로는 충분하지 않습니다. 백엔드(서버 측)에서 해야 할 일도 많기 때문입니다. 예를 들어 데이터베이스 관련 처리나 사용자 인증 기능 등은 백엔드에서 구현하지 않으면 실현하기 어렵습니다.

또한, 모든 것을 프런트엔드에서 자바스크립트 코드로 구현하므로 기존 웹 페이지와는 구조가 상당히 달라집니다. 처리가 복잡해지면 동작이 느려지기도 하고, 페이지 대부분을 클라이언트에서 스크립트로 생성하기 때문에 검색 엔진 최적화가 어려워질 수도 있습니다.

이처럼 리액트는 확실히 잘 만들어진 라이브러리지만, 리액트만으로 웹 애플리케이션을 완성할 수 있는 것은 아닙니다. 리액트로 할 수 있는 것은 UI와 관련된 것뿐이며, 그 배후에서 작동하는 처리는 별도로 만들어야 합니다. 이는 이것대로 상당히 어려운 일입니다.

그래서 프런트엔드에서 리액트를 사용하면서, 백엔드까지 일체화해 개발할 수 있는 프레임워크가 필요하기 시작했습니다. 백엔드부터 프런트엔드까지 모두 통합해서 하나의 웹 애플리케이션으로 개발할 수 있는 프레임워크 말입니다. 당연히 UI는 리액트를 사용하며, 리액트를 기반으로 백엔드 처리까지 모두 융합하여 개발할 수 있는 환경을 만들자는 것입니다.

이런 아이디어에서 등장한 것이 Next.js입니다.

Next.js란?

Next.js는 Vercel에서 개발한 오픈 소스 프레임워크입니다. 오픈 소스지만 Vercel의 제품의 일부로 개발되어 업데이트와 지원이 안정적으로 이루어지고 있습니다. Next.js는 다음 URL에 공개되어 있습니다.

`URL` https://nextjs.org

그럼, Next.js는 어떤 프레임워크일까요? 특징을 간단히 정리해보겠습니다.

• 타입스크립트 지원

Next.js는 기본적으로 타입스크립트를 지원합니다. 타입스크립트는 자바스크립트에 엄격한 타입 시스템을 도입한 것으로, 값을 정확하게 다루는 데 적합합니다. 타입스크립트 자체는 자바스크립트의 확장판이므로 자바스크립트를 이해한다면 비교적 쉽게 사용할 수 있습니다.

• **서버 사이드 렌더링**

리액트는 모든 것을 프런트엔드에서 처리하기 때문에 페이지 구조도 복잡해지고 이해하기 어려운 코드가 만들어지기 십상입니다. Next.js는 서버에서 페이지를 미리 렌더링하여 표시할 수 있습니다. 리액트를 기반으로 하면서도 기존 방식처럼 정적 페이지를 만들 수 있습니다.

• **라우팅 기능**

리액트는 표시된 페이지 내에서 스크립트를 실행하고 처리하므로 단일 페이지로 구성된 웹 애플리케이션에 적합합니다. 반면에 많은 페이지로 구성된 경우에는 리액트를 도입하기 어려운 측면이 있습니다.

Next.js는 라우팅 기능을 갖추고 있어 여러 페이지로 구성되고 페이지 간 이동이 가능한 웹사이트를 만들 수 있습니다. 또한 여러 페이지를 작성해도 내부적으로는 페이지 하나로 통합되어 리액트의 장점도 가지고 있습니다.

• **Web API**

Next.js에서는 웹 API를 간단히 작성할 수 있으며, API를 경유하여 클라이언트 측과 서버 측을 쉽게 통합할 수 있습니다. 게다가 REST 등에 의한 공개 API 작성에도 사용할 수 있습니다.

• **배포 환경 정비**

Next.js 자체 기능은 아니지만, 개발사인 Vercel은 Next.js 애플리케이션을 배포할 수 있는 클라우드 환경을 제공합니다. 따라서 개발한 애플리케이션을 바로 배포하고 공개할 수 있습니다.

▼ 그림 1-4 Next.js 웹사이트

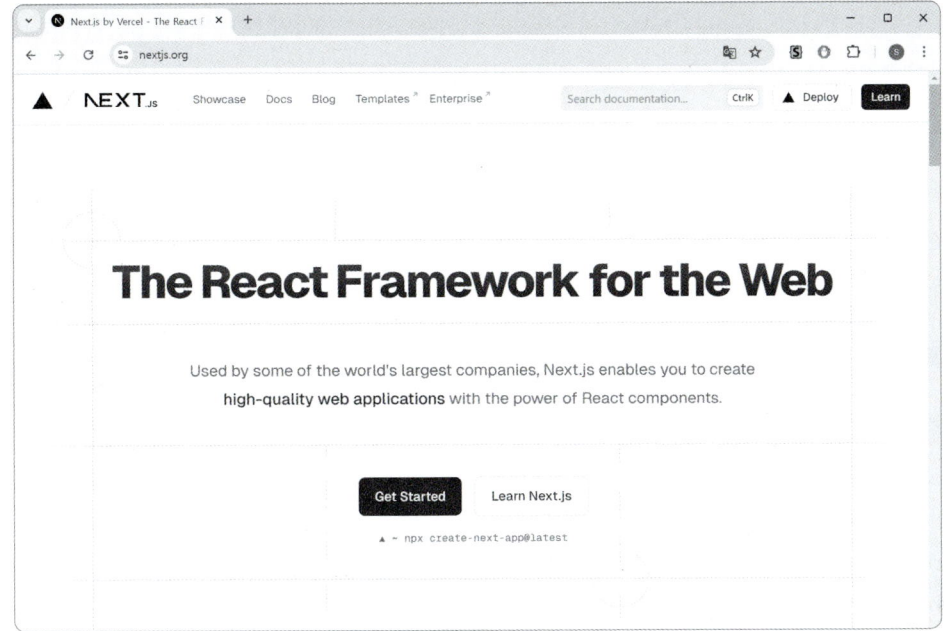

1.1.4 리액트 개발과 Next.js 개발

Next.js는 리액트를 기반으로 만들어진 프레임워크로 리액트와는 떼려야 뗄 수 없는 관계입니다. 그러므로 당연히 Next.js를 이용하려면 리액트에 관한 지식이 필요합니다. 따라서 먼저 리액트와 Next.js를 이용한 개발을 비교하며 간단히 정리해보겠습니다.

Node.js/npm 이용하기

둘 다 개발에 Node.js를 이용합니다. Node.js는 자바스크립트 런타임 엔진입니다. 자바스크립트의 스크립트를 바로 실행할 수 있어, 특히 서버 측 개발 등에 널리 이용됩니다.

Next.js는 서버 측까지 포함하는 프레임워크이므로 Node.js를 사용하는 것은 당연합니다. 하지만 프런트엔드 전용 라이브러리인 리액트까지 Node.js를 사용하는 것이 이상하게 느껴질 수도 있습니다.

정확히 말하면, 리액트는 Node.js 본체가 아니라 Node.js가 제공하는 패키지 관리 도구인 npm을 이용합니다. npm은 자바스크립트의 다양한 라이브러리와 프레임워크를 관리하는 도구입니다. 자바스크립트를 이용한 애플리케이션 개발의 기반이라고 할 수 있으며, 많은 자바스크립트 관련 프로그램들이 npm 기반으로 제공됩니다.

리액트도 npm으로 프로젝트를 생성하여 작업하는 것이 기본이라고 할 수 있습니다. 따라서 리액트로 개발하기 위해서는 Node.js를 먼저 설치해야 합니다. Node.js는 다음 URL에 공개되어 있습니다. 본격적인 개발에 들어가기 전 Node.js를 미리 설치해두길 바랍니다.

`URL` https://nodejs.org

▼ 그림 1-5 Node.js 웹사이트

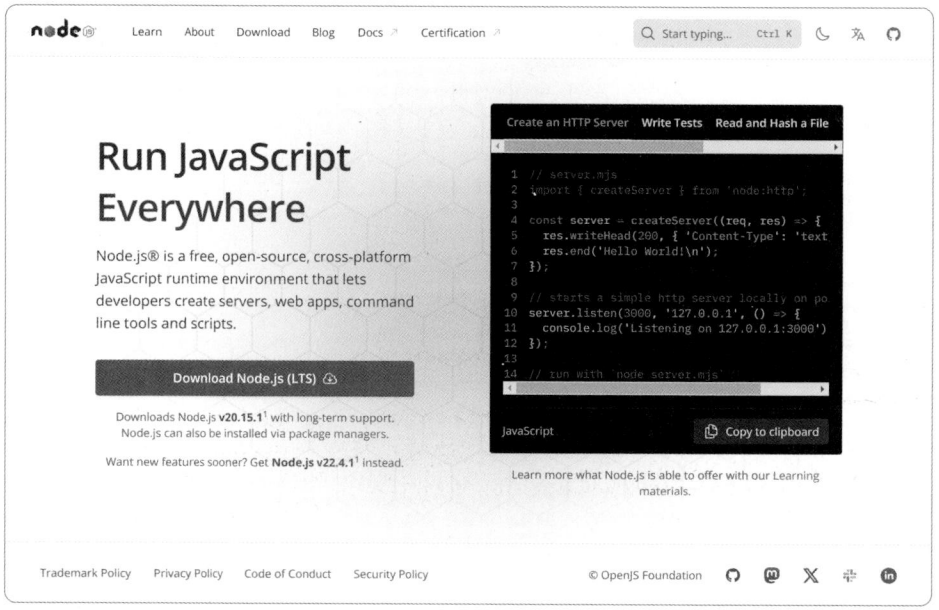

명령으로 프로젝트 생성하기

리액트와 Next.js 모두 Node.js에서 제공하는 npm이나 npx와 같은 명령을 사용하여 프로젝트를 생성하고 개발합니다. 프로젝트란 애플리케이션에 필요한 파일, 라이브러리, 설정 정보 등을 모아놓은 것입니다.

최근에는 애플리케이션을 개발할 때 다양한 라이브러리를 조합해 쓰는 경우가 많기 때문에 이러한 프로젝트를 바탕으로 개발을 진행합니다. 양쪽 다 프로젝트를 생성한 후 필요한 파일을 편집하는 개발 스타일은 거의 동일합니다.

개발 툴은 필수일까?

개발 툴은 둘 다 필요하다고 생각하는 게 좋습니다. 리액트와 Next.js 모두 프로젝트를 생성해 개발을 수행합니다. 프로젝트에는 수많은 파일이 들어 있고, 필요에 따라 편집하면서 작업해야 합니다. 이 때문에 일반적인 텍스트 편집기로 개발하기에는 상당히 어렵습니다.

시중에 무료로 배포되는 오픈 소스 개발 환경이 많이 있습니다. 이 책에서는 마이크로소프트의 비주얼 스튜디오 코드(Visual Studio Code)를 사용합니다. 비주얼 스튜디오 코드는 로컬 버전과 웹 버전이 있는데, 로컬 버전은 PC에 설치하여 이용하고 웹 버전은 브라우저로 접속하기만 하면 이용할 수 있습니다. 이 책에서는 따로 설치할 필요가 없는 웹 버전을 기준으로 설명하겠습니다.

▼ **그림 1-6** 비주얼 스튜디오 코드의 웹 버전

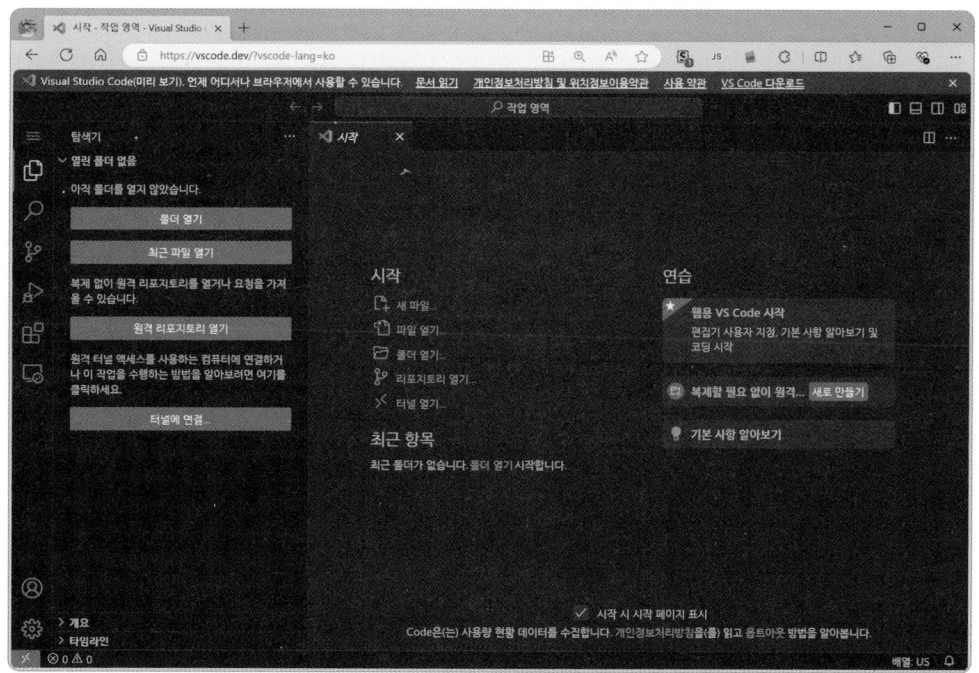

1.2 리액트 애플리케이션 개발

1.2.1 리액트 프로젝트 생성하기

Next.js 개발 과정을 이해하려면, 먼저 리액트 개발 과정에 대한 이해가 필요합니다. 실제로 리액트 프로젝트를 생성하고 개발이 어떻게 이루어지는지 간단히 살펴보겠습니다.

우선 프로젝트를 생성해봅시다. 리액트 프로젝트는 명령을 이용해 생성합니다. 터미널(또는 명령 프롬프트나 Windows PowerShell)을 열고 cd Desktop을 입력하여 바탕 화면으로 이동합니다(윈도 11에서는 바탕 화면이 OneDrive로 설정되었다면 cd 바탕 화면이라고 한글로 지정해야 하는 경우도 있으니 주의하세요).

바탕 화면으로 이동했으면 다음 명령을 실행합니다.

▼ 프롬프트

```
npx create-react-app sample_react_app
```

▼ 그림 1-7 npx create-react-app 명령으로 프로젝트를 생성한다

```
관리자: Windows PowerShell
PS C:\Users\openw\Desktop> npx create-react-app sample_react_app
Creating a new React app in C:\Users\openw\Desktop\sample_react_app.

Installing packages. This might take a couple of minutes.
Installing react, react-dom, and react-scripts with cra-template...
```

```
Success! Created sample_react_app at C:\Users\openw\Desktop\sample_react_app
Inside that directory, you can run several commands:

  npm start
    Starts the development server.

  npm run build
    Bundles the app into static files for production.

  npm test
    Starts the test runner.

  npm run eject
    Removes this tool and copies build dependencies, configuration files
    and scripts into the app directory. If you do this, you can't go back!

We suggest that you begin by typing:

  cd sample_react_app
  npm start

Happy hacking!
PS C:\Users\openw\Desktop>
```

이제 바탕 화면에 sample_react_app 프로젝트 폴더가 생성됩니다. 이 폴더를 열면 그 안에 프로젝트에 필요한 여러 파일과 폴더가 생성된 것을 확인할 수 있습니다.

명령을 실행한 터미널은 나중에 사용할 것이므로 그대로 두세요.

▼ **그림 1-8** 프로젝트 폴더 안에는 여러 파일이 생성되어 있다

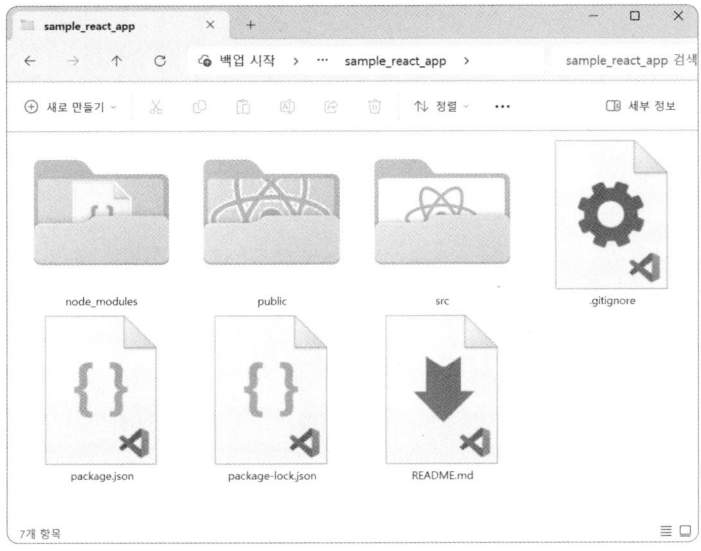

npx 명령에 대해서

우리가 사용한 npx는 Node.js에서 제공하는 명령 프로그램으로, 패키지를 실행하는 전용 명령입니다. 여기서는 create-react-app 패키지(프로그램을 모아놓은 것으로, 애플리케이션과 비슷하다고 생각하면 됩니다)를 실행하고 있습니다. create-react-app이 바로 리액트 애플리케이션 프로젝트를 생성하는 패키지입니다. 패키지를 실행하는 방법은 다음과 같습니다.

▼ 프롬프트

```
npx create-react-app 프로젝트명
```

명령을 실행하면 프로젝트명으로 지정된 폴더가 생성되고 그 안에 파일이 저장됩니다.

일반적으로 create-react-app을 실행하려면, 먼저 npm을 이용하여 create-react-app 패키지를 설치해야 합니다. Node.js에서는 다양한 프로그램이 패키지로 배포되고 있으며, 이를 이용할 때는 npm 명령으로 로컬 환경에 패키지를 설치한 후 실행해야 했습니다.

npx는 이러한 번거로움을 줄여 **설치하지 않아도 패키지를 실행**할 수 있게 해줍니다. npx create-react-app을 실행하면, npx는 먼저 create-react-app 패키지를 임시로 내려받아 실행합니다. 실행한 후에는 내려받은 create-react-app은 삭제되어 남지 않습니다.

실행할 때마다 필요한 패키지를 내려받아야 하므로 npm 명령보다 시간이 더 걸리지만, 로컬 환경에 패키지를 일일이 설치하지 않아도 되니 최근에는 npx로 패키지를 실행하는 방식이 더 일반적입니다.

1.2.2 Visual Studio Code for the Web 사용하기

생성된 프로젝트를 비주얼 스튜디오 코드로 열어 편집해봅시다. 다음 URL에 접속하세요.

URL https://vscode.dev

▼ 그림 1-9 Visual Studio Code for web에 접속한다

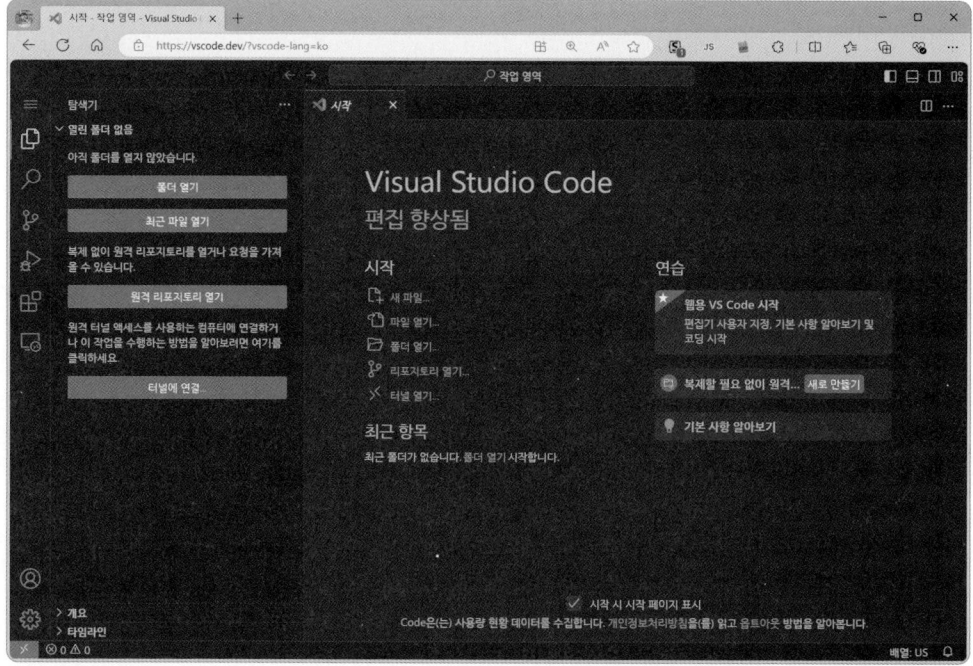

접속하면 비주얼 스튜디오 코드 화면이 나타납니다. 비주얼 스튜디오 코드는 크게 세 부분으로 구성되어 있습니다.

아이콘 바 영역	뷰 영역에 표시할 내용을 선택합니다. 사용할 툴 아이콘을 클릭하면 그 옆에 툴이 표시됩니다. 기본적으로 파일을 관리하는 **탐색기**가 선택되어 있습니다.
뷰 영역	아이콘 바 영역 옆에는 아이콘 바에서 선택한 툴이 표시되는데, 이를 뷰라고 합니다. 기본적으로 탐색기라는 뷰가 여기에 표시됩니다.
편집 영역	나머지 영역은 파일을 열고 편집할 수 있는 영역입니다. 탐색기에서 파일을 열면 여기에 편집기가 열리고 편집할 수 있는 상태가 됩니다. 동시에 여러 파일을 열어 편집할 수 있으며, 상단의 탭을 클릭해 파일을 전환하면서 작업합니다.

> **칼럼**

다크 테마가 싫다면?

처음 비주얼 스튜디오 코드에 접속하면 검은색 바탕에 흰색 글자로 구성된 다크 테마로 표시됩니다. 이 정도면 보기 편하다고 생각하지만, 흰색 바탕의 밝은 테마를 선호하는 사람도 있을 것입니다.

테마가 마음에 들지 않을 경우, 아이콘 바 하단에 있는 **관리 아이콘**(톱니바퀴 모양 아이콘)을 선택해 테마를 바꿀 수 있습니다. 관리 아이콘을 클릭 후 나타나는 메뉴에서 **테마 > 색 테마**를 차례로 선택하면 화면 상단에 사용할 수 있는 테마 목록이 표시됩니다. 여기서 **원하는 테마**를 선택하면 해당 테마로 변경됩니다.

▼ 그림 1-10 색 테마 메뉴를 클릭하고 사용하고 싶은 테마를 선택한다

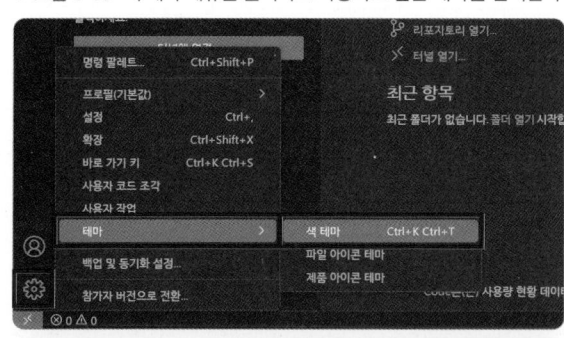

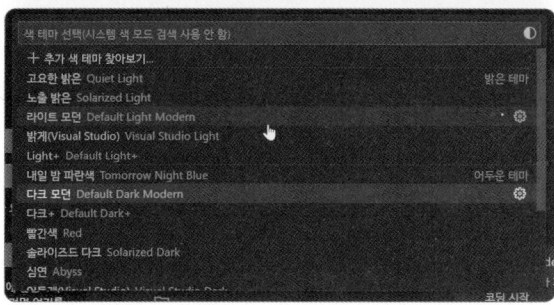

1.2.3 프로젝트 열기

비주얼 스튜디오 코드에는 **폴더 열기** 버튼이 있습니다. 폴더를 열면 해당 폴더 내 모든 파일이 탐색기에 표시되어 언제든지 파일들을 열고 편집할 수 있습니다.

그럼, 조금 전에 생성한 sample_react_app 프로젝트 폴더를 열어봅시다. 비주얼 스튜디오 코드 탐색기에 있는 **폴더 열기** 버튼을 클릭하고, 파일 대화 상자에서 **sample_react_app 폴더**를 선택하여 열어보세요.

▼ **그림 1-11** 폴더 열기 버튼을 클릭하고 프로젝트 폴더를 선택한다

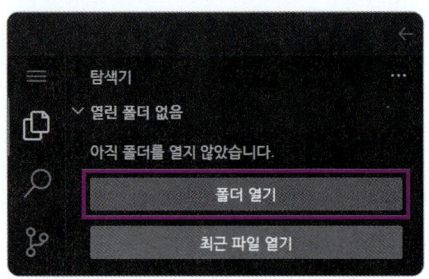

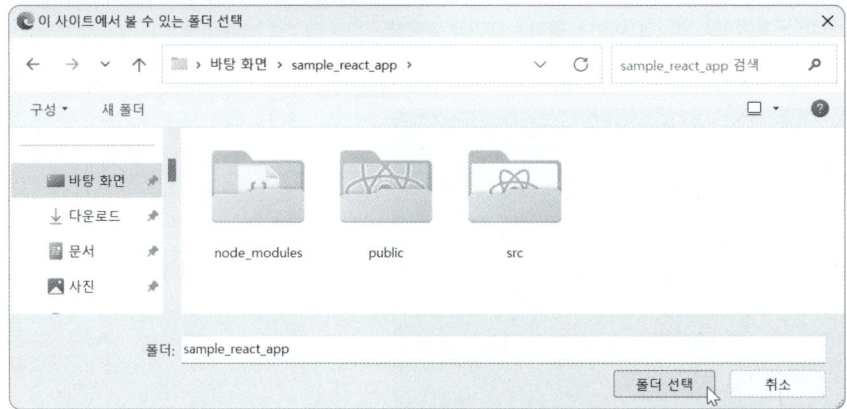

화면 상단에 '사이트에서 파일을 볼 수 있도록 허용하시겠습니까?'라는 경고창이 표시되면 **파일 보기** 버튼을 클릭합니다. 경고창이 사라지고, 화면 중앙에 '이 폴더에 있는 파일의 작성자를 신뢰합니까?'라는 확인 메시지가 나타난다면 **예** 버튼을 선택하세요. 그러면 선택한 폴더 내의 파일들이 탐색기에 표시됩니다.

▼ 그림 1-12 경고창이 표시되면 기본 선택된 버튼을 클릭한다

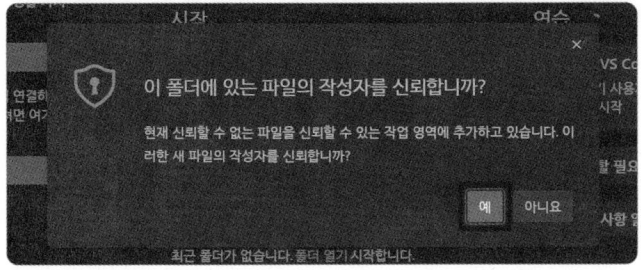

탐색기로 확인하기

폴더를 열면 탐색기 내에 폴더 내용이 표시됩니다. 내부에 있는 폴더는 왼쪽 끝에 ▶ 아이콘이 붙어 있는데, 이를 클릭하면 폴더의 내용을 확장하여 보여줍니다.

탐색기에 표시된 파일이나 폴더는 드래그하여 다른 곳으로 옮길 수 있습니다. 또한 **작업 영역** 부분에 표시된 아이콘을 이용해 새 파일이나 폴더를 생성할 수도 있습니다.

▼ 그림 1-13 탐색기에 sample_react_app 폴더의 내용이 표시된다

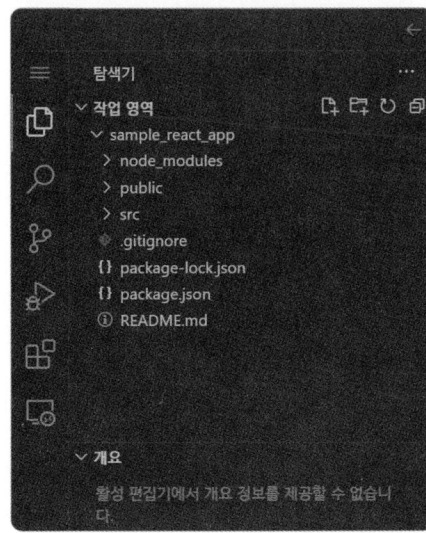

파일 열기

탐색기에서 파일을 열어보겠습니다. sample_react_app 폴더 안에 있는 src 폴더를 열면, 여러 파일이 생성되어 있습니다. 그중에서 **App.js 파일**을 클릭하여 열어보면, 전용 텍스트 편집기에 파일 내용이 표시됩니다.

텍스트 편집기 왼쪽 끝에는 줄 번호가 표시되어 있어 각 코드의 위치를 쉽게 파악할 수 있고, 소스 코드는 역할(키워드나 각종 값 등)에 따라 다른 색으로 나타납니다. 그리고 구문별로 내용을 접어서 표시하거나, 코드를 입력할 때 사용할 수 있는 코드를 팝업으로 제안하는 등 입력을 지원하는 기능도 다수 포함되어 있습니다.

▼ 그림 1-14 탐색기에서 App.js 파일을 열면, 전용 편집기에 내용이 표시된다

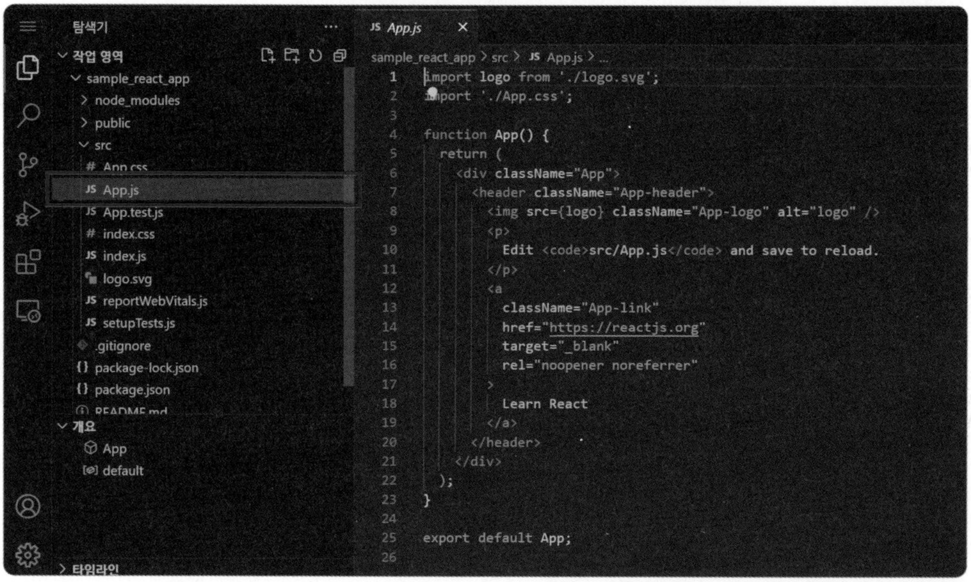

1.2.4 프로젝트 실행하기

이제 생성된 프로젝트를 실행해봅시다. 프로젝트를 실행할 때는 npm 명령을 사용합니다. 앞서 열어둔 터미널에서 cd 명령을 이용하여 프로젝트 폴더로 이동합니다.

▼ 프롬프트

```
cd sample_react_app
```

▼ 그림 1-15 cd 명령으로 프로젝트 폴더로 이동한다

프로젝트 폴더로 이동한 상태에서 다음 명령을 입력하고 실행하세요.

▼ 프롬프트

```
npm start
```

이는 프로젝트를 빌드하고, Node.js를 이용해 웹 애플리케이션으로 실행하는 명령입니다. 이 명령을 실행하면, 웹 브라우저가 열리면서 다음 URL에 접속됩니다.

URL http://localhost:3000/

리액트 앱의 기본 페이지가 표시되며, 리액트 로고가 표시되면서 천천히 회전하는 것을 볼 수 있습니다. 동작을 확인했으면 터미널에서 Ctrl + C 키를 눌러 프로젝트 실행을 종료합니다.

▼ 그림 1-16 실행한 리액트 앱 화면. 리액트 로고가 천천히 회전한다

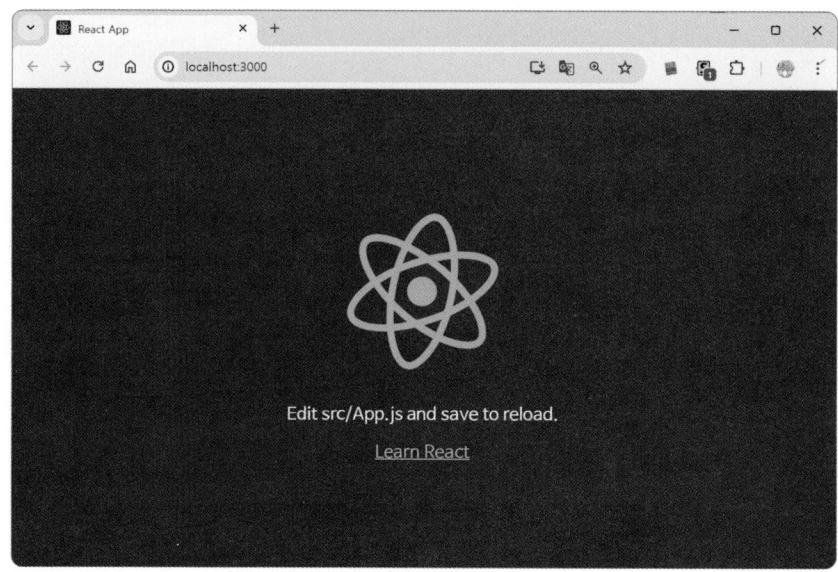

1.2.5 리액트 애플리케이션의 구성

리액트 애플리케이션의 실행과 동작 방법을 확인했으니, 이제 리액트 애플리케이션이 어떻게 구성되어 있는지 간단히 설명하겠습니다.

프로젝트 폴더 내부를 살펴보면 다음 표와 같이 폴더 세 개가 만들어져 있습니다.

node_modules 폴더	프로젝트에서 참조하는 패키지가 저장되는 폴더입니다. 애플리케이션에서 사용하는 라이브러리 모음이라고 생각하면 됩니다.
public 폴더	서버에서 배포되는 파일을 저장하는 폴더입니다. index.html과 로고 이미지 파일 등이 저장됩니다.
src 폴더	리액트 애플리케이션의 소스 코드가 저장되어 있는 폴더입니다.

이 중에서 node_modules 폴더는 npm 프로젝트라면 반드시 생성되므로 리액트 전용은 아닙니다. 폴더 안의 내용을 직접 변경할 필요도 없으니 npm 프로젝트에서 반드시 생성되는 폴더 정도로 이해하면 됩니다. 자세한 내용까지는 몰라도 괜찮습니다.

public 폴더는 공개 파일이 저장되는 곳으로, 웹 페이지로 보여주는 index.html도 여기에 있습니다. 이 index.html로 표시되는 웹 페이지에 리액트 컴포넌트가 삽입되는 것입니다. 그리고 핵심인 리액트 프로그램은 src 폴더에 모여 있습니다.

1.2.6 index.html에 대하여

index.html 파일을 조금 더 살펴보겠습니다. 이 파일은 브라우저에 표시되는 웹 페이지 파일입니다. 이 파일로 생성되는 웹 페이지에 리액트 컴포넌트가 들어갑니다. index.html의 내용을 보면 다음과 같이 작성된 것을 볼 수 있습니다.

▼ 코드 1-1

```html
<!DOCTYPE html>
<html lang="en">
  <head>
    <meta charset="utf-8" />
    …생략…
    <title>React App</title>
  </head>
  <body>
    <noscript>You need to enable JavaScript to run this app.</noscript>
    <div id="root"></div>
  </body>
</html>
```

주석은 모두 생략했습니다. `<body>` 안에 `<div id="root">`라는 HTML 요소만 있는 매우 단순한 구조입니다. id="root"의 HTML 요소에는 리액트 컴포넌트가 들어가게 됩니다.

1.2.7 index.js에 대하여

그렇다면 `<div id="root">`에 리액트 컴포넌트를 넣는 작업은 어디에서 이루어질까요? 이는 src 폴더의 index.js에서 이루어집니다. 이 파일에는 다음과 같은 코드가 작성되어 있습니다.

▼ 코드 1-2

```
import React from 'react'
import ReactDOM from 'react-dom/client'
import './index.css'
import App from './App'
import reportWebVitals from './reportWebVitals'

const root = ReactDOM.createRoot(document.getElementById('root'))
root.render(
  <React.StrictMode>
    <App />
  </React.StrictMode>
)

reportWebVitals()
```

처음 보는 객체나 메서드가 많아서 무슨 일을 하는지 잘 모를 수도 있습니다. 간단히 설명하겠습니다.

import문

먼저 문서 시작 부분에 import문이 쭉 나열된 것을 볼 수 있습니다. 이 구문들은 **필요한 모듈이나 파일 등을 불러오기 위한 것**이라고 생각하세요.

리액트 등의 프런트엔드 라이브러리에서는 컴포넌트에서 다른 컴포넌트를 불러와 사용하는 경우가 많습니다. 이럴 때 import문이 사용됩니다. import ○○ 형식으로 파일 등을 지정함으로써 그 파일에 있는 함수나 객체를 가져와 사용할 수 있습니다.

ReactDOM 생성

import문을 작성한 다음, 가장 먼저 **ReactDOM**이라는 객체를 생성했습니다. ReactDOM은 다음과 같이 생성할 수 있습니다.

```
const root = ReactDOM.createRoot(document.getElementById('root'))
```

ReactDOM은 리액트에서 가상 DOM을 다루기 위해 준비된 객체입니다. 가상 DOM은 메모리 내에서만 존재하는 DOM입니다.

자바스크립트에서는 DOM을 사용하여 웹 페이지의 표시를 조작합니다. 하지만 리액트에서는 먼저 가상 DOM을 사용하여 조작하고, 모든 조작이 완료되면 변경된 가상 DOM의 내용을 실제 DOM에 반영합니다. 이러한 조작을 수행하는 것이 ReactDOM입니다.

여기서는 createRoot 메서드를 호출하고 있습니다. 이 메서드는 인수로 지정한 요소를 루트로 하는 ReactDOM 객체를 생성합니다. 이렇게 하면 인수로 지정한 요소 안에 가상 DOM의 내용을 표시할 ReactDOM이 준비됩니다.

표시 렌더링

다음은 가상 DOM의 내용을 렌더링하여 실제 DOM에 반영하는 처리입니다. 이 처리에는 render 메서드를 사용합니다.

```
《ReactDOM》.render(…표시 내용…)
```

이렇게 실행하면 인수로 준비한 내용을 렌더링하여 ReactDOM의 루트에 설정된 요소를 표시합니다.

그렇다면 표시 내용은 어떻게 만들까요? 바로 **JSX**를 이용합니다. 여기서 render 메서드를 보면 다음과 같이 구성되어 있습니다.

```
root.render(
  <React.StrictMode>
    <App />
  </React.StrictMode>
);
```

`<React.StrictMode>` ~ `</React.StrictMode>` 부분이 JSX에 해당합니다. JSX는 **확장 문법**이라고 불리며, 자바스크립트에서 HTML이나 XML과 같은 태그의 표현을 값으로 다룰 수 있게 하는 문법적 구조를 추가한 것입니다.

인수인 `<React.StrictMode>`나 `<App />`는 리액트의 컴포넌트입니다. JSX를 사용함으로써 컴포넌트를 HTML처럼 태그로 작성할 수 있습니다.

여기서 사용된 `<React.StrictMode>`는 자바스크립트의 Strict 모드를 적용하여 코드 실행을 더욱 엄격하게 제어하기 위한 것입니다. 그리고 `<App />`는 이후에 설명할 App.js에 정의되어 있는 컴포넌트의 태그입니다.

즉, 여기서는 **엄격(Strict) 모드로 App 컴포넌트를 렌더링하여 표시하는** 작업을 하고 있습니다.

Web Vitals의 리포트

마지막에는 다음과 같은 낯선 구문이 추가되어 있습니다.

```
reportWebVitals()
```

이 구문은 리액트 프로그램과는 관계가 없고, 구글에서 제공하는 Web Vitals을 보고하는 것입니다. 페이지 로딩 시간, 페이지 갱신에 따른 시선 이동 빈도 등에 대한 리포트를 작성합니다.

리액트의 동작과 직접적인 관련이 없으므로 이 구문은 삭제해도 상관없습니다.

1.2.8 App.js에 대하여

앞에서 살펴본 것처럼 핵심적인 표시 내용은 App.js 스크립트에 작성된 App 컴포넌트에서 만들어진다는 것을 알 수 있습니다. 이제 src 폴더 내 App.js에는 어떤 내용이 들어 있는지 살펴보겠습니다.

▼ 코드 1-3

```
import logo from './logo.svg';
import './App.css';

function App() {
  return (
    <div className="App">
      <header className="App-header">
        <img src={logo} className="App-logo" alt="logo" />
        <p>
          Edit <code>src/App.js</code> and save to reload.
        </p>
        <a
          className="App-link"
          href="https://reactjs.org"
          target="_blank"
          rel="noopener noreferrer"
        >
          Learn React
        </a>
      </header>
    </div>
  );
}

export default App;
```

갑자기 이 스크립트만 보면 무슨 내용인지 잘 모를 수 있습니다. 이 스크립트를 이해하려면 리액트 컴포넌트 정의에 대한 이해가 필요합니다.

리액트의 함수형 컴포넌트

리액트는 모든 UI를 컴포넌트로 정의하여 이용합니다. 컴포넌트에는 **클래스형**과 **함수형**이 있습니다. 여기서 사용되는 것은 함수형 컴포넌트입니다. 함수형 컴포넌트는 클래스에 비해 다루기가 쉬워 최근 리액트에서 주류가 됐습니다.

함수형 컴포넌트는 다음의 형태로 정의됩니다.

```
function 이름() {
   …처리…
   return( 《 JSX 》 )
}
```

함수형 컴포넌트는 인수가 없는 일반적인 함수로 정의합니다. 그리고 함수 내에서 필요한 처리를 한 후 컴포넌트에서 표시할 내용을 JSX로 작성해 return합니다. 이렇게 하면 return한 내용이 표시되는 컴포넌트가 정의됩니다.

여기에서는 <div className="App"> ~ </div> 사이에 표시할 내용이 정의되어 있습니다. 보면 알 수 있듯이, 이들은 모두 HTML 요소입니다. 이 내용을 표시하는 컴포넌트가 App 컴포넌트였던 것입니다.

export에 대해서

자세히 보면 컴포넌트의 함수를 정의하고 나서 마지막에 이런 구문이 있는 것을 알 수 있습니다. 이 구문은 대체 어떤 역할을 하는 걸까요?

```
export default App
```

export문은 자바스크립트로 정의한 함수나 객체 등을 외부에서 임포트하여 사용할 수 있도록 내보냅니다. export ○○으로 내보낸 것은 다른 컴포넌트 등에서 import ○○으로 가져와서 사용할 수 있습니다.

export문에 사용된 default는 기본으로 내보내는 항목을 지정하는 것입니다. 이 부분은 나중에 다시 설명하겠습니다.

1.2.9 컴포넌트는 리액트의 기본!

지금까지 샘플 코드의 내용을 간략하게 설명했습니다. 샘플로 준비된 코드는 App 컴포넌트를 정의하고 이를 표시하는 것이었습니다.

리액트는 **컴포넌트를 정의하고 표시하는 것**이 전부라고 해도 과언이 아닙니다. 컴포넌트의 기능을 어떻게 잘 활용하느냐가 리액트 개발에서 가장 중요한 포인트라고 할 수 있습니다.

1.3 Next.js 애플리케이션 개발

1.3.1 Next.js 프로젝트 생성하기

리액트 프로젝트가 어떤 것인지 대략적으로 이해했다면, 이제 Next.js 프로젝트가 어떻게 구성되어 있는지 살펴보겠습니다.

우선 프로젝트를 생성해봅시다. Next.js 역시 npx 명령을 사용하여 프로젝트를 생성합니다. 터미널에서 바탕 화면으로 현재 위치를 이동하고(sample_reac_app 폴더 안에 있다면 cd .. 명령을 사용해 폴더 밖으로 이동할 수 있습니다), 다음 명령을 실행합니다.

▼ 프롬프트

```
npx create-next-app sample_next_app
```

처음 실행할 때 create-next-app@xxx와 같이 버전이 표시되면서 'Ok to proceed? (y)'라는 메시지가 나타날 수 있습니다. 이런 메시지가 보이면 그대로 Enter를 눌러 진행하세요.

명령을 실행 후 몇 가지 질문이 표시됩니다. 각 질문에 대해 Yes 또는 No를 선택하면 됩니다. 질문 내용을 순서대로 설명하겠습니다.

▼ 프롬프트

```
Would you like to use TypeScript? ... No / Yes
```

타입스크립트 사용 여부에 대한 질문으로 여기서는 **Yes**를 선택합니다.

▼ 프롬프트

```
Would you like to use ESLint? ... No / Yes
```

ESLint는 자바스크립트 코드 분석 도구입니다. 이 도구를 사용하면 문제 있는 코드를 감지하고 수정할 수 있습니다. 이것도 **Yes**를 선택합니다.

▼ 프롬프트

```
Would you like to use Tailwind CSS? ... No / Yes
```

이 질문은 Tailwind CSS라는 CSS 프레임워크를 설치할 것인지 묻는 것입니다. Tailwind CSS는 CSS를 활용하여 간편하게 UI를 디자인할 수 있는 프레임워크로, 최근 빠르게 사용자가 증가하고 있습니다. 이것도 **Yes**로 선택하세요.

▼ 프롬프트

```
Would you like to use `src/` directory? ... No / Yes
```

src 폴더를 사용할 것인지 묻습니다. Node.js 프로젝트에서는 소스 코드를 src 폴더에 모아두는 것이 기본입니다. 이 방식을 따른다는 의미로 **Yes**를 선택합니다.

▼ 프롬프트

```
Would you like to use App Router? (recommended) ... No / Yes
```

이번에는 App Router 라우팅 기능을 사용할지 여부를 지정합니다. 이것도 **Yes**를 선택합니다.

▼ 프롬프트

```
Would you like to use Turbopack for next dev? ... No / Yes
```

Turbopack은 Webpack의 차세대 버전으로 속도가 빨라 대규모 프로젝트에서 유용합니다. 여기서는 **No**를 선택합니다.

▼ 프롬프트

```
Would you like to customize the default import alias (@/*)? ... No / Yes
```

임포트 별명(import alias, import 구문의 경로를 쉽게 알아볼 수 있도록 별칭을 지정하는 것)을 커스터마이징할 것인지 여부를 지정합니다. 특별히 변경할 필요가 없으므로 **No**를 선택합니다.

이상의 설정을 모두 마치면 sample_next_app 폴더가 생성되고, 해당 폴더에 프로젝트 관련 파일이 저장됩니다.

▼ 그림 1-17 npx create-next-app로 프로젝트를 생성한다

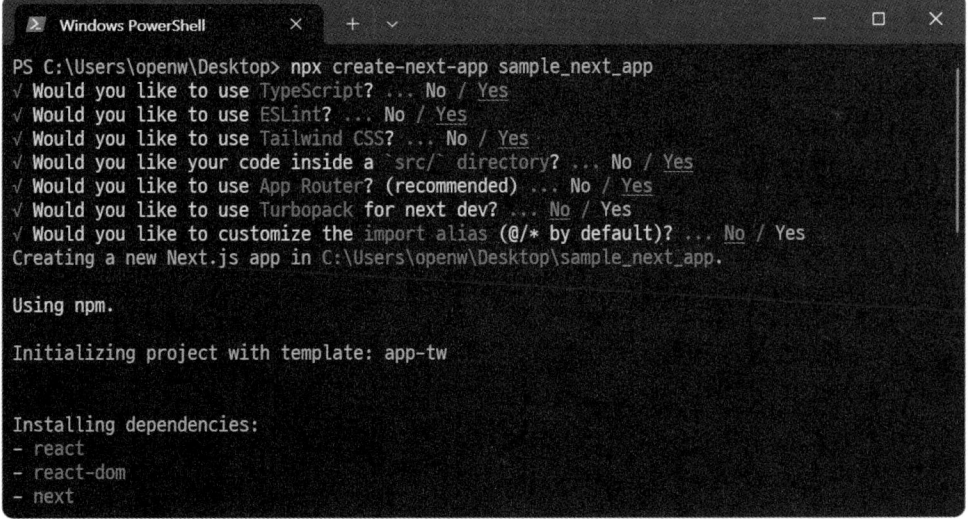

1.3.2 프로젝트 이용하기

그렇다면 생성된 프로젝트를 사용해보겠습니다. 먼저 비주얼 스튜디오 코드에서 프로젝트를 열어봅니다.

화면 왼쪽 위에  아이콘이 보이나요? 이 아이콘을 클릭하면 여러 메뉴가 나타나는데, 그 중 **파일** 메뉴에서 **폴더 열기...**를 선택합니다.

화면에 폴더를 선택하는 파일 대화 상자가 나타나면 조금 전에 만든 **sample_next_app** 폴더를 선택합니다.

▼ **그림 1-18** 폴더 열기 메뉴에서 sample_next_app 폴더를 연다

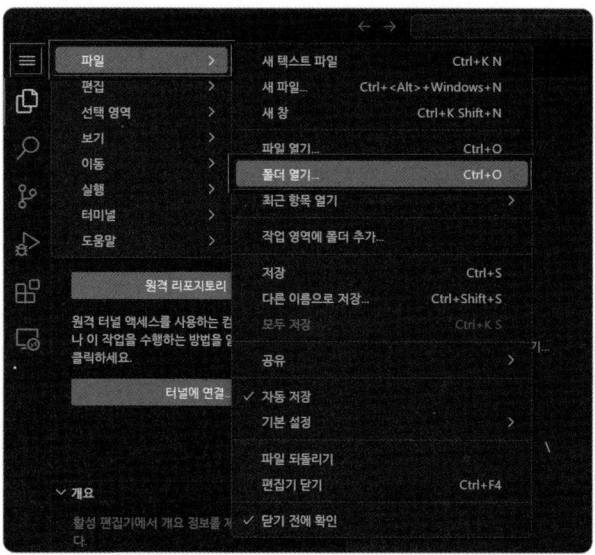

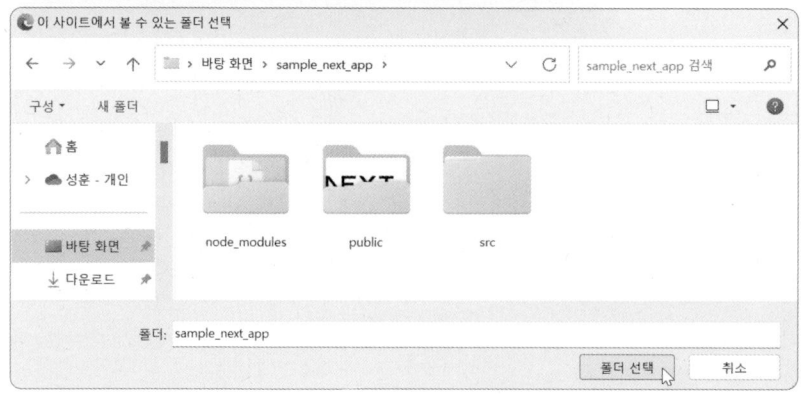

폴더가 열리고 그 안에 있는 파일들이 탐색기에 표시됩니다. 이제 필요에 따라 파일을 열어 편집할 수 있습니다.

▼ **그림 1-19** sample_next_app 폴더의 내용이 탐색기에 표시된다

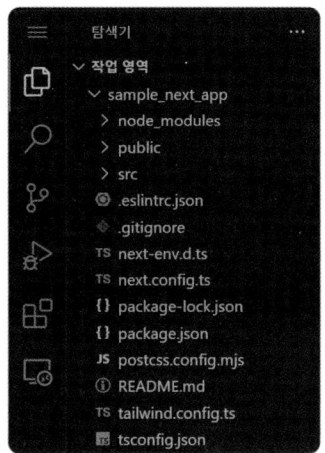

프로젝트 실행하기

이제 생성된 프로젝트를 실행해봅시다. 터미널에서 `cd sample_next_app` 명령을 실행해 프로젝트 폴더로 이동한 후 다음 명령을 실행합니다.

▼ 프롬프트

```
npm run dev
```

이 명령은 개발 모드에서 프로젝트를 웹 애플리케이션으로 실행합니다. Next.js는 리액트와 달리 서버 측까지 통합된 애플리케이션입니다. 이 때문에 실제로는 프로젝트를 빌드하여 애플리케이션을 생성하고, 생성된 애플리케이션을 실행하는 작업이 필요합니다.

하지만 이런 작업은 번거로우므로 개발 중인 프로젝트에서 직접 애플리케이션을 실행하는 방법도 제공합니다. 그 방법이 바로 `npm run dev` 명령을 실행하는 것입니다.

이 명령을 실행한 후 웹 브라우저로 http://localhost:3000/에 접속해보세요. Next.js 애플리케이션에서 기본으로 생성된 웹 페이지가 표시될 것입니다.

▼ 그림 1-20 http://localhost:3000/에 접속하면 Next.js 앱 웹 페이지가 표시된다

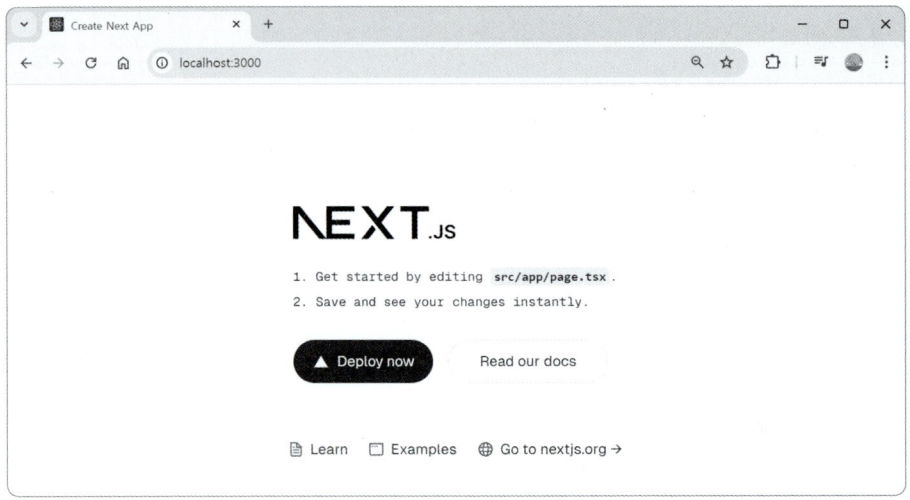

1.3.3 Next.js 프로젝트 파일에 대해서

Next.js 프로젝트가 어떻게 구성되어 있는지 알아보겠습니다. 프로젝트를 생성할 때 src 폴더를 사용한다고 설정했으므로 기본적인 폴더 구조는 Node.js의 일반적인 프로젝트 폴더와 비슷합니다. 생성된 폴더를 간단히 살펴보겠습니다.

.next 폴더	Next.js 관련 파일이 저장되어 있습니다.
node_modules 폴더	프로젝트에서 사용하는 패키지가 저장되어 있습니다.
public 폴더	공개 파일이 저장되어 있습니다.
src 폴더	Next.js 프로그램(자바스크립트 파일)이 저장되어 있습니다.

앞에서 앱을 실행하여 폴더 .next가 새로 생겼고, 그 외에는 리액트 프로젝트와 동일한 폴더로 구성된 것을 알 수 있습니다.

Next.js 파일의 역할

Next.js의 웹 페이지를 표시하기 위해 어떤 파일들이, 어떤 형태로 사용되고 있을까요? 기본적인 파일의 역할을 살펴보겠습니다.

Next.js에는 샘플 웹 페이지로 두 파일이 준비되어 있습니다. src\app 폴더에 있는 파일은 다음과 같습니다.

layout.tsx	애플리케이션의 공통 레이아웃을 정의한 파일입니다.
page.tsx	표시할 페이지를 정의한 파일입니다.

이번 프로젝트에서는 Next.js의 App Router라는 새로운 라우팅 기능을 사용합니다. 이 기능은 src 폴더 안에 app 폴더를 준비하고, 그 안에 있는 파일과 폴더를 애플리케이션 루트로 인식합니다.

애플리케이션 루트인 app 폴더에는 하나의 layout.tsx만 있을 수 있습니다. 이 파일은 애플리케이션 전체에 공통으로 적용되는 레이아웃을 제공합니다. 애플리케이션에서 제공하는 웹 페이지들은 각각 폴더로 나뉘어 있고, 그 안에서 page.tsx라는 이름으로 해당 페이지에 표시할 콘텐츠를 준비합니다.

이 layout.tsx와 page.tsx의 관계를 먼저 잘 이해해야 합니다.

▼ **그림 1-21** app 폴더에는 앱 전체의 레이아웃을 결정하는 layout.tsx가 있고, 폴더마다 표시할 페이지의 page.tsx가 있다. 모든 페이지는 layout.tsx의 레이아웃 안에 page.tsx의 콘텐츠가 들어가는 형태로 표시된다

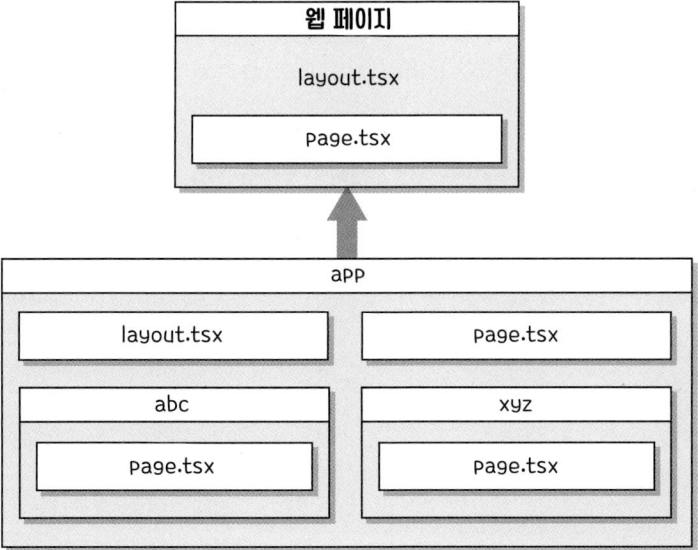

.tsx는 타입스크립트 버전 JSX

layout.tsx와 page.tsx는 Next.js에서 사용하는 컴포넌트 파일입니다. 리액트 프로젝트에서 본 App.js 파일과 같다고 생각하면 됩니다.

앞서 Next.js 프로젝트를 생성할 때 타입스크립트를 사용한다고 선택했는데, 타입스크립트를 선택하면 컴포넌트는 이렇게 .tsx라는 확장자를 가진 파일로 만들어집니다. 이 파일은 '타입스크립트 + JSX' 파일입니다. 즉, 타입스크립트를 기반으로 JSX를 사용하여 만들어진 컴포넌트입니다.

참고로 .tsx는 Next.js 전용 파일은 아닙니다. 리액트 프로젝트에서도 타입스크립트로 개발할 경우 사용할 수 있습니다.

1.3.4 layout.tsx의 내용

그럼 준비된 샘플 컴포넌트의 내용을 간단히 확인해보겠습니다. 미리 말해두지만, 여기서 설명하는 내용을 모두 이해할 필요는 없습니다. 아직 타입스크립트를 잘 모르는 사람도 있을 것이고, Next.js에 대해서도 이제 막 배우기 시작한 사람이 많을 것이므로 여기에 쓰여진 내용을 이해하지 못하는 건 당연합니다.

Next.js의 웹 페이지 컴포넌트가 리액트와 얼마나 비슷한지 혹은 다른지 대략 파악하려는 뜻에서 코드를 설명하는 것일 뿐이므로 구체적인 내용은 대충 넘어가도 상관없습니다. 나중에 타입스크립트와 Next.js에 대한 이해가 어느 정도 깊어진 다음에 다시 읽어보면서 이해하면 됩니다.

먼저 layout.tsx부터 시작하겠습니다. 이 파일은 웹 페이지의 기본적인 레이아웃을 지정하는 파일입니다. 다음과 같은 코드로 작성되어 있습니다.

▼ 코드 1-4

```
import type {Metadata} from "next";
import localFont from "next/font/local";
import "./globals.css";
```

```
const geistSans = localFont({
  src: "./fonts/GeistVF.woff",
  variable: "--font-geist-sans",
  weight: "100 900",
});
const geistMono = localFont({
  src: "./fonts/GeistMonoVF.woff",
  variable: "--font-geist-mono",
  weight: "100 900",
});

export const metadata: Metadata = {
  title: "Create Next App",
  description: "Generated by create next app",
};

export default function RootLayout({
  children,
}: Readonly<{
  children: React.ReactNode;
}>) {
  return (
    <html lang="en">
      <body
        className={`${geistSans.variable} ${geistMono.variable} antialiased`}
      >
        {children}
      </body>
    </html>
  );
}
```

리액트보다 훨씬 어렵게 느껴질 수도 있습니다. 하지만 실제로 하는 일은 그렇게 복잡하지 않습니다. 다만, 본 적이 없는 객체가 사용되었고 타입스크립트 문법에 익숙하지 않기 때문에 어렵게 느껴질 뿐입니다.

그럼, 간단하게 내용을 정리해보겠습니다. 우선 시작 부분에 나열된 몇 개의 import문이 보입니다. import문을 이용해 필요한 객체 등을 가져오고 있습니다. 지금은 내용이나 세

부 동작에 대해서 깊이 생각하지 않아도 됩니다.

폰트 임포트

처음에 등장한 것은 로컬 폰트를 사용할 때 필요한 설정입니다. 여기서는 next/font/local을 지정함으로써 로컬 폰트 파일을 직접 사용하게 됩니다.

```
const geistSans = localFont({
  src: "./fonts/GeistVF.woff",
  variable: "--font-geist-sans",
  weight: "100 900",
});

const geistMono = localFont({
  src: "./fonts/GeistMonoVF.woff",
  variable: "--font-geist-mono",
  weight: "100 900",
});
```

코드 1-4의 시작 부분에 import localFont from "next/font/local";이라는 import문이 있습니다. 로컬 폰트를 사용하면 네트워크 요청 없이 폰트를 로드할 수 있어 로딩 속도가 향상되고 폰트 깜박임을 개선하는 효과가 있습니다.

여기서는 Geist 폰트 패밀리를 기본 폰트로 설정하며, variable 속성은 CSS 변수로 설정되므로 CSS에서 폰트를 쉽게 참조할 수 있습니다.

Metadata 준비

이어서 Metadata 객체를 생성하는 코드가 준비되어 있습니다.

```
export const metadata: Metadata = {
  title: "Create Next App",
  description: "Generated by create next app",
};
```

Metadata는 앞에서 import type {Metadata} from 'next'로 가져온 타입(값의 종류를 나타내는 것)입니다. 자바스크립트에서는 타입(number, string 등)이 몇 가지로 고정되어 있지만, 타입스크립트에서는 타입을 정의할 수 있습니다. Metadata도 자체적으로 정의한 타입입니다. 여기서는 Metadata 타입의 값을 생성하고 export를 통해 외부에서 사용할 수 있도록 내보내고 있습니다.

코드를 보면 Metadata의 값으로 title과 description 항목이 있습니다. 웹 페이지를 만들어본 사람이라면 금방 알 수 있을 것입니다. 바로 웹 페이지의 <head> 부분에 들어가는 값입니다.

Metadata는 웹 페이지의 <head>에 들어가는 <meta> 값 등을 모아서 설정하는 것으로, title이나 description은 그대로 <title>이나 <meta name="description">에 값으로 설정됩니다. 표시할 페이지의 제목과 설명 등을 이곳에서 설정합니다.

컴포넌트 정의

다음은 RootLayout이라는 컴포넌트용 함수 정의입니다. 복잡해보이지만 인수를 정리하면 다음과 같습니다.

```
export default function RootLayout(…인수…) {
  return (
    <html lang="en">
      <body className={inter.className}>{children}</body>
    </html>
  );
}
```

이 자체는 리액트의 컴포넌트 함수와 비슷하다는 것을 알 수 있습니다. 다만, 인수로 다음의 값이 설정되어 있습니다.

```
{children,}: {children: React.ReactNode}
```

자바스크립트만 써본 사람이라면 잘 이해하지 못할 수도 있지만, ○○:××라는 표기는 **× × 타입의 변수 ○○**를 선언하는 것입니다. 즉, 이것은 function RootLayout(x:number)와 같은 의미입니다.

하지만 변수명에 {children,} 값과 타입 지정에 {children: React.ReactNode} 값이 지정되어 있어 혼란스러울 수 있습니다. 이 부분은 'ReactNode라는 리액트의 가상 DOM 노드가 보관된 children 인수가 준비됐다'라고 이해하면 됩니다.

1.3.5 page.tsx의 내용

다음은 app 폴더에 있는 page.tsx의 내용입니다. 여기에는 리액트의 컴포넌트 함수와 거의 비슷한 내용이 적혀 있습니다.

▼ 코드 1-5

```
import Image from "next/image";

export default function Home() {
  return (
    <main className="…생략…">
     …표시할 내용…
</main>
  );
}
```

실제로는 매우 길지만, return 부분에 JSX를 사용한 내용이 계속해서 쓰여 있을 뿐, 코드의 기본 형태는 비교적 간단합니다. Home 함수를 정의하고, JSX로 작성된 표시 내용을 return하고 있을 뿐입니다.

조금 주의해서 봐야할 것은 처음에 등장한 import문입니다.

```
import Image from "next/image";
```

이 부분은 이미지를 다루기 위한 Image 객체를 가져오는 코드입니다. 이 자체는 별도로 설명할 필요는 없지만, 작성 방식이 지금까지와 조금 다르다는 것을 눈치챈 사람도 있을 것입니다.

일반적으로 import하는 함수나 객체는 import {○○, ××}와 같이 작성합니다. {} 안에 가져올 항목을 함께 묶어 놓는 것이죠. 그런데 여기서는 {Image}가 아니라 Image라고 되어 있습니다.

export할 때 default를 붙여 기본값으로 지정한 것은 import ○○라고만 해도 가져올 수 있습니다. 다시 말해 {}를 사용할 필요가 없습니다. export에 default가 붙으면 어떻게 되는지 이제 이해할 수 있을 것입니다.

1.4 Vercel로 배포하기

1.4.1 Next.js 애플리케이션과 Vercel

Next.js 애플리케이션은 프로젝트로 만든다는 것을 알게 되었습니다. 그렇다면 이렇게 만든 프로젝트를 어떻게 애플리케이션으로 공개하는 걸까요?

최근에는 Next.js를 지원하는 클라우드 서비스 등도 나왔지만, 아직은 직접 애플리케이션을 빌드하고 클라우드에 공개하기에는 어려운 점이 많습니다. 또한 혼자서 그런 일을 할 수 있을지 걱정되는 사람도 많을 것입니다.

하지만 그런 걱정은 하지 않아도 됩니다. Next.js의 개발사인 Vercel은 Next.js 애플리케이션을 배포하는 전용 클라우드 서비스를 제공합니다. 이를 이용하면 누구나 무료로 자신의 애플리케이션을 배포하여 공개할 수 있습니다.

이 서비스는 Vercel의 웹사이트에서 제공되고 있습니다. 다음 URL에 접속하세요.

 https://vercel.com

▼ 그림 1-22 Vercel의 웹사이트

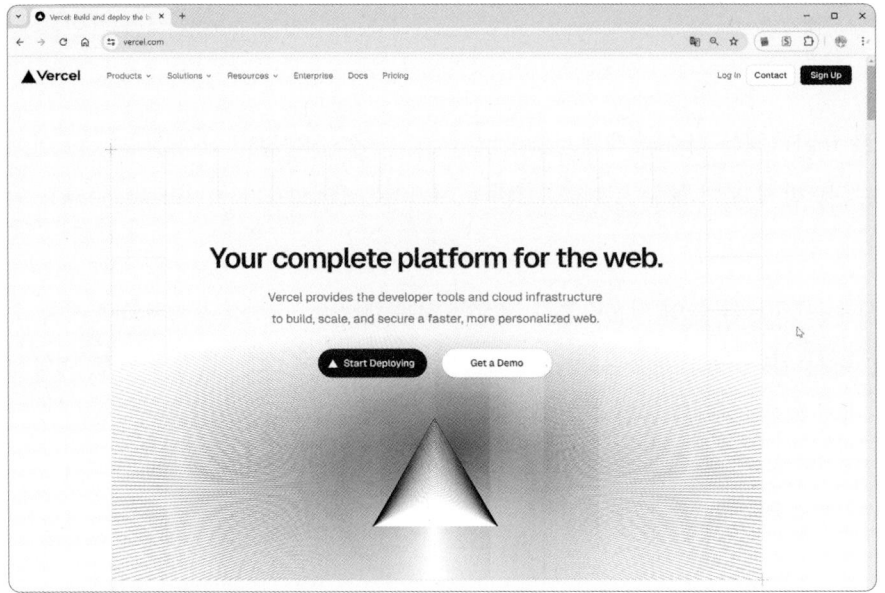

Vercel에 로그인하기

가장 먼저 할 일은 로그인입니다. Vercel에서는 깃허브(GitHub) 등의 깃(Git)을 이용한 소스 코드 호스팅 서비스 계정을 사용하여 로그인하게 되어 있습니다. 따라서 미리 깃허브 등의 계정을 만들어 두어야 합니다(깃허브 계정에 대해서는 나중에 설명합니다).

로그인은 오른쪽 상단에 보이는 **Sign Up** 버튼을 클릭한 뒤, 이하 단계를 따라 진행하세요.

Create Your Vercel Account 화면이 나타납니다. 여기서 플랜 타입과 이름을 입력합니다.

업무용으로 사용할 것이 아니라면 플랜 타입은 **Hobby**를 선택하면 됩니다. 그리고 이름을 입력하고 **Continue** 버튼을 클릭합니다.

▼ 그림 1-23 플랜 타입과 이름을 입력한다

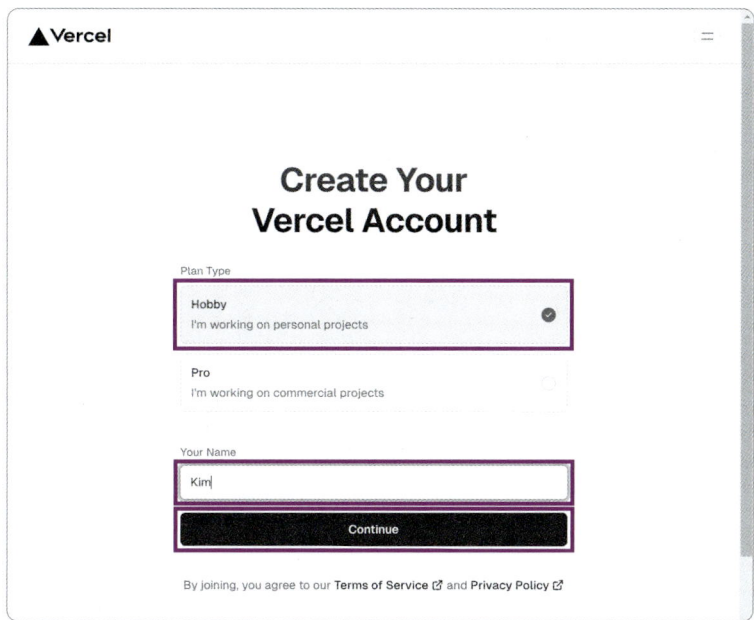

계정에 사용할 깃 서비스를 선택합니다. 여기서는 가장 널리 사용되는 깃허브를 선택하여 설명하겠습니다. 미리 깃허브에 로그인한 후 **Connect with GitHub** 버튼을 클릭합니다.

▼ 그림 1-24 깃허브와 연결한다

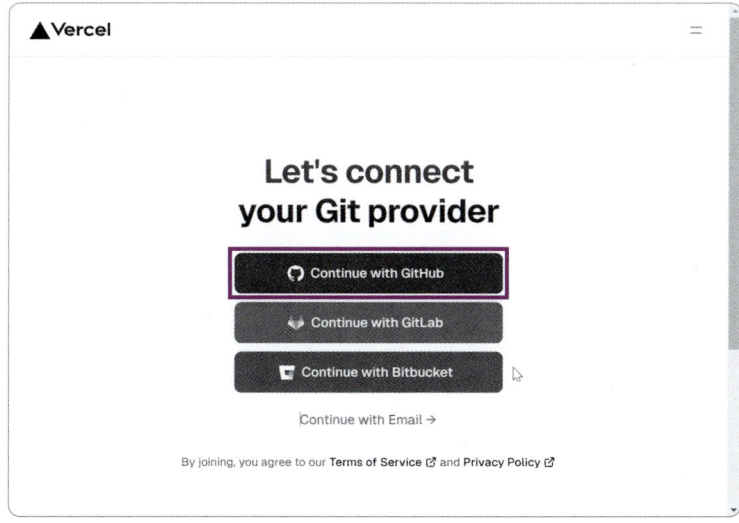

Vercel과 깃허브를 연결합니다. **Authorize Vercel** 버튼을 클릭하여 Vercel의 깃허브 연결을 허락합니다.

▼ **그림 1-25** Authorize Vercel 버튼을 클릭한다

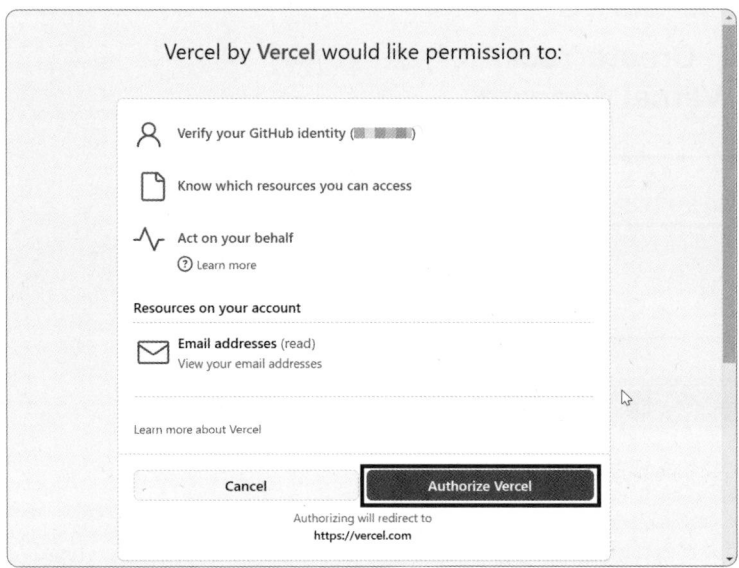

Vercel 메인 화면

로그인이 완료되면 Vercel 메인 화면이 나타납니다. 메인 화면은 다음 두 부분으로 나뉘어 있습니다.

Import Git Repository	연결된 깃허브에서 리포지터리를 임포트하여 가져옵니다.
Clone Template	프로젝트 템플릿입니다. 이곳에서 새로운 프로젝트를 생성합니다.

우리가 지금 바로 사용할 것은 Clone Template입니다. 여기서 만들고 싶은 프로젝트를 선택하기만 하면, 자동으로 새로운 프로젝트를 생성할 수 있습니다.

▼ 그림 1-26 Vercel 메인 화면

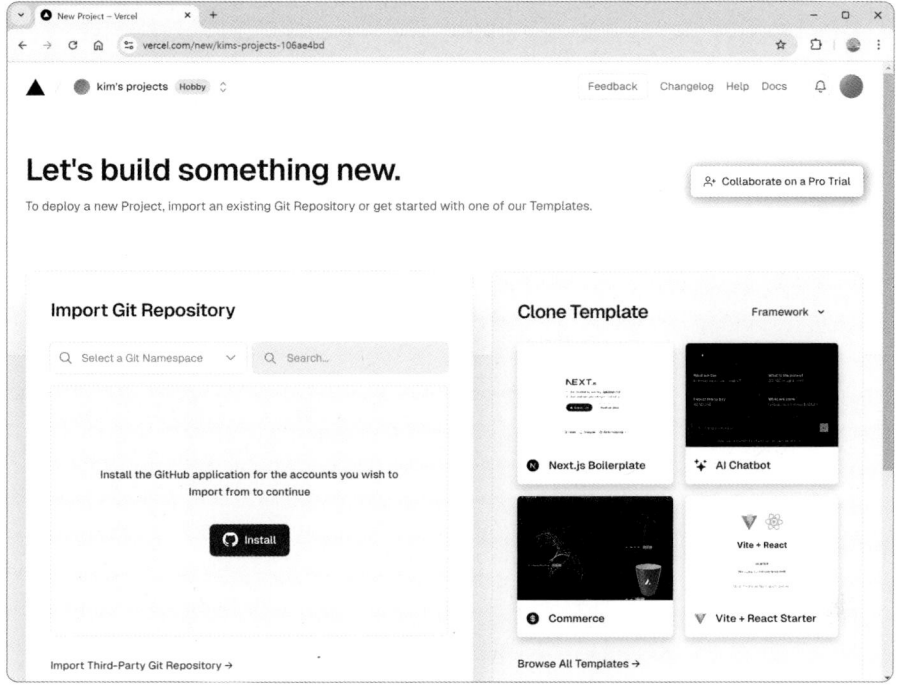

1.4.2 프로젝트 생성하기

Vercel에서 프로젝트를 생성해봅시다. 다음 단계를 따라 작업해주세요.

Clone Template 패널에 생성할 프로젝트 유형이 표시되어 있습니다. 여기서 **Next.js Boilerplate**를 클릭합니다.

▼ 그림 1-27 Next.js 템플릿을 선택한다

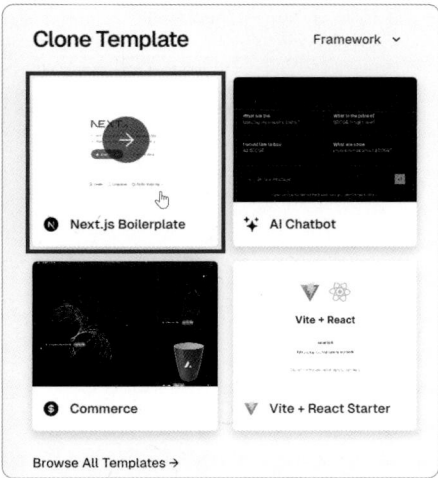

chapter 01 Next.js 기초 지식   057

New Project 화면이 나오면 **Add GitHub Account**를 선택합니다. Vercel에서 깃허브 리포지터리에 접근하기 위한 접근 권한을 설정합니다. 하단의 **Install** 버튼을 클릭합니다.

▼ **그림 1-28** 깃허브 리포지터리의 접근 권한을 설정한다

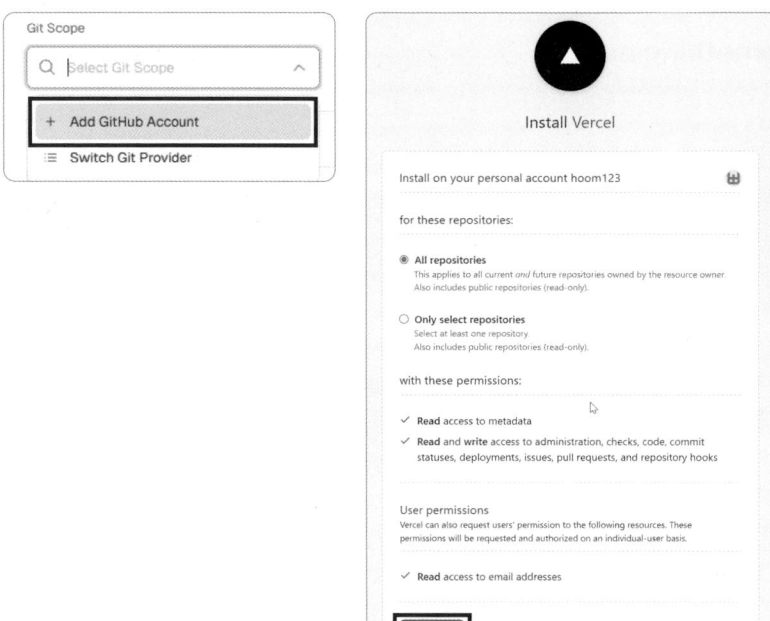

Git 리포지터리를 생성합니다. Create private Git repository 항목에 체크한 상태에서 **Create** 버튼을 클릭합니다.

▼ **그림 1-29** Create 버튼을 클릭한다

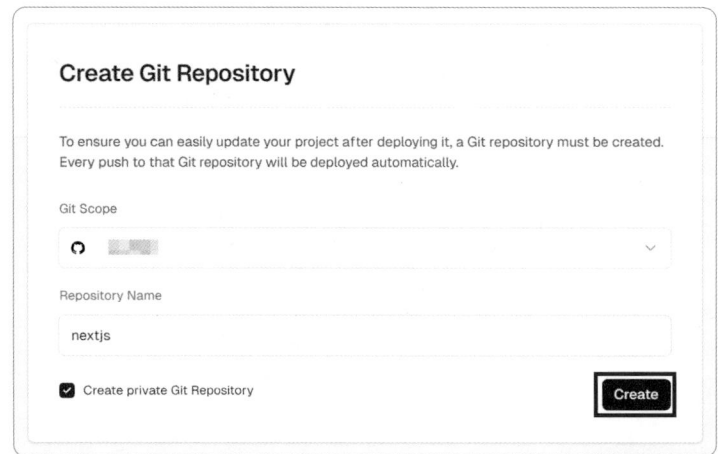

058

프로젝트의 클론을 깃 저장소에 배포하기 시작합니다. 이 작업은 시간이 조금 걸립니다. 완료될 때까지 기다리세요.

▼ 그림 1-30 Delpoy가 시작된 화면

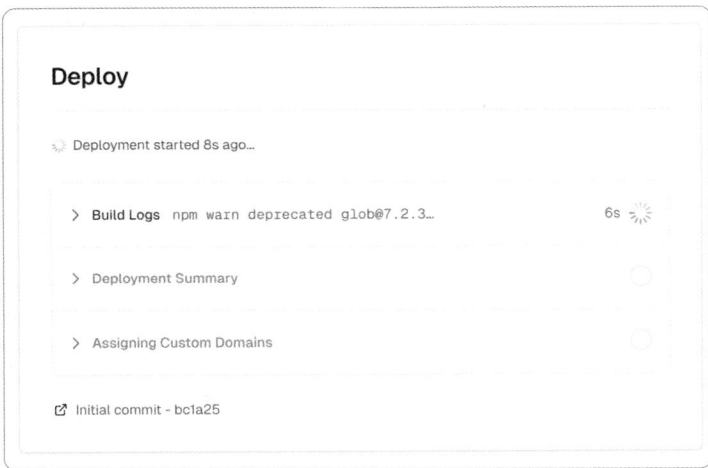

배포가 완료되면 'Congratulations!' 메시지가 담긴 화면이 표시됩니다. 이제 깃허브에 프로젝트가 생성됐습니다. 깃허브와 Vercel은 연결되어 있으므로 깃허브에서 프로젝트를 편집하면 자동으로 Vercel의 프로젝트도 업데이트됩니다.

▼ 그림 1-31 배포가 완료된 화면

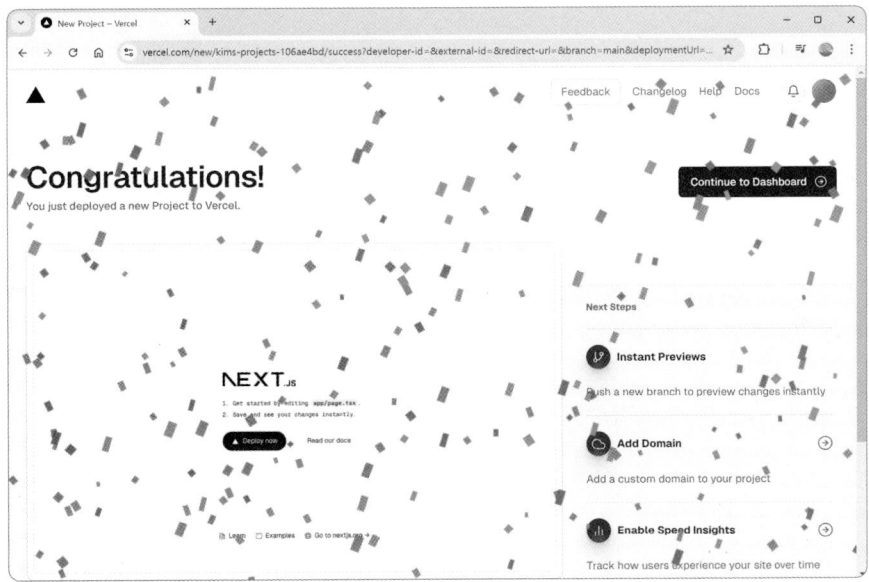

대시보드로 이동하기

작업이 완료되면 화면에 보이는 **Continue to Dashboard** 버튼을 클릭하세요. 대시보드 화면으로 이동하면 생성한 Next.js 프로젝트가 Production Deployment에 표시됩니다. 왼쪽에는 애플리케이션의 미리보기 이미지가, 오른쪽에는 다음 항목에 관한 정보가 표시됩니다.

Deployment	배포 링크입니다. 클릭하면 배포 정보 페이지로 이동합니다.
Domians	공개되는 도메인입니다.
Status	상태를 나타냅니다. Ready로 되어 있으면 모든 작업이 끝난 상태입니다.
Created	생성된 일시입니다.
Source	프로젝트의 소스입니다. 깃허브 링크가 준비되어 있습니다.

대시 보드의 정보를 보면 현재 공개된 애플리케이션이 어떤 것인지 알 수 있습니다. 깃허브 쪽에서 코드를 수정하면 이곳에 반영되므로 빈번하게 업데이트할 때도 언제 수정 사항이 반영됐는지 확인할 수 있습니다.

▼ **그림 1-32** 대시보드 화면

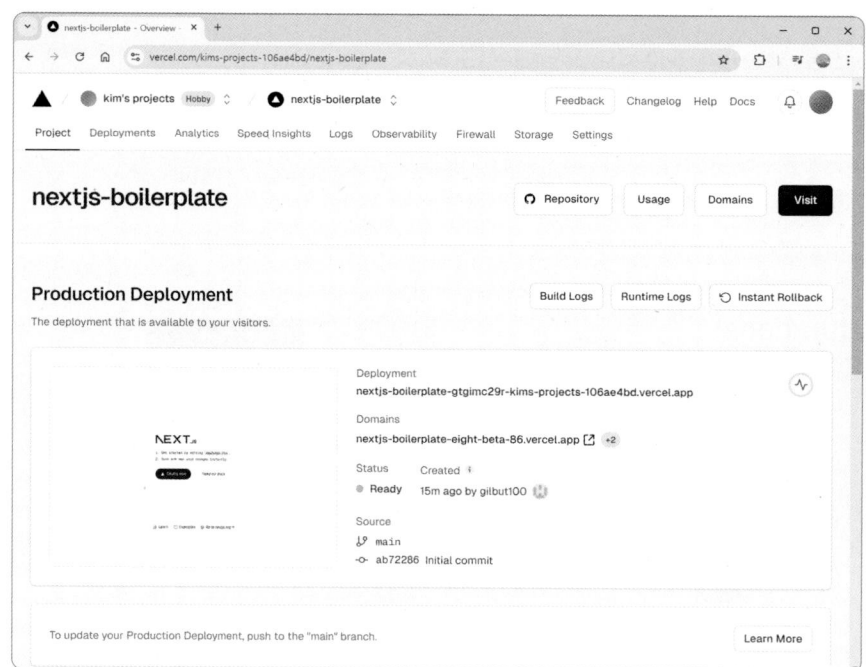

애플리케이션 열기

실제로 배포된 애플리케이션이 어떻게 되어 있는지 살펴보겠습니다. 대시보드에는 애플리케이션의 미리보기가 표시되어 있습니다. 미리보기 이미지를 클릭하면 새 탭이 열리면서 애플리케이션 페이지로 이동합니다. 이번에 만든 Next.js 페이지를 웹 브라우저로 확인할 수 있습니다.

▼ 그림 1-33 배포된 애플리케이션

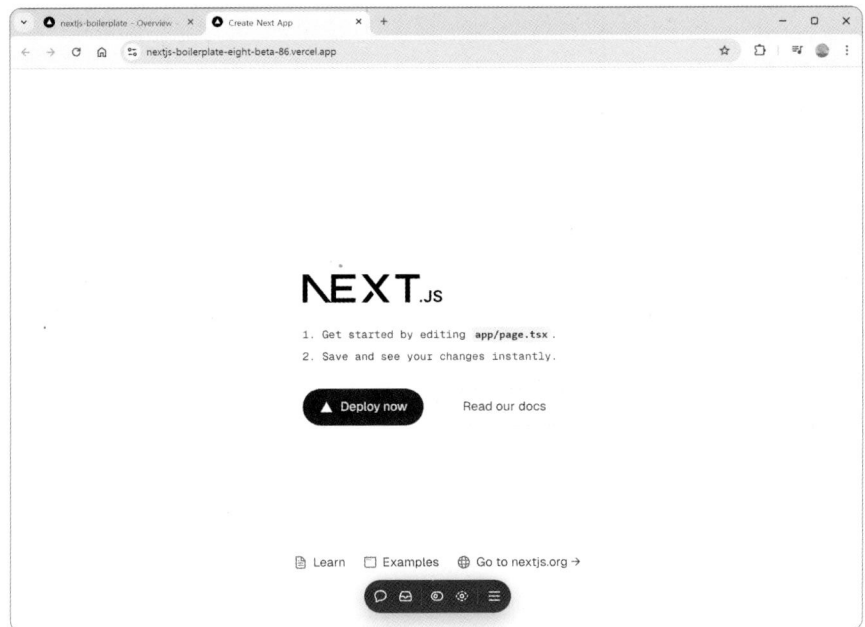

1.4.3 깃허브 리포지터리 정보

Vercel에서 만든 프로젝트를 확인한 후 깃허브 쪽에는 어떻게 연결되어 있는지도 살펴봅시다. 깃허브 사이트(https://github.com)에 접속하여 오른쪽 상단에 보이는 **계정 아이콘**을 클릭한 뒤, **Your repositories** 메뉴를 선택하면 리포지터리 목록으로 이동합니다.

여기서 Next.js라는 리포지터리가 생성되어 있는 것을 확인할 수 있습니다. 이것이 Vercel에서 생성한 프로젝트의 리포지터리입니다.

▼ 그림 1-34 깃허브에 생성된 Next.js의 리포지터리

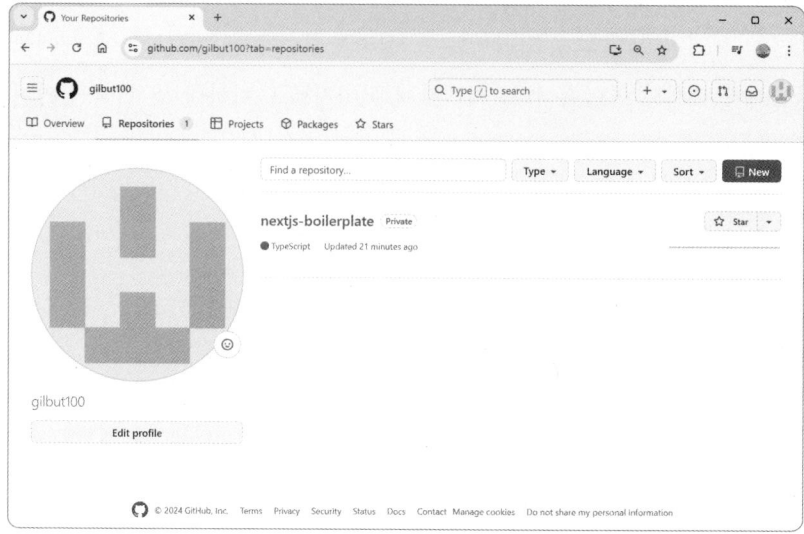

코드 표시하기

여기서 **리포지터리 이름**을 클릭하여 리포지터리를 열어주세요. 그러면 리포지터리에 저장된 파일들이 표시됩니다. 이것이 Next.js 프로젝트의 파일들입니다.

파일이나 폴더를 열면 내용을 확인할 수 있으며, Next.js 프로젝트의 모든 파일이 저장되어 있습니다.

▼ 그림 1-35 리포지터리에는 프로젝트의 파일이 업로드되어 있다

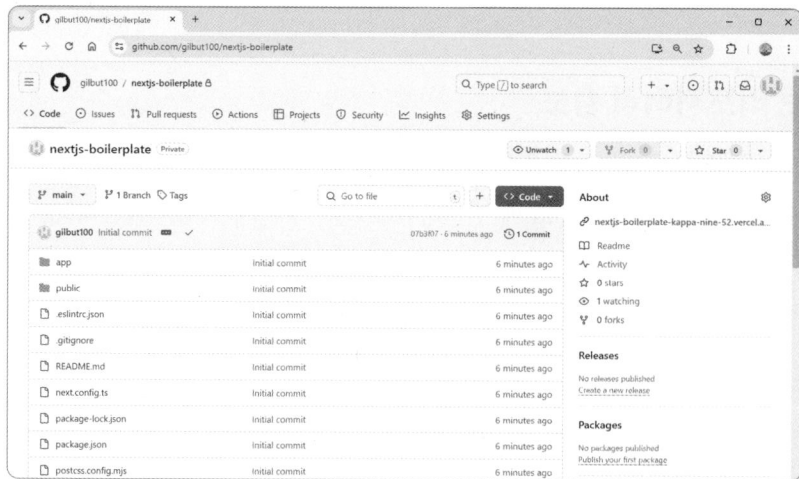

1.4.4 비주얼 스튜디오 코드로 편집하기

리포지터리에 저장된 파일은 어떻게 편집할까요? 깃허브에는 웹 버전의 비주얼 스튜디오 코드가 내장되어 있습니다. 코드 보기 화면에서 키보드의 .(점) 키를 누르면 그 자리에서 비주얼 스튜디오 코드가 실행되어 리포지터리의 파일을 편집할 수 있습니다.

이미 웹 버전의 비주얼 스튜디오 코드를 사용해봤으니 기본적인 사용 방법은 알 것입니다. 이를 사용하여 코드를 편집하면 실시간으로 파일이 저장됩니다.

▼ **그림 1-36** 비주얼 스튜디오 코드 화면. 여기서 파일을 열고 편집할 수 있다

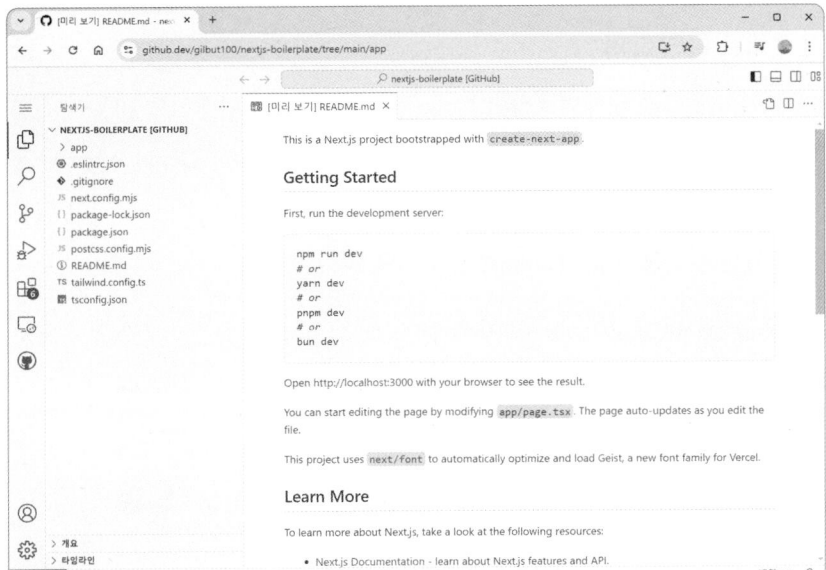

커밋과 푸시

파일을 편집해도 아직 Vercel에는 수정 사항이 반영되지 않습니다. 깃 리포지터리에서는 파일 등의 업데이트가 **커밋**과 **푸시** 작업으로 반영됩니다.

맨 왼쪽 아이콘 바에서 세 번째에 있는 **소스 제어 아이콘**을 클릭하세요. 그러면 오른쪽에 업데이트된 파일들이 나열됩니다. 그 위로는 메시지를 남길 수 있는 필드가 있습니다.

이 필드에 업데이트 내용의 메시지를 입력하고 **커밋 및 푸시** 버튼을 클릭하면 수정된 내용이 모두 반영됩니다(업데이트된 파일 목록은 비워집니다).

▼ 그림 1-37 수정한 파일 목록. 코멘트를 적고 커밋 및 푸시 버튼을 클릭하면 반영된다

Vercel에서 프로젝트 확인하기

실제로 깃허브에서 소스 코드를 업데이트하면 Vercel 측 프로젝트에 업데이트 내용이 전달되어 즉시 반영됩니다. Vercel 사이트로 돌아가 대시보드의 Production Deployment에 표시된 프로젝트 내용을 확인해봅시다. Created나 Source 값이 최신으로 업데이트되어 있음을 알 수 있습니다. 물론 미리보기 화면도 수정한 코드에 맞춰 변경됩니다.

▼ 그림 1-38 Vercel의 대시보드를 보면 프로젝트 정보가 업데이트되어 있다

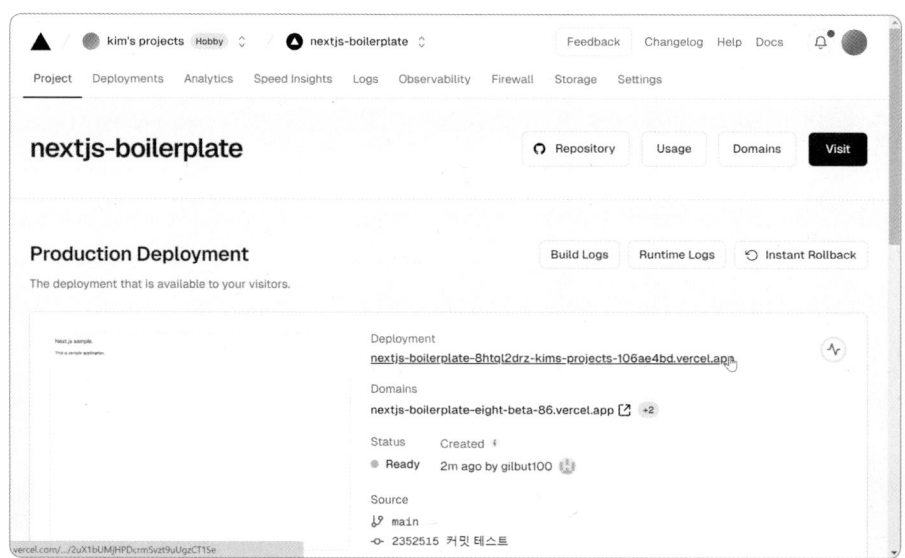

미리보기 이미지를 클릭하여 앱을 실행해봅시다. 그러면 깃허브에서 수정한 내용에 따라 바뀐 부분이 표시되는 것을 확인할 수 있습니다.

깃허브에서 수정, Vercel에서 **배포**하는 개발 스타일은 이처럼 온라인에서 모든 개발을 할 수 있게 해줍니다.

▼ 그림 1-39 배포된 앱도 업데이트된다

1.4.5 깃허브 계정에 대해서

Vercel의 클라우드 서비스를 이용하기 위해서는 깃 기반 소스 코드 호스팅 서비스 계정이 필요합니다. 아직 계정이 없다면 사용자가 가장 많은 깃허브의 계정을 만듭시다(깃허브는 다음 URL로 접속하세요).

URL https://github.com

▼ 그림 1-40 깃허브 사이트

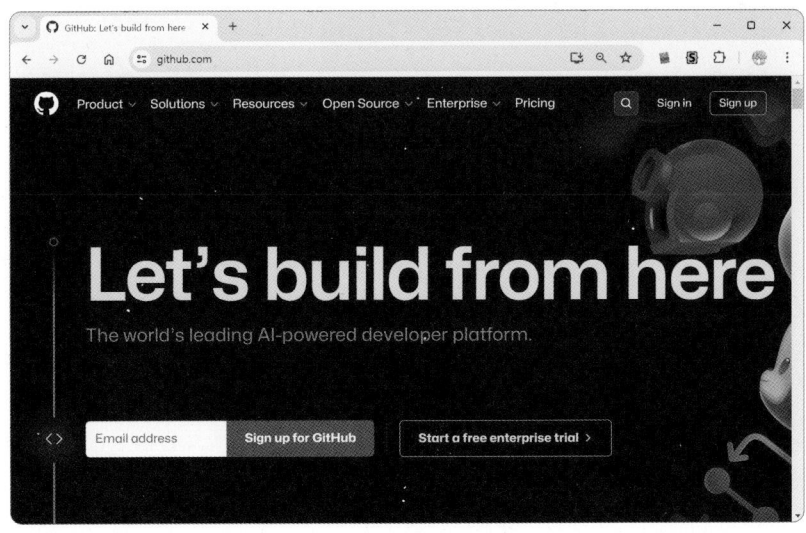

깃허브 사이트에 접속한 후 오른쪽 상단에 보이는 **Sign Up** 버튼을 클릭합니다. 그리고 다음 단계를 따라 계정을 등록하세요.

필요한 정보를 입력하는 화면이 나타납니다. 여기서는 다음과 같은 항목을 차례로 입력하세요.

Enter your email	등록할 이메일 주소
Create a password	등록할 패스워드
Enter a username	표시할 사용자 이름
Email preferences	제품 업데이트 정보 수신 여부 체크

▼ **그림 1-41** 이메일 주소, 패스워드, 사용자 이름 등을 입력한다

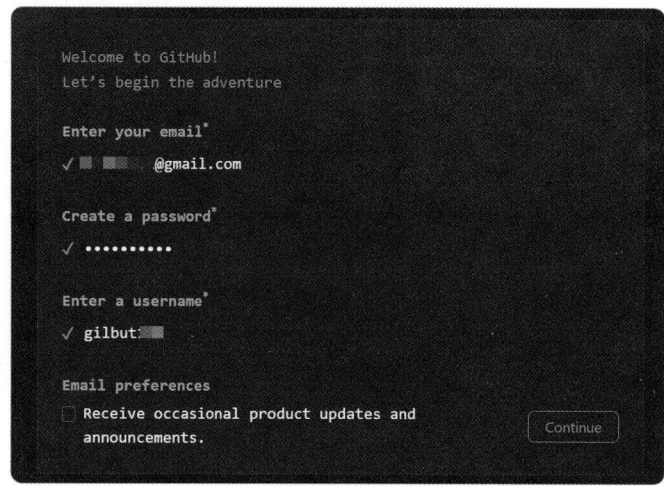

로봇이 아닌지 확인하는 표시가 나타납니다. **확인**을 클릭하고 질문에 답하세요. 답을 제출하고, 메일 인증을 마치면 계정이 생성됩니다.

▼ 그림 1-42 확인을 클릭하고 질문에 답한다

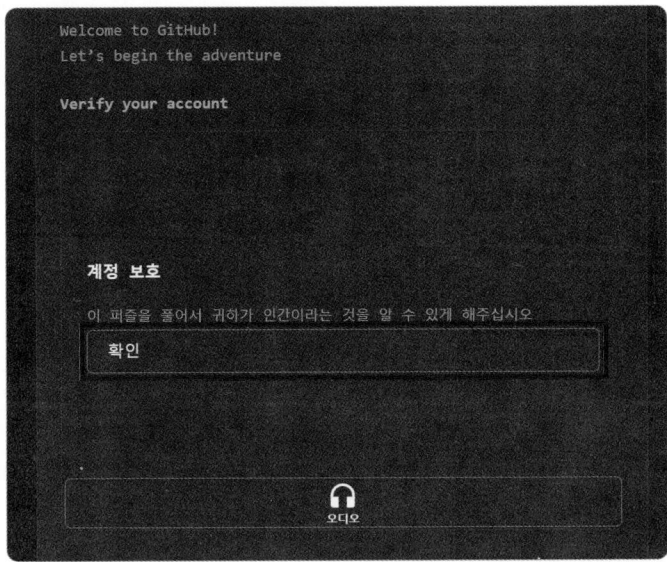

로그인 후 화면에 다음과 같은 패널이 나타납니다. 여기서 자신의 팀 인원과 교육 관계자(학생인지, 교사인지) 여부를 입력합니다. 개인용이라면 **Just me**와 **N/A**(또는 other)를 선택합니다.

▼ 그림 1-43 팀 인원과 교육 관계자 여부를 입력한다

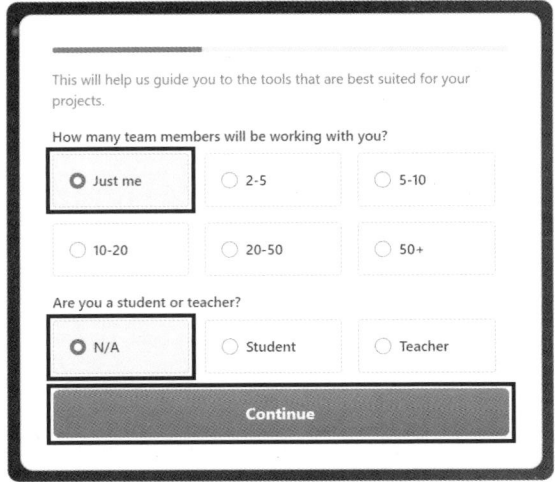

깃허브에는 두 가지 플랜이 있습니다. 무료 플랜과 유료 플랜 중 하나를 선택하면 됩니다. 우선 무료 플랜으로 시작하면 됩니다. **Continue for free** 버튼을 클릭합니다.

▼ **그림 1-44** Continue for free 버튼을 클릭한다

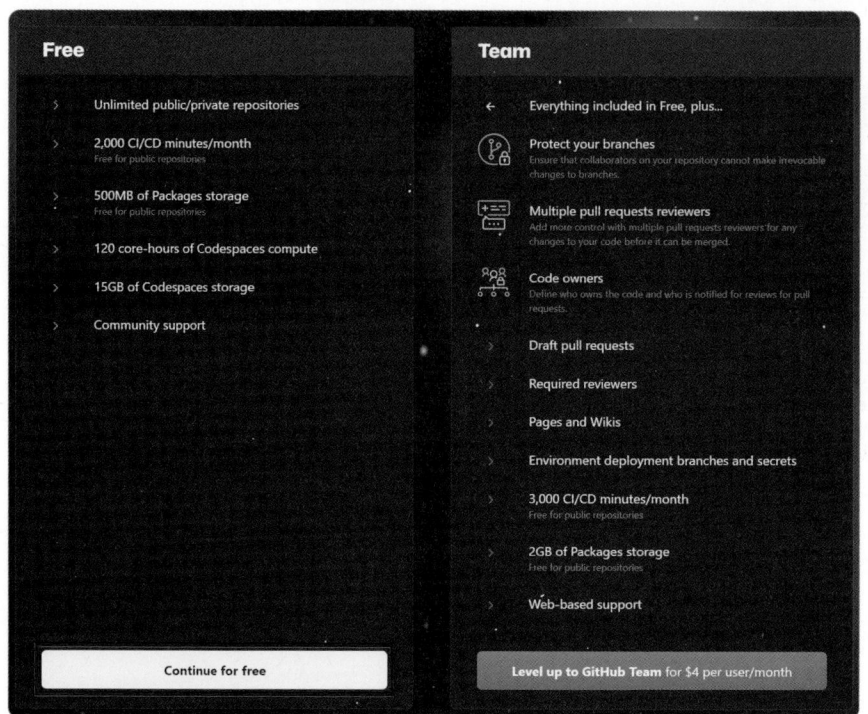

이로써 계정 등록을 완료했습니다. 깃허브에는 PC용 애플리케이션도 있습니다. Vercel에서 프로젝트를 생성하는 방법은 설명했지만, 자신이 만든 프로젝트를 깃허브에 업로드하고 Vercel에서 가져와서 사용하는 경우에는 깃허브 유틸리티가 필요합니다.

이 책은 Next.js 입문서이므로 깃허브 사용법은 자세히 설명하지 않습니다. 아직 깃허브를 사용해본 적이 없다면 별도로 학습하기 바랍니다.

1.4.6 리액트를 배우고 Next.js로 넘어가기

이상으로 리액트와 Next.js로 프로젝트를 생성하고, Vercel의 클라우드 서비스에 공개하기까지의 과정을 간단하게 설명했습니다.

Next.js는 리액트 기반이기 때문에 웹 페이지의 컴포넌트도 기본적으로 리액트의 컴포넌트로 정의합니다. 따라서 Next.js를 이해하기 위해서는 먼저 리액트의 컴포넌트를 제대로 알아야 합니다.

또한 Next.js의 컴포넌트에는 글꼴을 객체로 로드하는 등 리액트에서는 볼 수 없는 독자적인 기능도 여러 가지가 있습니다. 리액트의 기본을 이해한 다음에는 이런 기능들에 대해서도 학습하는 것을 추천합니다.

타입스크립트도 중요하다

Next.js의 기능과는 별개로 확실히 알아두었으면 하는 것은 바로 타입스크립트입니다. Next.js는 자바스크립트를 기반으로 개발할 수도 있지만, 타입스크립트를 사용하는 편이 압도적으로 편리합니다. 타입스크립트는 자바스크립트의 강화 버전 같은 언어라서 조금만 공부하면 사용할 수 있으므로 이 기회에 꼭 타입스크립트를 사용해 개발에 도전해봅시다.

이 책에서도 모두 타입스크립트를 기반으로 설명할 것입니다. 타입스크립트를 잘 모르는 사람을 위해 책 말미에 '타입스크립트 입문' 부록을 따로 준비했으니 기본적인 문법은 학습해두기를 바랍니다.

또한, 타입스크립트를 더 본격적으로 공부하고 싶은 사람은 〈쉽게 시작하는 타입스크립트〉(길벗, 2023)나 〈타입스크립트 교과서〉(길벗, 2023)를 참고하면 좋습니다.

CHAPTER

02

리액트 컴포넌트 학습

Next.js에서는 리액트 컴포넌트를 사용하여 UI를 작성합니다. 그러므로 우선 리액트 컴포넌트를 정확히 이해하고 있어야 합니다. 여기서는 리액트 함수형 컴포넌트의 기본적인 사용법을 학습하고, 컴포넌트를 전반적으로 사용할 수 있도록 합니다.

포인트

* 함수형 컴포넌트 작성법을 학습한다.
* 속성을 이용해 필요한 값을 전달한다.
* 스테이트와 스테이트 훅을 이해한다.

2.1 리액트 함수형 컴포넌트의 기본

2.1.1 리액트 애플리케이션 배우기

Next.js는 리액트를 기반으로 만들어졌습니다. 따라서 Next.js를 활용하려면 리액트를 이해하는 것이 우선입니다. 이미 리액트를 완벽하게 사용하는 사람도 있겠지만, 아직 잘 모르는 사람도 있을 것입니다. 그러므로 Next.js를 시작하기 전에 리액트에 대해(특히 Next.js에서 사용되는 컴포넌트에 대해) 간단히 살펴보겠습니다. 이미 알고 있는 사람도 복습하는 마음으로 읽어보세요.

리액트는 웹 페이지의 사용자 인터페이스를 만들기 위한 자바스크립트 라이브러리입니다. 리액트에서는 컴포넌트로 UI를 정의하고 이를 조합하여 개발합니다. 컴포넌트에는 클래스형 컴포넌트와 함수형 컴포넌트가 있는데, 클래스형 컴포넌트는 설계가 복잡해지기 십상이라 최근에는 많이 사용되지 않습니다. 반면, 함수형 컴포넌트는 훨씬 더 쉽게 사용할 수 있기 때문에 많이 사용되고 있습니다.

함수형 컴포넌트는 대략 다음과 같은 형태를 띱니다.

```
function 이름() {
  …처리…
  return 《 JSX 》
}
```

함수형 컴포넌트는 필요한 처리를 한 후 마지막에 return으로 표시할 내용을 반환합니다. 반환값으로는 JSX를 이용하는 것이 보통입니다. 이로써 JSX로 작성한 내용을 표시하는 컴포넌트가 완성됐습니다. 컴포넌트는 일반적으로 외부에서 호출해서 사용하므로 작성한 함수는 export해둡니다.

단순한 함수형 컴포넌트

1장에서 만든 리액트 프로젝트(sample_react_app 프로젝트)를 사용해 컴포넌트의 기본을 설명하겠습니다.

프로젝트의 src 폴더 내에 있는 App.js 파일을 열어주세요. 이 파일이 실제로 웹 페이지에 표시되는 컴포넌트입니다. App.js의 내용을 다음과 같이 변경해보겠습니다.

▼ 코드 2-1

```
import './App.css';

function App() {
  return (
    <div className="App">
      <h1>React sample.</h1>
      <p>This is sample application.</p>
    </div>
  );
}

export default App;
```

컴포넌트를 수정했습니다. 수정 후 터미널에서 npm start 명령을 실행하여 어떻게 표시되는지 확인합니다.

▼ 그림 2-1 http://localhost:3000/으로 웹 애플리케이션을 확인한다

> **칼럼**
>
> **애플리케이션을 재시작하지 않아도 된다!**
>
> 앞으로 계속 프로젝트에서 컴포넌트의 내용을 수정하고 웹 애플리케이션에서 어떻게 보여지고, 동작하는지 확인할 것입니다. 그럼 이때 매번 npm start 명령을 Ctrl + C 로 종료하고 다시 실행해야 할까요? 리액트나 Next.js 애플리케이션을 실행한 경우, 컴포넌트 파일을 수정하면 실행 중인 웹 애플리케이션의 화면도 실시간으로 업데이트됩니다. 그러므로 npm start로 실행한 애플리케이션은 재시작할 필요가 없습니다. 개발 중에는 애플리케이션을 계속 실행해두는 것을 잊지 마세요.

2.1.2 값 삽입하기

컴포넌트가 단순히 반환 내용을 표시만 하는 거라면 더 배울 게 없을 것입니다. 하지만 실제로는 표시한 컴포넌트에 여러 가지 조작을 할 수 있습니다. 이제부터 컴포넌트를 다루는 몇 가지 방법을 설명하겠습니다.

먼저 컴포넌트 내에 미리 준비한 변수 등의 값을 표시하는 방법을 알아봅시다. JSX에서는 {} 기호를 사용해 미리 준비해둔 변수나 상수 등을 삽입할 수 있습니다. 예를 들어 다음과 같이 기술합니다.

```
<p>{hello}</p>
```

이렇게 하면 `<p>` 태그에 안 변수 hello의 값을 표시할 수 있습니다. 이를 통해 변수를 사용하여 컴포넌트의 표시를 변경할 수 있게 됩니다. 실제로 해봅시다. App.js 파일의 App 함수를 다음과 같이 수정해보세요. 함수 이외의 부분은 그대로 둡니다.

▼ 코드 2-2

```
function App() {
  const msg="이것은 샘플 메시지입니다.";
  return (
    <div className="App">
      <h1>React sample.</h1>
```

```
        <p>This is sample application.</p>
        <div>{msg}</div>
      </div>
    );
}
```

▼ **그림 2-2** msg에 지정한 텍스트가 표시된다

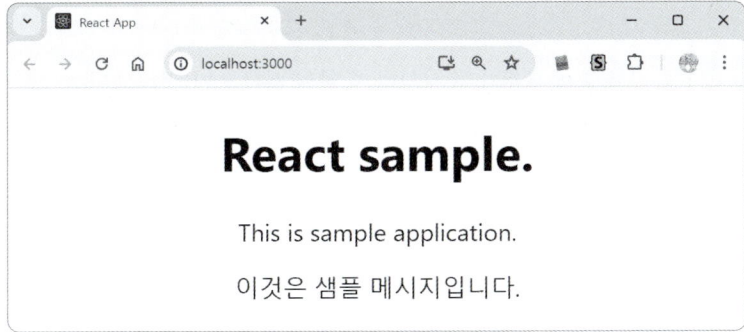

상수 msg에 준비한 텍스트가 컴포넌트에 나타난 것을 확인할 수 있습니다. 여기서는 JSX를 사용하여 `<div>{msg}</div>`와 같이 msg를 삽입했습니다. 이렇게 해서 msg의 내용이 표시될 수 있게 된 것입니다. 이때 한글이 깨져 보이면 App.js 파일을 저장할 때 인코딩 타입을 UTF-8로 변경하세요.

{}을 이용한 값 삽입은 컴포넌트를 만들 때 가장 기본이 되는 기능이라고 할 수 있습니다.

2.1.3 컴포넌트 인수와 속성

컴포넌트는 외부에서 임포트하여 사용합니다. 예를 들어 App.js에 작성된 App 컴포넌트는 index.js 안에서 임포트되어 표시됩니다.

이처럼 외부에서 컴포넌트를 임포트할 때 필요한 정보를 컴포넌트에 전달해 제어할 수 있다면 범용성이 높은 컴포넌트를 만들 수 있습니다. 예를 들어 App 컴포넌트는 index.js에 다음과 같이 작성되어 있습니다.

```
<App />
```

단순히 이름만 적힌 코드입니다. 만약 여기에 다음처럼 타이틀이나 메시지 등을 지정할 수 있다면 어떨까요?

```
<App title="Hello" message="This is sample." />
```

이렇게 작성했을 때 지정한 타이틀과 메시지가 표시된다면 훨씬 사용하기 편리해지겠지요.

속성 전달 방식

JSX 태그로 기술할 때 속성을 이용해 필요한 값을 전달할 수 있으면 매우 편리합니다. 그 방법도 사실 매우 간단해서 컴포넌트를 정의할 때 인수를 지정하면 속성 값을 사용할 수 있습니다.

```
function 이름(인수) {⋯}
```

함수형 컴포넌트를 이렇게 정의하면 인수가 전달됩니다. 이 인수는 해당 컴포넌트를 사용하는 JSX 태그에 준비된 속성들을 객체 하나로 모은 것입니다.

```
<이름 a="○○" b="××" c="△△" />
```

예를 들어 이와 같이 태그를 작성했다면, 이때 a, b, c 속성은 모두 한꺼번에 묶어 객체에 인수로 전달됩니다.

이 컴포넌트 함수에서는 인수.a라고 하면 a 속성의 값을 얻을 수 있습니다. 인수.b, 인수.c로 b와 c 속성의 값도 얻을 수 있습니다.

App 컴포넌트에서 속성 사용하기

App 컴포넌트를 수정해 속성을 표시해봅시다. index.js를 열고 실행 중인 코드(import 이후 부분)를 다음과 같이 수정합니다.

▼ 코드 2-3

```
const root = ReactDOM.createRoot(document.getElementById('root'));
root.render(
  <React.StrictMode>
    <App title="Hello!" message="이것은 속성의 값입니다." />
  </React.StrictMode>
);
```

여기서는 <App /> 태그에 title과 message 속성을 준비했습니다. 이제 App 컴포넌트를 수정해 title과 message 속성 값을 이용해봅시다. App.js를 열고 App 함수를 다음처럼 수정합니다.

▼ 코드 2-4

```
function App(props) {
  return (
    <div className="App">
      <h1>{props.title}</h1>
      <p>{props.message}</p>
    </div>
  );
}
```

▼ 그림 2-3 App에서 타이틀과 메시지를 전달받아 표시한다

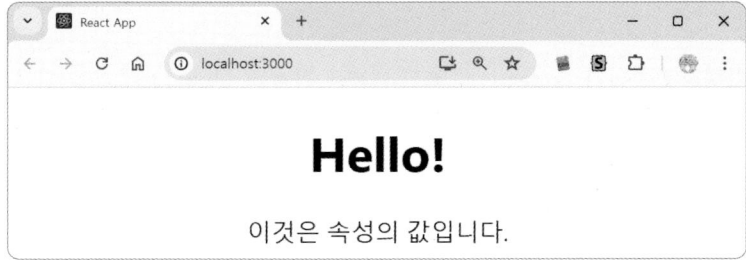

여기서는 인수로 props라는 값을 전달했고, JSX 부분에서 {props.title}과 {props.message}로 값을 가져와 표시하고 있습니다. 웹 브라우저를 보면 <App />에 설정한 title과 message 속성을 가져와서 표시한 것을 확인할 수 있습니다.

속성 값이 어떻게 전달되는지 이해했나요? 이 메커니즘을 이해하면 컴포넌트의 다양한 부분을 속성으로 전달할 수 있습니다.

속성 값 설정하기

{}를 사용한 값 삽입은 태그의 속성 값에도 사용할 수 있습니다. 예를 들어 컴포넌트에 속성으로 준비한 값으로 스타일 클래스를 설정할 수 있다면 화면을 상당히 동적으로 변경할 수 있습니다.

그럼, 실제로 시험해봅시다. 먼저 App.css 파일을 열어보세요. 이 파일은 App 컴포넌트에서 사용할 스타일시트가 기술된 파일입니다. 여기에 다음과 같은 클래스를 추가합니다.

▼ 코드 2-5

```
.red {
  color: red;
}
.green {
  color: green;
}
.blue {
  color: blue;
}
```

여기서는 red, green, blue 세 클래스를 준비했습니다. 각 color의 값을 지정한 색으로 설정했습니다.

계속해서 <App />을 수정하겠습니다. index.js를 열고 JSX로 기술된 <App /> 부분을 다음과 같이 수정합니다.

▼ 코드 2-6

```
<App color="red" title="Hello!" message="이것은 color=red의 표시입니다." />
```

이번에는 color="red"라는 속성을 새로 추가했습니다. 이 값을 바탕으로 컴포넌트의 스타일 클래스를 설정하도록 코드를 수정합니다. App.js의 함수를 다음과 같이 수정해봅시다.

▼ 코드 2-7

```
function App(props) {
  const msg = "이것은 샘플 메시지입니다.";
  return (
    <div className="App">
      <h1 className={props.color}>{props.title}</h1>
      <p className={props.color}>{props.message}</p>
    </div>
  );
}
```

▼ 그림 2-4 color="red"를 지정하여 빨간색 텍스트로 표시한다

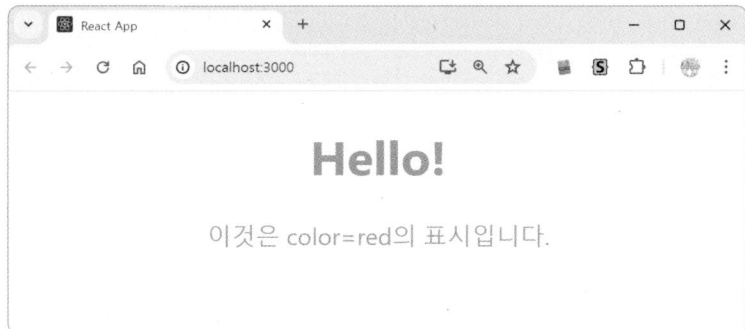

실행하면 컴포넌트가 빨간색 텍스트로 표시됩니다. 여기서는 <h1>과 <p>에 각각 className={props.color} 속성을 추가했습니다. 이렇게 하면 스타일 클래스의 속성이 color의 값으로 변경됩니다.

이와 같이 JSX로 작성한 태그의 속성 값도 변수 등을 사용하여 설정할 수 있습니다.

> **칼럼**
>
> **스타일 클래스는 class가 아니라 className**
>
> JSX에서는 HTML 요소에 준비된 속성 대부분을 그대로 사용할 수 있습니다. 그러나 사용할 수 없는 속성도 있습니다. 대표적인 예가 class입니다. class 속성은 JSX에서 그대로 사용할 수 없습니다. 자바스크립트와 타입스크립트에 class 키워드가 이미 존재하기 때문입니다. JSX에서는 class 속성 대신 className을 사용합니다.

2.2 스테이트와 훅

2.2.1 스테이트로 값 유지하기

컴포넌트에서 외부 속성을 사용하여 값을 설정할 수 있었습니다. 그렇다면 표시 중인 컴포넌트를 그 자리에서 실시간으로 조작할 수는 없을까요? 예를 들어 클릭하면 표시되는 값이나 텍스트가 바뀌는 것처럼요.

실제로 가능한지 도전해봅시다. 먼저 클릭할 요소의 스타일 클래스를 준비하고, App.css를 열어 다음과 같이 추가합니다.

▼ 코드 2-8

```
.clickable {
  cursor: pointer;
  font-size: 24px;
}
```

이번에는 App.js의 App 컴포넌트를 수정합니다. App 함수를 다음과 같이 수정하세요.

▼ 코드 2-9

```
function App(props) {
  var counter = 0;
  const doClick = () => {
    counter++;
  };
  return (
    <div className="App">
      <h1 className={props.color}>{props.title}</h1>
      <p className={props.color, "clickable"}
        onClick={doClick}>counter: {counter}.</p>
    </div>
  );
}
```

▼ 그림 2-5 클릭해도 아무 변화가 없다

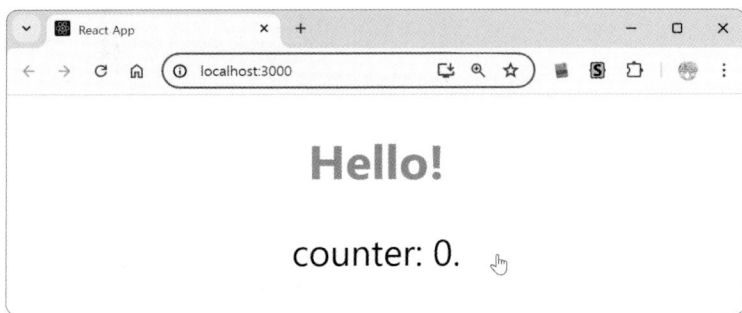

<p>에 onClick={doClick} 속성을 추가했는데, onClick은 클릭했을 때의 처리를 할당하기 위한 속성입니다. 그리고 할당된 doClick이라는 것은 그전에 정의한 함수입니다.

```
const doClick = () => {
  counter++;
};
```

바로 이 부분입니다. 여기서는 화살표 함수(arrow function)를 사용해 doClick을 정의했습니다. 그리고 함수 안에서는 변수 counter의 값을 1씩 증가시키고 있습니다.

이렇게 하면 <p>를 클릭할 때 doClick 함수가 호출되어 counter 값이 1씩 증가됩니다.

그러나 실제로 해보면 <p> 부분을 아무리 클릭해도 숫자는 여전히 0으로 전혀 변하지 않습니다.

함수에서는 값이 유지되지 않는다

왜 작동하지 않을까요? 함수형 컴포넌트는 호출될 때만 작동하고 렌더링이 끝나면 사라지기 때문입니다.

함수를 호출하면 그 안의 처리가 실행되고, 처리를 마치면 그것으로 끝이 납니다. 함수 안에서 사용되는 변수 등은 실행 중에는 존재하지만, 함수 실행이 끝나면 모두 사라집니다.

함수형 컴포넌트는 그저 컴포넌트를 만들기만 하는 함수입니다. 생성되어 화면에 추가된 것은 제대로 작동하지만, 함수 안에 있던 변수 등은 이미 사라졌습니다. counter도 doClick 함수도 사용자가 실제로 조작할 때는 이미 사라진 후입니다.

2.2.2 스테이트 훅의 개념

리액트에서는 컴포넌트의 값 등을 스테이트(state)로 관리합니다. 컴포넌트는 스테이트를 이용해 값을 유지할 수 있습니다.

함수형 컴포넌트에는 스테이트를 이용하기 위한 스테이트 훅 기능이 준비되어 있습니다. 스테이트 훅은 리액트 모듈의 useState 내장 함수로 제공됩니다. 이 기능을 사용하려면 먼저 다음과 같이 useState를 임포트해야 합니다.

```
import {useState} from 'react';
```

useState 함수는 스테이트 값을 보관하는 변수와 값을 변경하는 함수를 만들어 반환합니다. 이는 다음과 같은 형태로 사용합니다.

```
const [변수 A, 변수 B] = useState(초깃값);
```

이제 변수 A에는 스테이트 값이 할당되고, 변수 B에는 스테이트 값을 변경하는 함수가 할당됩니다. 변수 A를 {}로 JSX에 삽입하면 스테이트 값을 표시할 수 있습니다. 또한 변수 B를 함수로 호출하면 스테이트 값을 변경할 수 있습니다.

카운터 수정하기

스테이트 훅은 실제로 사용해보면 어떻게 동작하는지 바로 알 수 있습니다. 그럼, 조금 전에 만든 '클릭해서 숫자를 카운트하는 예제'에 스테이트를 사용해 제대로 작동하도록 수정해봅시다. App 함수를 다음과 같이 수정하세요.

▼ 코드 2-10

```jsx
import {useState} from 'react';   // 추가한다

function App(props) {
  const [counter, setCounter] = useState(0);
  const doClick = () => {
    setCounter(counter+1);
  };
  return (
    <div className="App">
      <h1 className={props.color}>{props.title}</h1>
      <p className={props.color, "clickable"}
      onClick={doClick}>counter: {counter}.</p>
    </div>
  );
}
```

▼ 그림 2-6 클릭하면 counter 숫자가 증가한다

이제 화면에서 counter: 0. 표시를 클릭하면 숫자가 1, 2, 3, …으로 증가하는 것을 볼 수 있습니다. 스테이트를 이용해서 카운트하는 숫자를 저장하고 관리할 수 있게 된 것입니다.

스테이트 훅의 사용법

그럼 어떤 처리를 하고 있는지 살펴보겠습니다. 여기서는 다음과 같이 스테이트 훅을 호출하고 있습니다.

```
const [counter, setCounter] = useState(0);
```

useState(0)은 초깃값이 0인 스테이트를 생성합니다. 0은 정숫값을 저장하는 스테이트가 만들어진다는 것을 의미합니다. 그리고 counter에는 스테이트 값이 할당되고, setCounter에는 스테이트를 변경하는 함수가 할당됐습니다.

숫자를 세는 처리는 doClick 함수에서 수행합니다. 이 함수는 다음과 같이 정의되어 있습니다.

```
const doClick = () => {
  setCounter(counter+1);
};
```

함수 내에서 setCounter를 호출하며, 인수로 counter+1이 지정되어 있습니다. 이것으로 counter를 1 증가시킨 값이 스테이트로 설정됩니다.

이렇게 정의된 doClick 함수는 <p> 태그에 onClick={doClick}과 같이 삽입되어, 클릭하면 호출되도록 설정됐습니다.

이벤트 속성에 함수를 할당할 경우, 이 예제처럼 {}를 사용하여 함수를 지정합니다. 텍스트로 할당하거나 ()를 붙여 함수를 호출하는 식으로 작성해선 안 됩니다.

```
○   onClick={doClick}
×   onClick={doClick()}
×   onClick="doClick"
```

이벤트 속성은 onClick처럼 on 뒤에 대문자로 시작하는 이벤트의 종류가 붙은 이름입니다. onclick이나 OnClick으로는 제대로 인식하지 못하므로 주의해야 합니다.

스테이트는 즉시 업데이트하여 표시한다

이제 클릭하면 doClick이 호출되고, 그 안에서 setCounter가 스테이트 값을 변경합니다. 그런데 여기서 잠깐! 값이 변경된 counter는 어떻게 업데이트하여 표시할까요?

이것이 스테이트의 큰 특징 중 하나입니다. 스테이트 값을 {}로 JSX에 삽입하면 값이 변경될 때마다 자동으로 업데이트해 표시됩니다. 프로그래머가 별도로 업데이트 처리를 구현할 필요가 없습니다.

어떤 이벤트가 발생해서 컴포넌트를 업데이트해야 한다면 리액트는 해당 컴포넌트의 업데이트할 요소를 새로 생성합니다. 그리고 모두 다 표시되면 가상 DOM에서 실제 웹 페이지로 반영합니다. 요컨대 어떤 일이 있을 때마다 컴포넌트가 모두 다시 만들어진다고 생각하면 됩니다. 이러한 방식으로 업데이트된 스테이트는 항상 최신 값으로 표시됩니다.

2.2.3 폼 사용하기

사용자의 입력을 받을 때는 폼을 사용합니다. 일반 웹 페이지와 리액트는 폼을 사용하는 방식이 크게 다릅니다. 일반 웹 페이지의 경우 폼을 제출하면 서버 측에서 그 내용을 받아 처리하는 반면, 리액트는 스테이트를 이용하여 폼의 입력값을 관리합니다.

실제로 간단한 폼을 만들고 어떻게 사용하는지 살펴보겠습니다. 먼저 폼에 사용할 스타일 클래스를 준비합니다. App.css를 열고 다음과 같이 추가합니다.

▼ 코드 2-11

```css
input {
  margin: 5px;
  padding: 5px;
}
button {
  margin: 5px;
  padding: 5px 15px;
}
```

이제 컴포넌트를 수정해봅시다. App.js를 열고 App 함수 내용을 다음과 같이 수정합니다.

▼ 코드 2-12

```jsx
function App(props) {
  const [input, setInput] = useState("");
  const [message, setMessage] = useState("이름은?");
  const doInput = (event)=> {
    setInput(event.target.value);
  };
  const doClick = ()=> {
    setMessage("안녕하세요, " + input + "님!");
  };
  return (
    <div className="App">
      <h1 className={props.color}>{props.title}</h1>
      <p className={props.color, "clickable"}>{message}</p>
      <div>
        <input type="text" onChange={doInput} />
        <button onClick={doClick}>Click</button>
      </div>
    </div>
  );
}
```

▼ **그림 2-7** 필드에 이름을 입력하고 버튼을 누르면 메시지가 표시된다

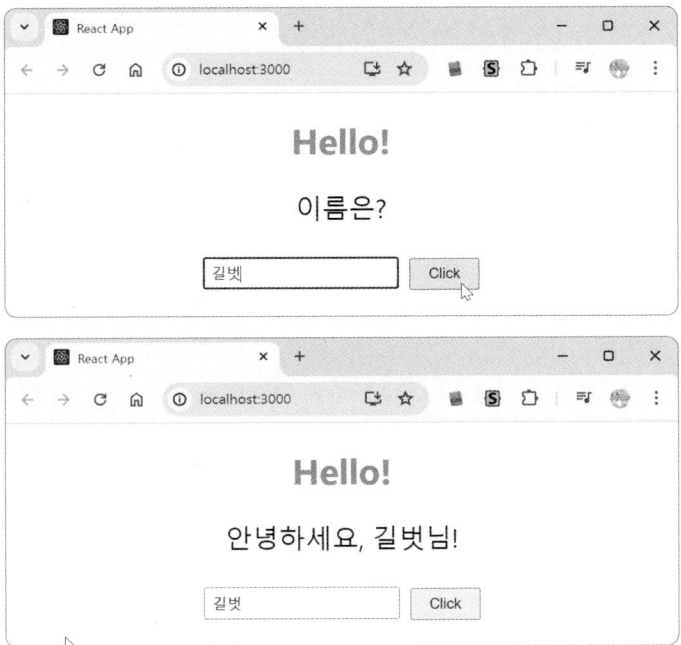

여기에는 입력 필드와 버튼이 하나씩 있는 폼이 준비되어 있습니다. 입력 필드에 이름을 입력하고 버튼을 클릭하면 '안녕하세요, ○○님!'이라는 메시지가 표시됩니다. 매우 단순한 동작이지만, 폼의 기본적인 사용법을 익히기에는 충분한 예제가 될 것입니다.

처리 흐름 정리하기

함수에서 어떤 일을 하는지 살펴봅시다. 우선 여기서는 시작할 때 두 스테이트를 만든다는 것을 알 수 있습니다.

```
const [input, setInput] = useState("");
const [message, setMessage] = useState("이름은?");
```

첫 번째 [input, setInput]은 필드에 입력된 텍스트를 관리하기 위한 것입니다. 그리고 두 번째 [message, setMessage]는 표시할 메시지를 관리하기 위한 것입니다.

스테이트가 모두 준비됐다면 다음으로 할 일은 이벤트를 제어하는 함수를 준비하는 것입니다. 여기서는 다음의 함수 두 개를 준비했습니다.

- **\<input>의 onChange 이벤트용**

```
const doInput = (event)=> {
  setInput(event.target.value);
};
```

doInput은 \<input>의 onChange 이벤트에 사용되며, onChange 이벤트는 필드 값이 변경될 때 발생합니다. 여기서는 setInput(event.target.value)로 이벤트가 발생한 필드 값을 input 스테이트에 설정하고 있습니다. 즉, 필드에 텍스트를 입력하면 그 값이 실시간으로 input 스테이트에 저장됩니다.

- **\<button>의 onClick 이벤트용**

```
const doClick = ()=> {
  setMessage("안녕하세요, " + input + "님!");
};
```

doClick은 \<button>의 onClick 이벤트에 사용됩니다. 즉, 버튼을 클릭했을 때 실행됩니다. 여기서는 setMessage("안녕하세요, " + input + "님!")으로 input을 사용한 메시지를 message 스테이트로 설정하고 있습니다. 이를 통해 표시되는 메시지가 업데이트되도록 했습니다.

이제 기본적인 처리가 완료됐습니다. 나머지는 return하는 JSX 안에 폼을 작성하기만 하면 됩니다. 여기서는 다음과 같이 작성되어 있습니다.

```
<div>
  <input type="text" onChange={doInput} />
  <button onClick={doClick}>Click</button>
</div>
```

onChange와 onClick에 각각 조금 전에 설명한 함수를 할당하고 있습니다. 이렇게 하면 입력한 값이 실시간으로 스테이트에 저장되고, 버튼을 클릭하면 업데이트된 메시지의 스테이트가 표시되어 처리됩니다.

이 예제를 보면 알 수 있듯이, 리액트에서는 **입력한 값의 스테이트 관리**와 **이벤트 처리**를 조합해서 폼을 사용합니다.

2.2.4 이펙트 훅에 대하여

스테이트를 다루는 훅(useState)은 리액트 컴포넌트의 가장 중요한 기능이지만, 이 외에도 이펙트 훅이 있습니다.

이펙트 훅은 컴포넌트가 업데이트될 때 자동으로 부수적인 처리(side effect)를 실행하기 위한 것이며, useEffect라는 함수를 이용합니다. useEffect를 사용하려면 우선 다음과 같이 임포트해야 합니다.

```
import {useState, useEffect} from 'react';
```

useEffect는 다음과 같은 형태로 기술합니다.

```
useEffect(함수, [스테이트])
```

첫 번째 인수에는 실행할 함수를 지정합니다. 일반적으로 화살표 함수를 사용해 값으로 기술합니다. 두 번째 인수에는 이 이펙트 훅이 적용될 스테이트를 배열로 지정합니다. 이렇게 하면 해당 스테이트가 업데이트될 때 첫 번째 인수로 지정한 함수가 실행됩니다.

두 번째 인수는 생략할 수도 있습니다. 이 경우 모든 업데이트마다 이펙트 훅이 실행되므로 경우에 따라서는 너무 자주 호출되거나 반복 처리가 여러 번 실행될 수도 있습니다. 특별한 이유가 없는 한, 두 번째 인수에서 '어떤 스테이트가 갱신되면 호출할 것인지'를 명시적으로 지정하는 것이 기본이라고 생각하세요.

이펙트 훅으로 값을 체크하기

이펙트 훅를 이용한 예제를 살펴보겠습니다. 숫자를 입력하는 필드를 준비하고, 입력된 값이 소수인지 실시간으로 체크해 표시하도록 App.js의 App 함수를 다음과 같이 수정합니다. 덧붙여 import문을 수정해 useEffect를 가져오는 것을 잊지 마세요.

▼ 코드 2-13

```
import {useState, useEffect} from 'react';

function App(props) {
  const [input, setInput] = useState(1);
  const [message, setMessage] = useState("정수를 입력 : ");

  const doInput = (event)=> {
    setInput(event.target.value);
  };

  useEffect(()=> {
    var prime = true;
    if (input == 1) {
      prime = false;
    } else {
      for(var i = 2;i <= input / 2;i++) {
        if (input % i === 0) {
          prime = false;
          break;
        }
      }
    }
    setMessage(prime ? "※소수입니다." : "소수가 아닙니다.")
  }, [input]);

  return (
    <div className="App">
      <h1 className={props.color}>{props.title}</h1>
      <p className={props.color, "clickable"}>{message}</p>
```

```
      <div>
        <input type="number" min="1" onChange={doInput} />
      </div>
    </div>
  );
}
```

▼ 그림 2-8 숫자가 입력되면 소수인지 판정한다

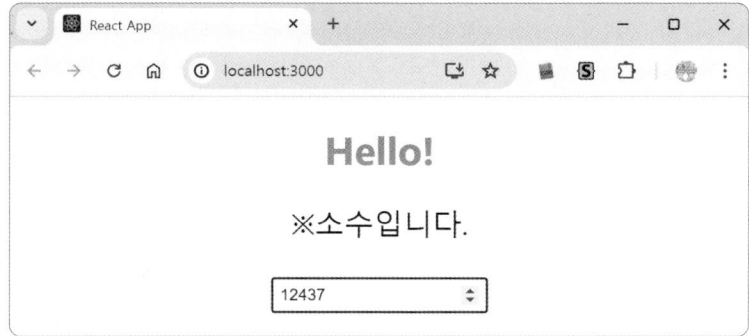

여기서는 정수를 입력하는 필드 하나가 준비되어 있습니다. 입력 필드에 정수를 입력하면 그 위에 소수인지 여부가 표시됩니다. 이펙트 훅(useEffect)을 이용하여 입력된 값이 소수인지 여부를 판정해서 표시한 것입니다.

처리 흐름 정리하기

그럼, 함수에서 처리하는 작업을 정리해보겠습니다. 필요한 스테이트 훅을 생성합니다. 여기서는 입력 필드 값과 표시 메시지 스테이트를 준비합니다.

```
const [input, setInput] = useState(1);
const [message, setMessage] = useState("정수를 입력 : ");
```

input 스테이트에는 초깃값으로 1을 지정하고, message에는 입력을 유도하는 텍스트를 지정해두었습니다.

다음으로 입력 필드 값이 변경됐을 때 이벤트를 처리하는 doInput 함수를 작성합니다. 앞서 코드 2-12에서 만든 함수와 동일합니다.

```
const doInput = (event)=> {
  setInput(event.target.value);
};
```

그 뒤에 나오는 것이 이펙트 훅인 useEffect 함수입니다. 인수로 함수를 지정했으므로 상당히 길게 기술되어 있습니다. 간단히 정리하면 다음과 같이 구성되어 있음을 알 수 있습니다.

```
useEffect(()=> {
  var prime = true;
  …소수 판정 처리…
  setMessage(prime ? " ※소수입니다. " : "소수가 아닙니다. ")
}, [input]);
```

이 함수는 소수인지를 판정해 소수인 경우 prime을 true로, 그렇지 않은 경우 false로 설정합니다. 그리고 마지막으로 prime 값에 따라 표시할 메시지를 setMessage로 설정합니다.

useEffect 내에서 setMessage를 이용해 메시지를 설정하므로 이 이펙트 훅은 message 스테이트의 변화로는 호출되지 않도록 해야 합니다. 그렇지 않으면 useEffect에서 setMessage로 메시지를 업데이트할 때마다 계속해서 useEffect가 호출되어 무한 반복될 수 있기 때문입니다. 따라서 useEffect의 두 번째 인수로 [input]을 지정하여 input 스테이트가 업데이트될 때만 호출되도록 만들었습니다.

이처럼 이펙트 훅은 **어떤 스테이트가 업데이트될 때 실행할지**를 명확하게 지정해야 합니다. 여러 스테이트를 생성한 경우, **이펙트 훅 내에서 사용하는 스테이트는 제외한다**는 것을 이해해야 합니다.

2.3 컴포넌트 활용

2.3.1 데이터 목록 표시

지금까지 리액트 컴포넌트의 기본적인 사용 방법을 살펴봤습니다. 이제 다양한 용도에 맞는 처리 방법과 JSX 작성 방법을 익혀나가면 충분히 실용적인 수준의 컴포넌트를 만들 수 있을 것입니다.

우선 **데이터 처리**를 알아보겠습니다. 많은 데이터를 목록이나 표로 나열하는 경우가 자주 있습니다. 이럴 때 어떻게 데이터를 표시하면 좋을까요?

JSX에는 반복하여 표시하는 구문이 없습니다. 단, {}를 사용해 자바스크립트 코드를 기술하여 표시할 수는 있습니다. 이 기능을 이용해서 map 메서드로 배열의 각 요소를 반복해 렌더링합니다.

```
{배열.map((인수 )=>{
  return 《 JSX 》
})}
```

map 메서드는 인수로 함수를 지정합니다. map은 배열에서 키(인덱스 번호)와 값을 순서대로 가져와 인수로 지정한 함수를 호출합니다. 가져온 키와 값은 그대로 화살표 함수에 인수로 전달됩니다. 이 값들을 바탕으로 데이터 표시를 JSX로 생성하여 반환(return)하면 됩니다.

데이터를 <ul> 목록으로 표시하기

실제 사용 예를 들어보겠습니다. 이는 배열로 준비한 데이터를 <ul> 태그로 표시하는 예시입니다.

먼저 표시할 리스트의 스타일을 설정하는 스타일 클래스를 준비합니다. App.css를 열고 다음과 같이 추가합니다.

▼ 코드 2-14

```css
ul, ol {
  list-style-type: none;
  padding: 0px;
}
li {
  text-align: left;
  font-size: 20px;
  padding: 5px;
  margin: 5px 20px;
  border: solid 2px lightgray;
  border-radius: 5px;
}
```

다음은 App 컴포넌트를 수정할 차례입니다. 데이터를 별도로 준비해도 되지만, 여기서는 이해하기 쉽도록 App 함수 내에서 생성합니다. 그럼 App 함수를 다음과 같이 수정합니다.

▼ 코드 2-15

```jsx
function App(props) {
  const data = [
    {name:"Kim", mail:"kim@gilbut"},
    {name:"Lee", mail:"lee@flower"},
    {name:"Park", mail:"park@happy"}
  ];

  return (
    <div className="App">
      <h1>{props.title}</h1>
      <ul>
      {data.map((item, key)=>{
        return(<li>{item.name} [{item.mail}]</li>)
      })}
      </ul>
    </div>
  );
}
```

▼ **그림 2-9** 준비한 데이터를 목록으로 표시한다

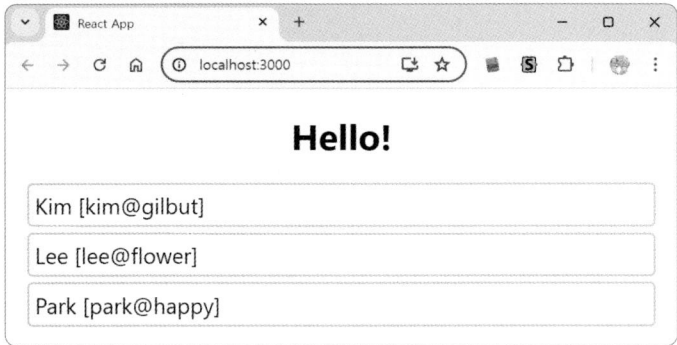

여기서는 미리 준비한 데이터에서 이름과 이메일 주소 값을 추출해 목록으로 표시합니다. 데이터는 다음과 같은 형태로 작성되어 있습니다.

```
const data = [
  {name:"Kim", mail:"kim@gilbut"},
  {name:"Lee", mail:"lee@flower"},
  {name:"Park", mail:"park@happy"}
];
```

name과 mail 값을 가진 객체의 배열로 준비했습니다. 여러 값을 가진 데이터를 다루는 가장 기본적인 형태라고 할 수 있습니다. 상수 data의 내용을 코드로 표시하는 부분은 return 내에 기술한 JSX입니다.

```
<ul>
  {data.map((item, key)=>{
    return(<li>{item.name} [{item.mail}]</li>)
  })}
</ul>
```

<ul> ~ </ul> 안에 {}를 사용하여 자바스크립트 코드를 기술했습니다. 여기서 data.map으로 data 값을 반복해 표시합니다. 인수로 지정한 함수만 따로 떼어보면, 어떤 작업을 하고 있는지 더 잘 이해할 수 있습니다.

```
(item,key)=>{
  return(
    <li>{item.name} [{item.mail}]</li>
  )
}
```

보기 편하게 return 안의 코드를 줄바꿈해서 정리했습니다. 이제 무슨 일을 하고 있는지 바로 알 수 있을 것입니다. 인수로 전달된 item에는 배열의 각 값이 할당되어 있습니다. 그중에서 {item.name}, {item.mail} 형태로 name과 mail 값을 가져와서 <li> ~ </li> 안에 값을 삽입해 표시하는 것입니다.

map으로 배열 값을 반복해 표시하는 방법을 이해하면, 많은 데이터를 깔끔하게 정리해 나타낼 수 있습니다. 테이블이나 코드 표시의 기본으로 사용 방법을 익혀둡시다.

2.3.2 스타일 클래스 다루기

컴포넌트의 표시를 CSS로 제어할 때는 class(JSX에서는 className)와 style 두 가지 속성을 이용할 수 있습니다.

이 중에서 class를 이용하는 방법은 매우 간단합니다. JSX로 컴포넌트를 작성할 때 className="hoge"처럼 클래스 이름을 지정하면 됩니다. 클래스를 조작할 때는 스테이트를 className에 값으로 설정한 후 필요에 따라 스테이트 값을 업데이트하면 동적으로 표시되는 컴포넌트를 만들 수 있습니다.

그럼, 실제로 작성해보겠습니다. 먼저 스타일 클래스를 만듭니다. App.css를 열어 다음 코드를 추가하세요.

▼ 코드 2-16

```
.ClassA {
  font-size: 20px;
  font-weight: normal;
  border: solid 2px lightskyblue;
```

```
    padding: 10px;
    margin: 10px 50px;
}
.ClassB {
    font-size: 20px;
    font-weight: bold;
    color: white;
    background-color: darkblue;
    padding: 12px;
    margin: 10px 50px;
}
```

여기서는 ClassA와 ClassB의 스타일 클래스를 정의했습니다. 두 스타일 클래스는 필요에 따라 전환할 수 있습니다.

이제 App 컴포넌트를 수정합시다. App.js의 App 함수를 다음과 같이 다시 작성합니다.

▼ 코드 2-17

```
function App(props) {
  var [flag, setFlag] = useState(true);

  const doClick = (event)=> {
    setFlag(!flag);
  };

  return (
    <div className="App">
      <h1>{props.title}</h1>
      <p className={flag ? "ClassA" : "ClassB"}>{flag ? "ON" : "OFF"}입니다.</p>
      <button className="button" onClick={doClick}>
        Click
      </button>
    </div>
  );
}
```

▼ 그림 2-10 클릭할 때마다 메시지가 전환된다

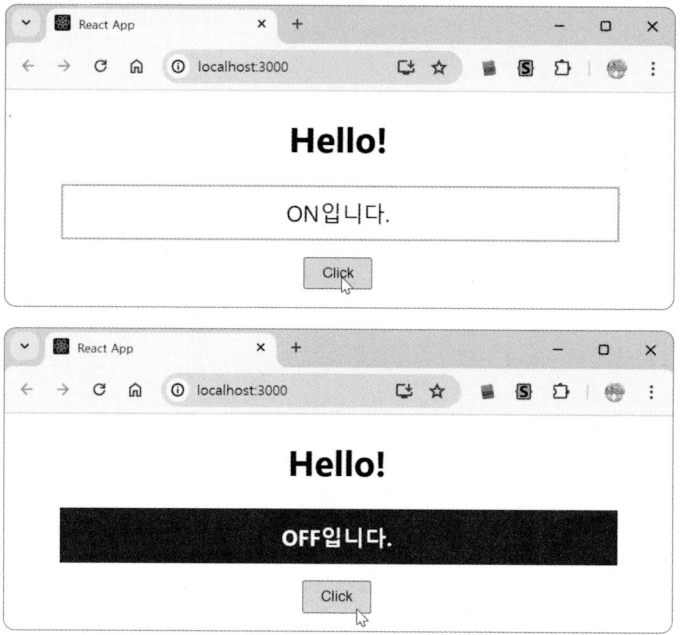

화면에는 메시지 아래에 버튼이 하나 있습니다. 버튼을 클릭할 때마다 위에 있는 메시지의 텍스트와 스타일 클래스가 ClassA와 ClassB 사이에서 번갈아 전환됩니다.

처리 흐름 정리하기

전체적인 처리 흐름을 살펴보겠습니다. 여기서는 클래스 전환을 위한 boolean 값을 보관하는 스테이트 flag를 준비했습니다.

```
var [flag, setFlag] = useState(true);
```

이어서 버튼을 클릭했을 때 처리할 doClick 함수를 다음과 같이 정의합니다.

```
const doClick = (event)=> {
  setFlag(!flag);
};
```

클릭할 때마다 flag의 값이 true/false로 전환됩니다. 나머지는 flag의 스테이트 값을 기반으로 메시지의 스타일 클래스가 설정되도록 합니다.

```
<p className={flag ? "ClassA" : "ClassB"}>{flag ? "ON" : "OFF"}입니다.</p>
```

{}를 사용하여 flag 값이 true인지 false인지에 따라 className과 메시지 텍스트가 변경되게 했습니다. 이렇게 className 값을 스테이트로 변경하면 동적으로 표시되는 컴포넌트를 만들 수 있습니다.

2.3.3 스타일 객체 이용하기

컴포넌트의 스타일을 설정하는 속성에는 className 이외에 style도 있습니다. className은 단순히 스타일 클래스의 이름을 문자열 값으로 지정하기만 하면 되지만, style을 이용할 때는 주의가 필요합니다.

style은 값을 객체로 설정해야 하기 때문입니다. 스타일 객체는 다음과 같은 형태로 되어 있습니다.

```
{
    스타일 이름: 값,
    스타일 이름: 값,
    ……
}
```

스타일 이름은 기본적으로 CSS의 스타일 이름과 동일합니다. 다만, 하이픈은 사용할 수 없으므로 하이픈이 포함된 이름은 각 단어의 첫 글자를 대문자로 바꾸는 카멜 표기법(Camel case)으로 변형합니다. 예를 들어 font-size는 fontSize라고 이름을 지정합니다.

이렇게 필요한 스타일 설정을 객체로 구성한 후 이를 JSX에서 style 속성으로 설정하면 스타일이 설정됩니다.

객체로 스타일을 설정한다는 점이 특이하지만, 이것만 제대로 알고 있다면 그리 어렵지 않습니다. 오히려 style의 각 스타일을 텍스트로 작성하는 것이 더 번거로울 수 있습니다.

그럼 이번에도 예를 들어보겠습니다. App.js를 열고 App 함수를 다음과 같이 다시 작성합니다.

▼ 코드 2-18

```
function App(props) {
  var [count, setCount] = useState(0);
  var [data, setData] = useState([
    {
      position: "absolute",
      left: "0px", top: "0px",
      width: "100%", height: "100%",
      backgroundColor: "#fff0",
    }
  ]);

  const doClick = (event)=> {
    const ob = {
      position: "absolute",
      left: (event.pageX - 50) + "px",
      top: (event.pageY - 50) + "px",
      width: "100px",
      height: "100px",
      backgroundColor: "#ff000066",
      borderRadius: "50%"
    }
    data.push(ob);
    setCount(count + 1);
  };

  return (
    <div className="App">
      <h1>{props.title}</h1>
      <p>{count} objects.</p>
      <div onClick={doClick}>
```

```
        {data.map((item, key)=>{
          return(<div style={item} key={key}></div>)
        })}
      </div>
    </div>
  );
}
```

▼ 그림 2-11 클릭하면 빨간색 반투명 원이 추가된다

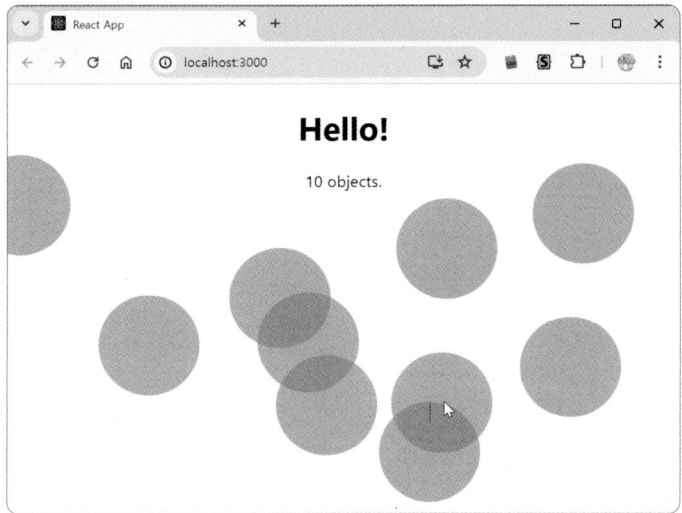

스타일을 설정한 <div>를 추가한 예제입니다. 화면의 적당한 곳을 클릭하면 해당 위치에 지름 100px의 빨간색 반투명 원이 추가됩니다. 타이틀 아래에는 추가한 원의 개수가 '○○ objects.'라는 형식으로 표시됩니다.

처리 흐름 정리하기

여기서는 count와 className 두 스테이트를 준비했는데, count는 생성한 도형의 개수를 세기 위한 스테이트입니다.

```
var [count, setCount] = useState(0);
```

또 하나 중요한 스테이트는 data입니다. data는 스타일 정보 객체를 배열로 모아 보관합니다.

```
var [data, setData] = useState([
  {
    position: "absolute",
    left: "0px", top: "0px",
    width: "100%", height: "100%",
    backgroundColor: "#fff0",
  }
]);
```

초깃값으로 객체 하나가 준비되어 있습니다. 이것은 화면 전체를 덮는 무색 투명한 스타일입니다. 화면 전체를 투명한 객체로 덮었으므로 어디를 클릭해도 이 요소가 클릭됩니다.

그다음, 클릭했을 때 호출되는 doClick 함수에서 data에 객체를 추가하기만 하면 됩니다.

```
const doClick = (event)=> {
  const ob = {
    position: "absolute",
    left: (event.pageX - 50) + "px",
    top: (event.pageY - 50) + "px",
    width: "100px",
    height: "100px",
    backgroundColor: "#ff000066",
    borderRadius: "50%"
  }
  data.push(ob);
  setCount(count + 1);
};
```

doClick 함수에서는 상수 ob를 생성해 스타일 정보를 모은 객체를 대입하고 있습니다. 그런 다음 ob를 data에 추가하고, setCount로 카운터 숫자를 1 증가시킵니다.

여기서 약간 재미있는 것은 setData로 스타일 객체 배열인 data를 업데이트하지 않는 점입니다. data에는 push 메서드로 데이터를 추가하고 있어 별도로 setData를 호출하지 않아도 됩니다.

다만, 이렇게 하면 객체를 data에 추가해도 화면은 업데이트되지 않습니다. 그래서 setCount로 카운터 표시를 변경하고 화면을 업데이트합니다.

스타일 설정은 객체를 만들어야 하므로 코드가 길어지기 십상입니다. 하지만 각 스타일 값을 객체의 속성으로서 다룰 수 있기 때문에 세밀하게 제어할 수 있습니다. className을 이용한 클래스 지정 방식은 대략적인 변경만 가능하고, 세밀한 스타일 제어는 style을 이용한다고 생각하면 됩니다.

2.3.4 여러 컴포넌트 이용하기

컴포넌트를 이용하는 가장 큰 장점은 표시할 내용을 각각 컴포넌트로 정의하고, 이를 JSX에서 조합해서 전체적으로 표시할 수 있다는 점입니다.

여러 컴포넌트를 정의하고 조합하는 것은 간단합니다. 각각의 컴포넌트 함수를 작성하고, 이를 그대로 JSX에서 태그로 기술하기만 하면 되기 때문입니다. 예를 들어 다음과 같은 함수가 있다고 가정해봅시다.

```
function Hoge() {
  return (…)
}
```

이 컴포넌트는 다른 컴포넌트의 표시를 생성하는 JSX 내에서 다음과 같이 기술하여 삽입할 수 있습니다.

```
<Hoge />
```

함수를 그대로 JSX의 태그로 기술할 수 있습니다. 이렇게 하면 여러 컴포넌트를 쉽게 조합할 수 있습니다.

실제로 여러 컴포넌트를 결합하는 예제를 만들어보겠습니다. App.js의 소스 코드를 다음과 같이 다시 작성합니다. 다음은 전체 코드를 작성하여 나타낸 것입니다.

▼ 코드 2-19

```
import './App.css';

function Message(props) {
  return (
    <p className="ClassA">{props.message}</p>
  );
}

function Data(props) {
  return (
    <ul>
      {props.data.map((item, key)=>{
        return(<li key={key}>{item.name}</li>)
      })}
    </ul>
  );
}

function App(props) {
  const data = [
    {name:"Kim"},
    {name:"Lee"},
    {name:"Park"},
  ];

  return (
    <div className="App">
      <h1 className="ClassB">{props.title}</h1>
      <Message message="This is sample message!"/>
      <Data data={data}/>
```

```
      </div>
    );
  }

  export default App;
```

▼ 그림 2-12 App 컴포넌트 안에 Message와 Data 컴포넌트를 통합해서 표시한다

이렇게 하면 'Hello!'라는 타이틀 아래에 메시지와 항목 세 개로 구성된 목록이 표시됩니다. 메시지는 Message, 목록은 Data 컴포넌트로 정의되어 있습니다. 이러한 컴포넌트들을 App 컴포넌트에 통합하여 화면을 구성하는 것입니다.

컴포넌트 호출하기

이제 App 컴포넌트의 JSX를 통한 화면 구성 부분에서 Message와 Data 컴포넌트가 어떻게 사용되는지 살펴보겠습니다.

```
<Message message="This is sample message!"/>
<Data data={data}/>
```

message와 data 속성이 각각 준비되어 있으며, message에는 표시할 메시지를, data에는 미리 준비해둔 데이터 배열 data를 지정합니다. 이들 컴포넌트는 다음과 같이 속성 값을 사용하여 렌더링합니다.

- **message 속성 표시하기**

```
function Message(props) {
  return (
    <p className="ClassA">{props.message}</p>
  );
}
```

- **data 속성의 배열 내용을 반복해서 표시하기**

```
function Data(props) {
  return (
    <ul>
      {props.data.map((item, key)=>{
        return(<li key={key}>{item.name}</li>)
      })}
    </ul>
  );
}
```

이미 설명한 기능이므로 코드를 잘 읽어보면, 어떤 일을 하고 있는지 바로 이해할 수 있을 것입니다. 인수로 전달되는 props에서 message와 data 속성을 추출해 화면에 표시하는 것을 알 수 있습니다. 인수 props를 이용한 값의 전달 방법도 앞서 설명했습니다. 이렇게 하면, 필요한 정보를 전달하여 컴포넌트를 생성하고 통합할 수 있습니다.

2.3.5 글로벌 변수를 이용해 데이터 공유하기

여러 컴포넌트를 사용할 때 고려해야 할 사항은 **컴포넌트 간 데이터 공유**입니다. 스테이트는 각 컴포넌트 내에서만 사용할 수 있습니다. 따라서 서로 다른 컴포넌트 간에 값을 공유할 수 없습니다. 또한 속성과 props를 이용한 값 전달은 컴포넌트가 생성될 때 한 번만 사용할 수 있습니다.

그럼, 어떻게 컴포넌트 간에 데이터를 공유하면 좋을까요? 사실 이 문제의 해결책은 의외로 단순합니다. 리액트도 자바스크립트이므로, 웹 페이지가 로드되면 그 자리에서 스크립트를 실행하여 동작합니다. 즉, 자바스크립트의 기본적인 기능을 모두 사용할 수 있습니다.

그렇다면 글로벌 변수로 값을 저장하거나 로컬 스토리지를 사용해 데이터를 저장하는 것도 문제없이 가능하다는 뜻입니다. 이를 이용하면 컴포넌트 간 데이터도 간단하게 공유할 수 있습니다.

실제로 글로벌 변수를 사용해 컴포넌트를 동작시키는 예를 들어보겠습니다. App.js 코드를 다음과 같이 작성하세요. 다음은 전체 코드를 나타낸 것입니다.

▼ 코드 2-20

```
import './App.css';
import {useState} from 'react';

var data = {
  data: [
    {name:"Kim"},
    {name:"Lee"},
    {name:"Park"}
  ],
  message: "Hello",
};

function Message() {
  return (
    <p className="ClassA">{data.message}</p>
  );
}

function Data() {
  return (
    <ul>
      {data.data.map((item, key)=>{
        return(<li key={key}>{item.name}</li>)
```

```
      })}
    </ul>
  );
}

function App(props) {
  var [input, setInput] = useState("");

  const doChange = (event)=> {
    setInput(event.target.value);
  };
  const doClick = ()=> {
    data.data.push({name:input});
    data.message = "you typed: \"" + input + "\".";
    setInput("");
  };

  return (
    <div className="App">
      <h1 className="ClassB">{props.title}</h1>
      <Message />
      <div>
        <input onChange={doChange} value={input}/>
        <button onClick={doClick}>Click</button>
      </div>
      <Data />
    </div>
  );
}

export default App;
```

▼ **그림 2-13** Message와 Data 컴포넌트의 조합. 이름을 입력하고 Click 버튼을 누르면 Data 컴포넌트에 데이터가 추가된다

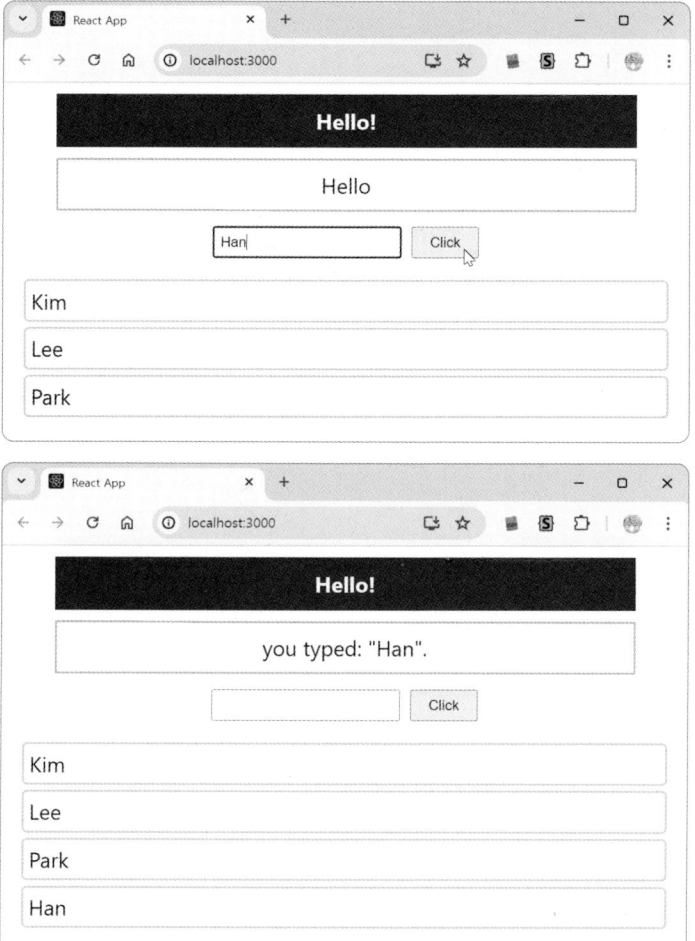

여기서는 Message와 Data 컴포넌트 외에 입력 필드와 버튼을 추가했습니다. 필드에 이름을 입력하고 **Click** 버튼을 클릭하면 코드에 이름이 추가됩니다.

여기서는 처음에 data라는 글로벌 변수를 정의하고, 각 컴포넌트에서 그 내용을 호출해 사용했습니다. 예를 들어 버튼을 클릭하여 데이터를 추가하는 과정을 살펴보겠습니다.

```
const doClick = ()=> {
  data.data.push({name:input});
  data.message = "you typed: \"" + input + "\".";
  setInput("");
};
```

data.data에 객체를 push해서 추가하고, data.message의 메시지를 변경한 후 input 스테이트를 업데이트하면 이로 인한 모든 컴포넌트의 표시가 업데이트되면서 data에 추가된 값이 표시됩니다.

이렇게 글로벌 변수를 이용하면 적어도 해당 페이지에 있는 컴포넌트 간에 데이터를 공유할 수 있습니다.

2.3.6 함수형 컴포넌트와 스테이트만 이해하면 OK

이번 장에서는 리액트 컴포넌트에 대해 간략하게 설명했습니다. 아직 다루지 못한 컴포넌트의 기능이 많이 남아 있습니다. 예를 들어 클래스를 사용한 컴포넌트도 있으며, 자신만의 커스텀 훅을 작성할 수도 있습니다.

하지만 **리액트 컴포넌트를 사용하는 것**이 목적이라면 지금까지의 설명만으로도 충분히 이해할 것입니다. 리액트 컴포넌트의 핵심은 **함수형 컴포넌트**와 **스테이트**입니다. 이 두 가지를 이해하면 리액트 컴포넌트를 사용할 수 있습니다.

리액트에 대해 더 깊이 알고 싶은 사람도 있겠지만, 이 책의 목적은 리액트에 대한 탐구가 아니라 **Next.js 학습**이므로 리액트 컴포넌트에 대해 어느 정도 이해했다면 Next.js로 돌아가서 학습을 계속해보겠습니다.

CHAPTER

03

Next.js 페이지 만들기

Next.js의 페이지는 리액트 컴포넌트를 기반으로 하지만 레이아웃과 스타일 설정이 독특합니다. 또한 리액트와 달리 여러 개의 페이지를 생성하고 이동할 수 있습니다. 이 장에서는 이러한 페이지 생성의 기본을 설명하겠습니다.

포인트

* Tailwind CSS를 이용해 스타일 클래스를 설정하는 법을 학습한다.
* 파일 시스템 기반 라우팅에 대해 이해한다.
* CSS 모듈과 Styled JSX의 사용법을 학습한다.

3.1 리액트 기반 컴포넌트

3.1.1 Next.js 페이지와 컴포넌트 구성

이제 Next.js를 제대로 학습해봅시다. 여기서는 1장에서 만든 Next.js 프로젝트인 sample_next_app을 사용하겠습니다. 비주얼 스튜디오 코드에서 sample_next_app 폴더를 엽니다. 또한 터미널에서 아직 sample_react_app 폴더에 있는 경우, cd.. → cd sample_next_app 명령을 차례로 실행해 해당 폴더로 이동합니다.

1장에서 리액트 프로젝트에 관해 설명했지만, 리액트와 Next.js는 파일 등의 구성이 다릅니다. 웹 페이지를 표시하는 파일은 src 폴더 내 app 폴더에 있는 다음과 같은 파일입니다.

| layout.tsx | 페이지 전체의 레이아웃을 지정합니다. |
| page.tsx | 홈페이지로 표시할 콘텐츠입니다. |

layout.tsx는 이 웹 애플리케이션에 제공되는 모든 페이지에 공통적으로 사용되는 레이아웃 파일입니다. 그리고 page.tsx가 app 폴더(애플리케이션의 루트)에 있는 페이지의 콘텐츠가 됩니다.

layout.tsx와 page.tsx를 조합해 페이지를 작성한다는 것, 이 기본을 먼저 잘 이해해야 합니다.

page.tsx 작성하기

실제로 page.tsx의 내용을 변경해 페이지를 커스터마이징해보겠습니다. 기본적으로 꽤 긴 JSX가 작성되어 있으므로 최대한 단순하게 작성하겠습니다.

src\app 폴더에 있는 page.tsx를 열고 그 내용을 다음과 같이 수정합니다.

▼ 코드 3-1

```
export default function Home() {
  return (
    <main>
      <h1>Next.js sample.</h1>
      <p>This is sample application.</p>
    </main>
  );
}
```

▼ 그림 3-1 실행된 화면

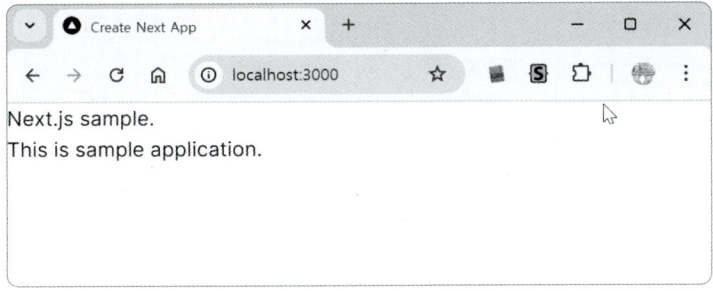

<h1>과 <p>만으로 구성된 간단한 컴포넌트입니다. 이렇게 수정한 후 터미널에서 npm run dev 명령을 실행해 애플리케이션을 실행합니다. 그리고 http://localhost:3000/에 액세스하면 웹 페이지가 표시됩니다.

3.1.2 폰트와 여백 조정하기

다음으로는 텍스트의 스타일을 조정해보겠습니다. <h1>과 <p>가 같은 스타일로 표시되는 것은 좀 곤란하지요. Next.js 페이지에서는 기본적으로 모든 텍스트가 같은 폰트 크기와 스타일로 표시됩니다(그 이유는 후술할 Tailwind CSS 프레임워크를 이용하고 있기 때문입니다). 따라서 <h1>과 <p>에 클래스를 설정해 텍스트의 크기와 스타일을 조정합니다.

page.tsx의 Home 함수(export default function Home() {…} 부분)를 다음과 같이 변경합니다.

▼ 코드 3-2

```
export default function Home() {
  return (
    <main>
      <h1 className="text-2xl m-5">Next.js sample.</h1>
      <p className="text-lg m-5">This is sample application.</p>
    </main>
  );
}
```

▼ 그림 3-2 타이틀과 메시지 폰트 크기를 조정했다

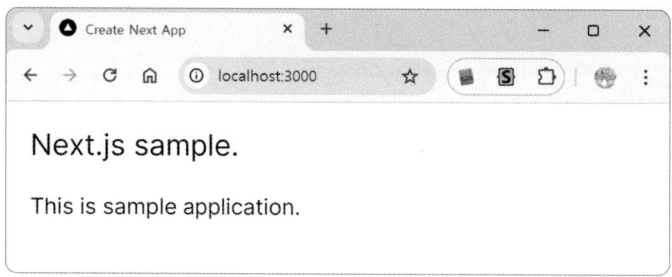

이로써 타이틀과 메시지의 각 폰트 크기가 조정됐습니다. 또한 주변에도 여백이 생겨 보기가 편해졌습니다.

Tailwind CSS의 클래스 사용하기

여기서 스타일 클래스가 어떻게 설정되어 있는지 살펴보겠습니다. <h1>과 <p>에는 각각 다음과 같이 스타일 클래스가 설정되어 있습니다

```
<h1 className="text-2xl m-5">
<p className="text-lg m-5">
```

별로 본 적이 없는 클래스가 사용됐는데, 이것들은 Tailwind CSS라는 CSS 프레임워크의 클래스입니다. text-2xl과 text-lg는 텍스트의 폰트 크기를 지정하고, m-5는 주변 여백의 너비를 지정합니다.

3.1.3 Tailwind CSS의 주요 클래스

Tailwind CSS는 모던 웹사이트 디자인을 간편하게 만들어주는 CSS 프레임워크입니다. 다수의 클래스가 기본으로 정의되어 있어, 그 클래스들을 지정하기만 해도 웹 페이지의 기본적인 디자인을 만들 수 있습니다.

Tailwind CSS에서는 `className`을 지정하지 않으면 모든 텍스트가 동일한 크기로 표시됩니다. Tailwind CSS는 요소의 스타일을 개별적으로 지정하여 통일감 있게 디자인할 수 있습니다. 따라서 Tailwind CSS를 내장한 Next.js를 이용하려면 Tailwind CSS의 기본적인 클래스 종류에 대해 알아두는 것이 좋습니다.

준비된 기능을 모두 이해하기는 어렵겠지만, 주요 클래스만 기억해도 Tailwind CSS의 장점을 충분히 누릴 수 있습니다. 여기서 주요 내용을 간단히 정리해보겠습니다.

- **폰트 크기**

text-xs
text-sm
text-base
text-lg
text-xl
text-정수xl

위에서 아래로 갈수록 크기가 점점 커집니다. text-xs가 가장 작고, 12px 정도의 크기입니다. 마지막의 text-정수xl은 숫자로 2~9의 정수가 지정됩니다. text-2xl은 24px, text-9xl은 128px 정도입니다.

- **폰트 스타일**

italic	기울임체로 지정
non-italic	기본 서체로 지정

• 폰트 두께

font-thin	font-weight: 100
font-extralight	font-weight: 200
font-light	font-weight: 300
font-normal	font-weight: 400
font-medium	font-weight: 500
font-semibold	font-weight: 600
font-bold	font-weight: 700
font-extrabold	font-weight: 800
font-black	font-weight: 900

• 텍스트 정렬

text-left	왼쪽 맞춤
text-center	가운데 맞춤
text-right	오른쪽 맞춤
text-justify	양쪽 맞춤
text-start	시작 위치 맞춤
text-end	종료 위치 맞춤

• 패딩

p-0 ~ p-96	주위의 패딩을 지정한 픽셀 수만큼 설정
px-0 ~ px-96	가로 방향 패딩을 지정한 픽셀 수만큼 설정
py-0 ~ py-96	세로 방향 패딩을 지정한 픽셀 수만큼 설정
pt-0 ~ pt-96	위쪽 패딩을 지정한 픽셀 수만큼 설정
pb-0 ~ pb-96	아래쪽 패딩을 지정한 픽셀 수만큼 설정
pl-0 ~ pl-96	왼쪽 패딩을 지정한 픽셀 수만큼 설정
pr-0 ~ pr-96	오른쪽 패딩을 지정한 픽셀 수만큼 설정

• 마진

m-0 ~ m-96	주위의 마진을 지정된 픽셀 수만큼 설정
mx-0 ~ mx-96	가로 방향 마진을 지정된 픽셀 수만큼 설정
my-0 ~ my-96	세로 방향 마진을 지정된 픽셀 수만큼 설정
mt-0 ~ mt-96	위쪽 마진을 지정된 픽셀 수만큼 설정
mb-0 ~ mb-96	아래쪽 마진을 지정된 픽셀 수만큼 설정
ml-0 ~ ml-96	왼쪽 마진을 지정된 픽셀 수만큼 설정
mr-0 ~ mr-96	오른쪽 마진을 지정된 픽셀 수만큼 설정

• 너비

w-0 ~ w-96	지정한 픽셀 수의 너비로 설정
w-auto	자동 조정
w-min	최소 너비
w-max	최대 너비
w-full	100% 너비
w-fit	최적 너비

• 높이

h-0 ~ h-96	지정된 픽셀 수의 높이로 설정
h-auto	자동 조정
h-min	최소 높이
h-max	최대 높이
h-full	100% 높이
h-fit	최적의 높이

• 텍스트 색상 / 배경 색상

text-색-50 ~ text-색-950

bg-색-50 ~ bg-색-950

텍스트나 배경의 색상은 text 또는 bg 뒤에 색상명과 값을 하이픈으로 연결하여 작성합니다. 예를 들어 text-red-500과 같은 방식입니다. 숫자는 다음 중 하나로 지정합니다.

```
50, 100, 200, 300, 400, 500, 600, 700, 800, 900, 950
```

숫자가 작을수록 밝고 옅어지며, 커질수록 어둡고 짙어집니다. 색상명은 red, green, blue와 같은 기본 색상 외에도 orange, lime 등 자주 사용되는 다양한 색상을 지원합니다.

• 테두리

테두리는 스타일, 테두리 너비, 테두리 색상 등을 개별적으로 클래스를 지정하여 설정합니다.

• 스타일

border-solid	실선
border-dashed	파선
border-dotted	점선
border-double	이중선
border-hidden	선 숨김
border-none	선 없음

• 테두리 두께

border-0 ~ 8	테두리 두께. 숫자는 0, 2, 4, 6, 8 중 하나를 지정
border-x-0 ~ 8	테두리 가로 방향 두께
border-y-0 ~ 8	테두리 세로 방향 두께
border-t-0 ~ 8	테두리 상단 두께
border-b-0 ~ 8	테두리 하단 두께
border-l-0 ~ 8	테두리 좌측 두께
border-r-0 ~ 8	테두리 우측 두께

• 테두리 색상

border-색-50 ~ border-색-950

색상과 정수를 지정하는 방법은 텍스트 색과 배경색을 지정하는 방법과 동일합니다.

• 둥근 모서리

| rounded-none |
| rounded-sm |
| rounded |
| rounded-md |
| rounded-lg |
| rounded-xl |
| rounded-2xl |
| rounded-3xl |

모서리 둥글기는 rounded 뒤에 크기를 나타내는 값을 하이픈으로 연결합니다. 위에 있는 것이 가장 둥글기가 작고(-none은 0), 아래로 갈수록 둥글기가 커집니다.

• 테이블 레이아웃

| table-fixed | 고정폭 테이블 |
| table-auto | 자동 조정폭 테이블 |

테이블은 `<table>`의 className에 이들 클래스를 지정하면 자동으로 디자인됩니다.

3.1.4 폼 이용하기

Next.js로 컴포넌트를 만들어 동작시켜봅시다. 프런트엔드에서 동작하는 컴포넌트는 리액트의 기능을 그대로 사용할 수 있습니다. 복습하는 겸 간단한 리액트 기반 컴포넌트를 만들어봅시다. page.tsx를 열고 다음과 같이 작성합니다. 전체 코드입니다.

▼ 코드 3-3

```
'use client';

import {useState} from 'react';

export default function Home() {
  var [input, setInput] = useState("");
  var [message, setMessage] = useState("your name:");

  const doChange = (event)=> {
    setInput(event.target.value);
  };
  const doClick = ()=> {
    setMessage("Hello, " + input + "!!");
    setInput("");
  };

  return (
    <main>
      <h1 className="text-2xl m-5 text-red-500">Next.js sample.</h1>
      <p className="text-lg m-5">{message}</p>
      <div className="m-5">
        <input type="text" onChange={doChange} value={input}
          className="p-1 border-solid border-2 border-gray-400"/>
        <button onClick={doClick}
          className="px-7 py-2 mx-2 bg-blue-800 text-white rounded-lg">
          Click</button>
      </div>
    </main>
  ); // return의 끝
}
```

▼ **그림 3-3** 입력 필드에 이름을 적고 Click 버튼을 누르면 메시지가 표시된다

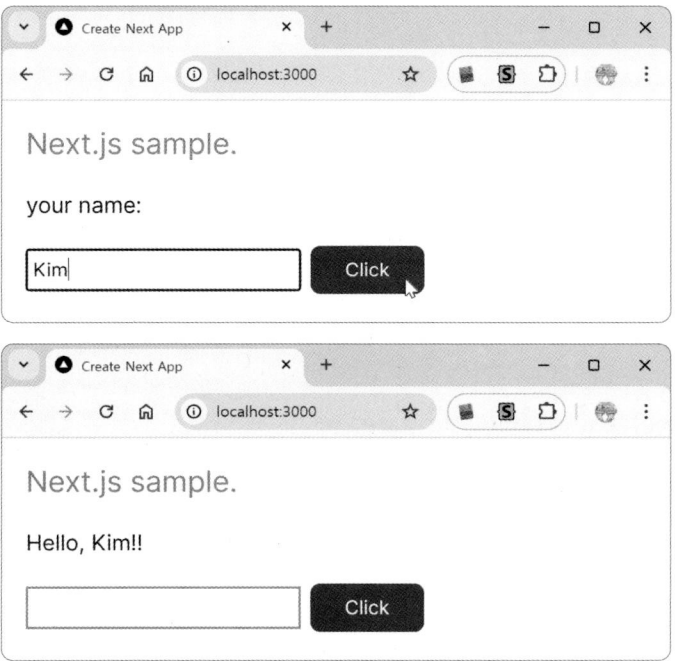

실행하면 입력 필드와 버튼이 표시됩니다. 필드에 이름을 입력하고 **Click** 버튼을 클릭하면 위에 'Hello, ○○!!'라는 메시지가 표시됩니다. 매우 간단한 예제이지만, 리액트 기반 컴포넌트가 Next.js에서 어떻게 사용되는지 참고할 수 있습니다.

주요 코드 확인하기

코드를 보면서 중요한 부분을 확인해보겠습니다. 먼저 첫머리에 다음과 같이 낯선 구문이 적혀 있습니다.

```
'use client';
```

이 부분은 컴포넌트가 **클라이언트 컴포넌트**임을 나타내며, 리액트의 스테이트 등의 기능을 사용하려면 반드시 기술해야 합니다. 클라이언트 컴포넌트에 대해서는 나중에 다시 설명하겠습니다. 여기서는 리액트의 스테이트를 사용할 때는 'use client'라고 선언해야 한다는 것만 기억해두세요.

다음은 리액트의 스테이트 훅을 사용하기 위한 import문입니다.

```
import {useState} from 'react';
```

리액트 프로젝트에서 사용한 것과 완전히 동일합니다. 이처럼 Next.js에서 리액트 모듈을 그대로 사용할 수 있는 것을 알 수 있습니다. 그다음은 스테이트와 이벤트 처리를 위한 함수 등이 기술되어 있습니다. 코드를 살펴보겠습니다.

```
var [input, setInput] = useState("");
var [message, setMessage] = useState("your name:");

  const doChange = (event)=> {
    setInput(event.target.value);
  };
  const doClick = ()=> {
    setMessage("Hello, " + input + "!!");
    setInput("");
  };
```

이미 리액트 컴포넌트를 설명할 때 여러 번 등장한 내용이므로 다시 설명할 필요도 없겠지요. 여기서는 입력 필드의 값을 저장하는 input 스테이트와 표시할 메시지를 저장하는 message 스테이트를 작성합니다. 그리고 <input>에 텍스트를 입력하면 doChange가, 버튼을 클릭하면 doClick이 호출되어 각각의 처리가 실행됩니다.

주의해야 할 점은 <input>과 <button>입니다. 이 요소들은 기본 설정만으로는 아무것도 표시되지 않으므로 Tailwind CSS 클래스를 지정해 표시되도록 합니다. 각각 className이 어떻게 되어 있는지 살펴봅시다.

- **<input>의 스타일 클래스**

```
className="p-1 border-solid border-2 border-gray-400"
```

- **<button>의 스타일 클래스**

```
className="px-7 py-2 mx-2 bg-blue-800 text-white rounded-lg"
```

사용된 클래스를 살펴보면 입력 필드에는 필드의 외곽선을, 그리고 버튼에는 내부 채우기와 모서리의 둥근 정도를 각각 클래스로 지정합니다. 이처럼 Tailwind CSS에서는 폼 컨트롤 등도 모두 직접 지정하여 만들어야 합니다.

3.1.5 클래스 정의하기

이제 리액트의 기능을 이용하는 컴포넌트를 만들 수 있게 됐습니다. 하지만 실제로 개발하다 보면, 일일이 className을 지정하는 것이 생각보다 손이 많이 가는 일임을 알게 될 것입니다. 한 예로, 어떤 표시가 필요할 때마다 className에 클래스를 계속 기술하는 것은 번거로운 일이지요. 따라서 자주 이용하는 내용을 클래스로 정의해둡시다.

src\app 폴더 안에 global.css라는 스타일시트가 있습니다. 이 파일을 열어 다음 코드를 추가해둡니다.

▼ 코드 3-4

```css
.title {
  @apply text-2xl m-5 text-red-500;
}
.msg {
  @apply text-lg m-5 text-gray-900;
}
.input {
  @apply p-1 border-solid border-2 border-gray-400 rounded-sm;
}
.btn {
  @apply px-7 py-2 mx-2 bg-blue-800 text-white rounded-lg;
}
```

각각 title, msg, input, btn과 같은 클래스를 정의하는 코드입니다. 이렇게 하면 컴포넌트에 표시할 요소의 클래스가 정의됩니다.

새로 정의한 클래스를 활용해 Home 컴포넌트를 다시 작성해봅시다. page.tsx의 Home 함수에서 return(…) 부분(//return의 끝까지)을 다음과 같이 바꿔주세요.

▼ 코드 3-5

```
return (
  <main>
    <h1 className="title">Next.js sample.</h1>
    <p className="msg">{message}</p>
    <div className="m-5">
      <input type="text" onChange={doChange} value={input} className="input"/>
      <button onClick={doClick} className="btn">Click</button>
    </div>
  </main>
);
```

이제 global.css에 정의한 클래스를 이용해 컴포넌트가 표시됩니다. 표시되는 화면은 이전과 같지만, className에 지정하는 클래스가 매우 단순해졌습니다.

이처럼 사전에 클래스를 정의해두고 사용하면 편리합니다.

> **칼럼**
>
> **@apply란?**
> global.css에 추가한 CSS 클래스의 정의에서 @apply를 사용했습니다. 이것은 도대체 무엇일까요?
> @apply는 CSS Custom Properties를 이용하기 위한 지시어로, CSS에서 미리 정의된 클래스 등을 변수처럼 다룰 수 있게 해줍니다. 보통 클래스 정의에서는 그 안에 일일이 스타일 값을 기술합니다. 하지만 @apply를 사용해 클래스 이름을 지정하면 해당 클래스의 스타일을 그대로 가져다 쓸 수 있습니다.

3.2 라우팅과 페이지 이동

3.2.1 복수 페이지와 라우팅

리액트는 기본적으로 **페이지를 표시하는 동안만 작동하는 프레임워크**입니다. 다른 페이지로 이동하면 이전까지의 정보 등은 모두 사라지므로 한 페이지로 끝나는 애플리케이션(대개 SPA, Single Page Application이라고 합니다)을 만드는 데 사용됩니다.

하지만 웹 애플리케이션을 만들 때 한 페이지로 끝나는 경우는 좀처럼 없습니다. 여러 페이지를 준비해서 그 사이를 오가며 작동하는 애플리케이션을 만들어야 할 경우도 있습니다.

Next.js에서는 이렇게 여러 페이지로 구성된 웹 애플리케이션을 만들 수 있습니다. 웹 애플리케이션 프레임워크에서는 여러 페이지를 생성하고 고정된 URL을 할당하여 액세스할 수 있게 하는 메커니즘을 **라우팅**이라고 합니다. Next.js에는 몇 가지 라우팅 방식을 제공합니다.

파일 시스템 기반 라우팅

Next.js의 가장 기본적인 라우팅은 파일 시스템을 기반으로 합니다. Next.js 웹 페이지의 파일은 src 폴더 내 app 폴더에 있습니다. app 폴더가 애플리케이션의 루트가 됩니다.

다른 페이지를 만들 때는 app 폴더 내에 새로운 폴더를 만들고, 그 안에 page.tsx 파일을 생성해 컴포넌트를 작성합니다. page.tsx는 폴더 이름의 경로로 액세스했을 때 표시됩니다. 예를 들어 hoge라는 폴더를 만든 경우, /hoge로 액세스하면 그 안에 page.tsx가 표시됩니다.

라우팅을 위한 특별한 설정은 필요 없습니다. 단지 폴더를 만들고 그 안에 page.tsx 파일을 준비하면 됩니다.

3.2.2 other 페이지 만들기

실제로 페이지를 추가해봅시다. 여기서는 other라는 페이지를 만들어보겠습니다.

먼저 폴더를 생성합니다. app 폴더 안에 other 폴더를 생성합니다. 비주얼 스튜디오 코드를 사용하는 경우, 탐색기에서 **app 폴더**를 선택하고 상단의 작업 영역에서 **새 폴더** 아이콘을 클릭합니다. 그러면 새 폴더가 생성되는데, 폴더 이름을 other로 입력합니다.

▼ 그림 3-4 '새 폴더' 아이콘을 클릭하여 생성된 폴더에 이름을 지정한다

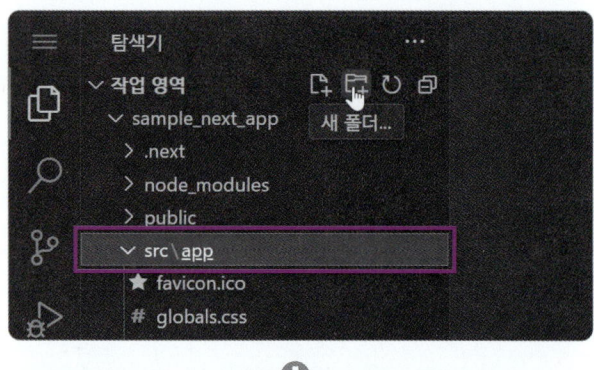

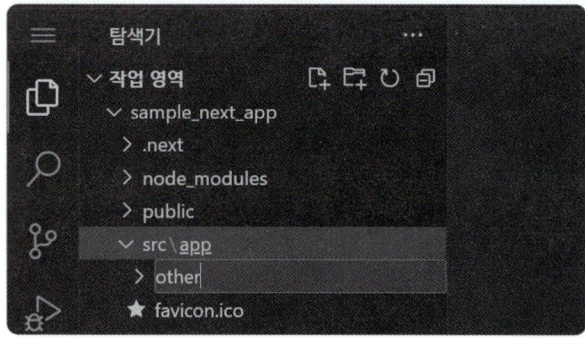

이번에는 생성한 **other** 폴더를 선택하고, 상단의 작업 영역에서 **새 파일 아이콘**을 클릭합니다. 그러면 폴더 내에 파일이 생성됩니다. 파일명으로는 page.tsx를 입력합니다.

▼ **그림 3-5** 새 파일을 생성하고, page.tsx라고 이름을 붙인다

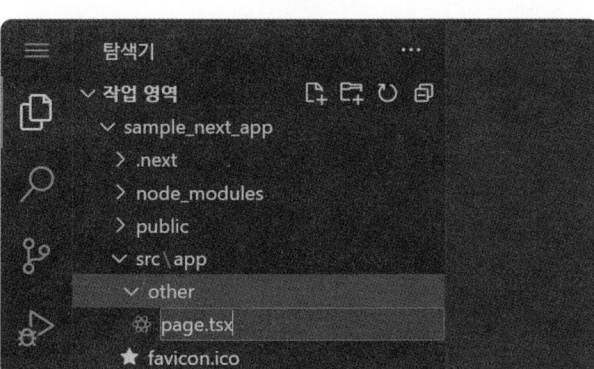

스타일 클래스 추가하기

이제 other 폴더에 page.tsx가 생성됐습니다. 이제 페이지에 표시할 컴포넌트를 만들어봅시다.

먼저 global.css를 열어 다음의 코드를 추가해봅시다.

▼ 코드 3-6

```
:any-link {
  @apply text-lg m-5 text-sky-600;
}
```

이것은 링크 요소에 적용되는 클래스입니다. :any-link는 모든 링크에 적용되는 스타일을 정의하는 것입니다. 여기에서는 파란색 텍스트로 표시되도록 설정했습니다. 이 부분은 각자 원하는 대로 지정해도 좋습니다.

page.tsx 작성하기

page.tsx를 작성해보겠습니다. 먼저 app 폴더에 있는 page.tsx를 열어 다음 코드를 입력합니다. page.tsx 파일은 여러 개가 있으므로 혼동하지 않도록 주의해야 합니다.

▼ 코드 3-7

```
import Link from 'next/link';

export default function Home() {
  return (
    <main>
      <h1 className="title">Top page</h1>
      <p className="msg">This is other page sample.</p>
      <div>
        <Link href="/other">go other page</Link>
      </div>
    </main>
  );
}
```

이번에는 새로 만든 other 폴더 내의 page.tsx를 변경합니다. 다음과 같이 내용을 작성하세요.

▼ 코드 3-8

```
import Link from 'next/link';

export default function Other() {
  return (
    <main>
```

```
      <h1 className="title">Other page</h1>
      <p className="msg">이건 다른 페이지입니다.</p>
      <div>
        <Link href="/">go back!!</Link>
      </div>
    </main>
  );
}
```

▼ 그림 3-6 링크를 클릭하면 시작 페이지와 other 페이지 사이를 오간다

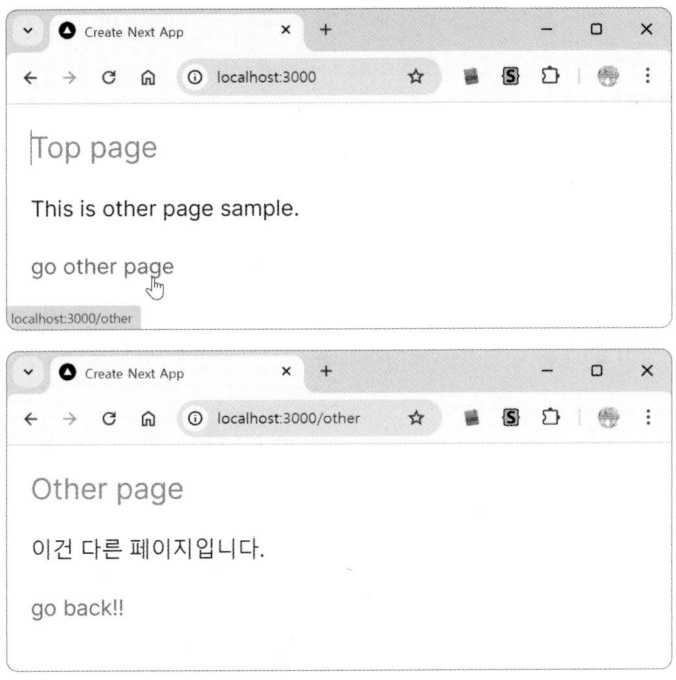

웹 애플리케이션의 시작 페이지에 접속하여 'go other page' 링크를 클릭하면 other 페이지로 이동합니다. 그곳에 있는 'go back!!' 링크를 클릭하면 다시 시작 페이지로 돌아옵니다. 이를 통해 두 페이지 사이를 링크로 이동할 수 있다는 것을 확인할 수 있습니다.

링크와 Link 컴포넌트

여기서는 페이지 이동을 위한 링크를 만드는 데 Link 컴포넌트를 사용했습니다. <a> 태그를 사용해 링크를 만들 수도 있지만, Next.js 컴포넌트에서는 Link를 사용하는 것이 기본입니다.

Link 컴포넌트를 사용하려면 다음과 같은 import문을 준비해야 합니다.

```
import Link from 'next/link';
```

Link의 사용법은 기본적으로 <a>와 다르지 않습니다. href에 링크할 주소를 지정하고, 시작 태그와 종료 태그 사이에 표시할 텍스트를 작성합니다. 이번에 사용된 Link 컴포넌트를 보면 다음과 같이 작성되어 있습니다.

```
<Link href="/other">go other page</Link>
<Link href="/">go back!!</Link>
```

단순히 <a>가 <Link>로 바뀌기만 했다는 것을 알 수 있습니다. 사용 방법은 어렵지 않으므로 Next.js에선 링크에 Link를 사용하도록 합시다.

> **칼럼**
>
> **어째서 <a>를 사용하지 않을까?**
> Next.js에서는 어째서 <a>를 쓰지 않고 <Link>를 사용할까요? 그 이유는 **페이지 전환을 하지 않기 위해서입**니다.
> <a>는 href에 지정한 페이지로 이동합니다. 그러면 해당 페이지가 로드되고, 화면의 표시가 모두 갱신됩니다. 즉, 기존에 표시하던 페이지에서 링크된 페이지로 이동하는 것입니다.
> <Link>를 이용하면 페이지를 이동하지 않습니다. 이게 무슨 의미냐면, <Link>로 지정한 컴포넌트를 로드하여 현재 컴포넌트와 교체한다는 것입니다. 이렇게 하면 페이지 전환 없이 화면 표시만 다음 페이지로 바뀌게 됩니다.
> 즉, Next.js에서는 여러 페이지를 만들고 이동하더라도 <Link>를 사용하는 한 SPA가 유지됩니다.

3.2.3 public 폴더 이용하기

페이지를 구성하는 컴포넌트들은 app 폴더 내에 배치되지만, 다른 곳에 배치되는 것도 있습니다. 바로 정적 콘텐츠입니다. 예를 들어 이미지 파일처럼 페이지에서 불러와서 사용하는 파일들입니다.

이러한 파일은 public 폴더에 배치됩니다. public 폴더는 이름 그대로 공개되어 있어 외부에서 자유롭게 액세스할 수 있는 곳입니다. 이곳에 배치된 파일은 웹 애플리케이션의 루트에 놓인 것과 동일한 방식으로 액세스할 수 있습니다.

그럼, 실제로 public 폴더를 이용해보겠습니다. 우선 sample.jpg라는 이미지 파일을 하나 준비하세요. 그리고 준비한 이미지 파일을 드래그하여 비주얼 스튜디오 코드 탐색기의 public 폴더 안에 넣습니다. 이렇게 하면 파일이 복사되어 public 폴더 안에 저장됩니다.

▼ **그림 3-7** sample.jpg 파일을 public 폴더에 드래그 앤 드롭으로 추가한다

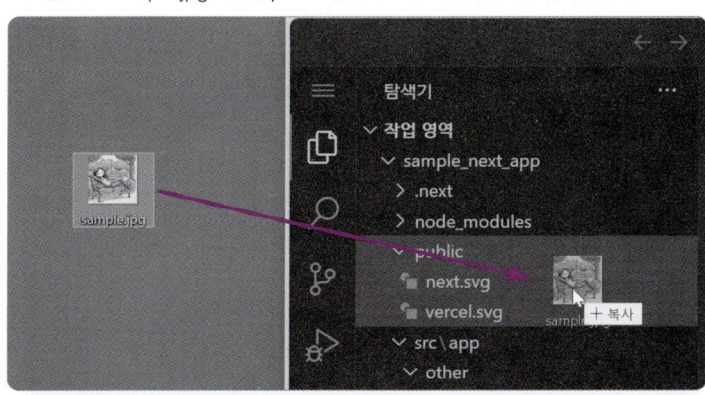

이제 이미지를 표시하기 위한 스타일 클래스를 만들어보겠습니다. global.css를 열고 다음 코드를 추가합니다.

▼ 코드 3-9

```css
img {
  @apply border-solid border-2 border-green-300 m-5 p-2;
}
```

이것은 <img>에 해당하는 클래스입니다. 이미지의 테두리는 녹색으로 지정했지만 원하는 대로 변경해도 상관없습니다.

other/page.tsx 수정하기

이제 배치한 이미지를 표시하는 페이지를 만들어보겠습니다. 이번에는 other 폴더 내 page.tsx를 수정합니다. 다음과 같이 코드를 다시 작성해주세요.

▼ 코드 3-10

```tsx
import Link from 'next/link';
import Image from 'next/image';

export default function Other() {
  return (
    <main>
      <h1 className="title">Other page</h1>
      <p className="msg">이것은 다른 페이지입니다.</p>
      <div>
        <Image src="/sample.jpg" width={200} height={200} />
      </div>
      <div>
        <a href="/">go back!!</a>
      </div>
    </main>
  );
}
```

▼ 그림 3-8 /other로 접속하면 public 폴더의 sample.jpg가 표시된다

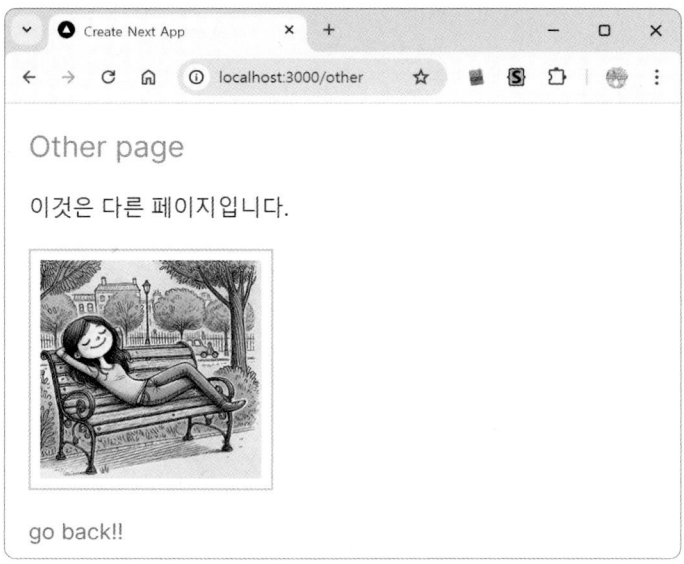

파일을 수정했으면, 시작 페이지에 접속해 'go other page' 링크를 클릭하여 페이지를 이동합시다. public 폴더에 준비한 sample.jpg가 보일 것입니다.

Image 컴포넌트 이용하기

이미지 표시는 일반적으로 <img>를 사용하지만, Next.js에서는 Image 컴포넌트가 준비돼 있어 이를 사용하는 것이 기본입니다. 이 컴포넌트를 사용하려면 다음과 같이 import문을 작성해야 합니다.

```
import Image from 'next/image';
```

Image 컴포넌트 사용법은 <img>와 마찬가지로 src에 불러올 이미지 파일의 경로를 지정하기만 하면 됩니다. 또한 width, height와 같은 속성도 제공되며, 이 속성에 값을 지정하여 표시할 이미지 크기를 조절할 수 있습니다.

이번에 사용한 Image 컴포넌트를 보면, 다음과 같이 작성된 것을 확인할 수 있습니다.

```
<Image src="/sample.jpg" width={200} height={200} />
```

width/height에 {200}으로 값을 지정했습니다. 이렇게 하면 가로세로 200px 크기로 이미지가 표시됩니다. 이 값들은 숫자로 지정해야 하므로 "200"이 아닌 {200}으로 써야 합니다.

왜 <img>가 아니라 Image 컴포넌트를 이용할까요? 가장 큰 이유는 **WebP 형식으로 변환**하는 데 있습니다. Image 컴포넌트는 이미지를 WebP 형식으로 변환하여 이미지 품질을 유지하면서도 크기를 줄여서 사용할 수 있습니다. 또한 지연 로딩으로 인해 페이지 성능이 저하되지 않습니다.

이러한 이유로 이미지를 표시할 때는 Image를 사용하는 편이 좋습니다. 나중에 큰 이미지 데이터를 다루게 되면 Image 컴포넌트 사용의 장점을 확실히 알 수 있을 것입니다.

3.2.4 동적 라우팅

파일 시스템 라우팅은 폴더로 나누고 page.tsx를 배치하면 페이지를 만들 수 있어 다루기가 매우 쉽습니다. 하지만 이는 페이지가 모두 '정적 경로'에 배치되어 있기에 가능한 일입니다.

예를 들어 데이터에서 특정 항목을 추출해 보여주는 페이지를 생각해봅시다. /data/1과 같이 추출할 데이터의 번호를 붙여서 액세스하는 경우가 있습니다. /1은 추출하려는 데이터에 따라 달라집니다. 2번째 데이터라면 /2가 되고, 100번째라면 /100이 될 것입니다.

이런 페이지의 경우, data 폴더 안에 1부터 100까지 폴더를 만들 수는 없는 노릇입니다. 따라서 필요에 따라 /1 부분을 잘 처리할 수 있는 라우팅 메커니즘이 필요합니다.

이런 경우를 대비해 Next.js에는 동적(dynamic) 라우팅 기능이 있습니다. 동적 라우팅은 특수한 형식으로 폴더명을 설정함으로써 경로의 일부를 파라미터로 받을 수 있게 해줍니다. 예를 들어 /abc/hoge에 액세스한다면 hoge 부분을 값으로 컴포넌트에 전달합니다. 이를 통해 /abc/○○에 액세스하면 ○○의 값을 받아 처리할 수 있습니다.

동적 라우팅을 이용하기 위해 필요한 것은 단지 **지정된 형식으로 폴더명을 붙이는 것**뿐입니다.

폴더 만들기

예제를 만들면서 사용 방법을 알아봅시다. 여기서는 /name이라는 경로로 액세스하겠습니다. 예를 들어 /name/kim에 액세스한다면 kim라는 이름이 파라미터로 전달되게 하는 것입니다.

app 폴더 안에 name이라는 폴더를 만들어주세요. 그리고 name 폴더 안에 [name]이라는 또 다른 폴더를 만듭니다. 이것이 파라미터로 값이 전달되는 폴더입니다. 이렇게 [○○] 처럼 이름의 앞뒤를 [ ]로 감싸면 그 폴더를 파라미터로 인식합니다.

페이지 처리는 [name] 폴더 안에 page.tsx라는 파일을 생성해 작성합니다.

▼ 그림 3-9 name 폴더 안에 [name] 폴더를 만들고 그 안에 page.tsx를 준비한다

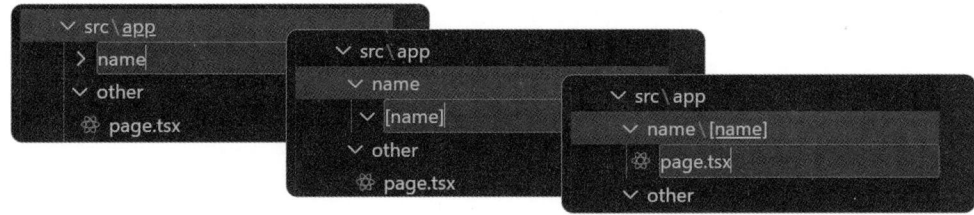

페이지 처리 만들기

[name] 폴더 내의 page.tsx 파일을 열어 수정해봅시다. 다음과 같이 코드를 작성하세요.

▼ 코드 3-11

```
export default function Name({params}:{params:{name: string}}) {
  return (
    <main>
      <h1 className="title">Name page</h1>
      <p className="msg">당신은 '{params.name}'님이군요.</p>
      <div>
        <a href="/">go back!!</a>
      </div>
    </main>
  );
}
```

▼ **그림 3-10** /name/○○으로 액세스하면 메시지가 나온다

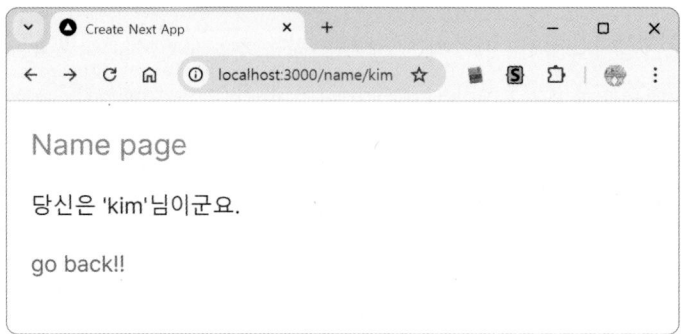

작성을 마쳤으면, 액세스해봅시다. 예를 들어 /name/kim으로 액세스하면 "당신은 'kim'님이군요."라는 메시지가 표시됩니다. 액세스한 경로 값을 전달받아 이용하고 있음을 알 수 있습니다.

여기서 가장 중요한 것은 함수에 지정한 인수입니다. 인수는 다음과 같이 지정되어 있습니다.

```
{params}:{params:{name: string}}
```

좀 어려워 보이지만 {params}는 함수의 인수로 준비된 변수 부분이고, {params:{name: string}}은 params 변수의 타입을 정의한 것입니다. 즉, **params는 name 문자열 속성을 가진 객체** 타입으로 지정됩니다. 여기서 {params}는 객체의 구조 분해 할당(destructuring assignment) 등에 사용되는 표현으로, 정의한 params 객체의 값이 {} 안 params에 전달됩니다.

params의 속성으로 지정한 {name: string} 값은 반드시 파라미터로 전달되는 값의 이름으로 지정합니다. 지금 살펴보는 page.tsx 파일은 [name] 폴더 안에 있으므로 경로 일부를 name이라는 이름으로 추출할 수 있습니다. 따라서 params의 타입 지정에는 {name: string}처럼 name 속성을 가진 객체로 준비해야 합니다.

이렇게 인수가 전달된 후에는 params에서 name 값을 추출해 {params.name}처럼 사용하기만 하면 됩니다.

인수를 단순하게 만들기

이렇게 인수를 정의하기만 해도 파라미터를 받을 수 있지만, 인수 지정 방법이 복잡해서 어려워하는 사람도 있을 수 있습니다. 특히 {params}로 인수의 변수명을 지정하는 방법을 잘 모르는 경우도 많습니다.

그럴 때는 {}을 생략하고 다음과 같은 형태로 작성해도 됩니다.

```
function Name(params:{params:{name:string}}) ……
```

이 경우 {params:{name:string}}이 타입으로 지정되어 params 인수에는 params가 속성으로 준비된 객체가 전달됩니다. 따라서 name 값을 가져오려면 params.params.name이라고 써야 합니다.

복수의 파라미터 전달하기

[○○]라는 폴더명을 지정했을 때 파라미터 하나만 사용할 수 있는 것이 아닙니다. [○○] 폴더 내에 [××]와 같은 폴더를 만들어 파라미터를 여러 개 받을 수도 있습니다.

예를 들어 [name] 폴더 내에 [pass] 폴더를 만들고, 그 안에 page.tsx를 배치했다고 가정해 봅시다. 그러면 함수의 인수로 다음과 같은 값을 준비해야 합니다.

```
{params}:{params:{name:string, pass:string}}
```

그러면 params.name과 params.pass 두 파라미터를 꺼내서 사용할 수 있습니다. 파라미터 여러 개를 이용하려면 그만큼 폴더 계층을 깊게 만들어야 하므로 조금 번거로울 수 있습니다.

3.2.5 파라미터를 지정하지 않은 경우

이제 /name 뒤에 이름을 붙여 /name/○○라고 액세스해 파라미터를 받을 수 있게 됐습니다. 그렇다면 파라미터를 붙이지 않으면 어떻게 될까요? 다시 말해, /name으로만 액세스하면 어떻게 될까요?

이 경우에는 404 오류가 발생합니다. 이 오류는 지정된 URL에서 페이지를 찾을 수 없을 때 나타나는 오류입니다. [name]의 page.tsx에서는 반드시 파라미터를 지정해야 하며, 그렇지 않으면 오류가 발생합니다.

▼ 그림 3-11 /name으로 액세스하면 오류가 발생한다

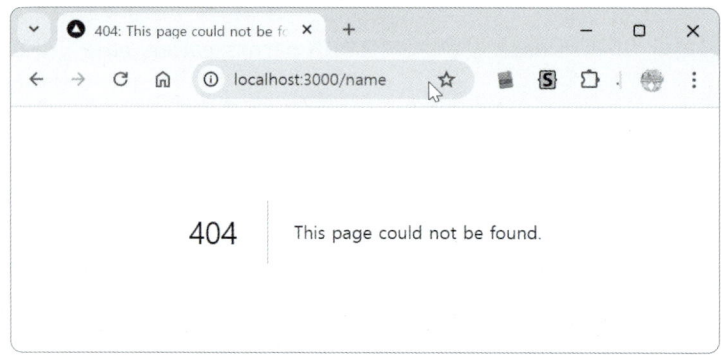

그럼 오류가 발생하지 않도록 하려면 어떻게 해야 할까요? 이미 여러분도 알고 있을 것입니다. /name에 액세스할 때 왜 오류가 발생했을까요? 파라미터를 지정하지 않았기 때문일까요? 사실은 더 단순한 이유입니다. 이 오류는 name 폴더에 page.tsx가 없어서 발생한 것입니다.

name 폴더에 page.tsx 추가하기

name 폴더에 page.tsx를 추가해봅시다. 그리고 다음과 같이 코드를 작성합니다. 아주 간단한 메시지를 표시하는 코드입니다.

▼ 코드 3-12

```
export default function Name() {
  return (
    <main>
      <h1 className="title">Name page</h1>
      <p className="msg">/name/○○와 같이 이름을 붙여서 접속하세요.</p>
      <div>
        <a href="/">go back!!</a>
      </div>
    </main>
  );
}
```

▼ 그림 3-12 /name에 액세스하면 안내 메시지가 표시된다

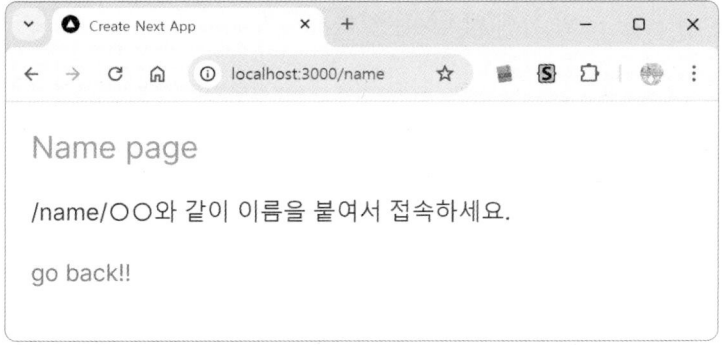

코드를 수정했다면 다시 /name에 액세스해봅시다. 새로 추가한 page.tsx가 나올 것입니다. 이렇게 하면 오류도 발생하지 않습니다.

동적 라우팅으로 파라미터를 사용하는 경우, 파라미터용 [○○] 폴더 내부뿐만 아니라 [○○] 폴더가 위치한 폴더에도 page.tsx를 준비해야 합니다. 이렇게 하면 파라미터가 있든 없든 오류 없이 페이지를 표시할 수 있게 됩니다.

3.3 스타일과 레이아웃

3.3.1 로컬 CSS에 대해서

페이지 이동의 기본을 이해했으니, 이번에는 CSS와 레이아웃을 알아보겠습니다.

먼저 CSS부터 설명하겠습니다. 지금까지는 페이지에 표시되는 콘텐츠의 스타일을 global. css에 기술했습니다. 이 방식은 편리하지만, 모든 페이지에 공통으로 적용된다는 것이 단점입니다. 페이지마다 다른 스타일을 설정하고 싶다면 어떻게 해야 할까요?

이런 경우에는 페이지별로 로컬 CSS를 준비하여 스타일을 변경합니다.

로컬 CSS는 app 폴더 내 어느 곳에서나 만들 수 있습니다. 다만, 이해하기 쉽게 일반적으로는 각 페이지의 폴더 내에 page.tsx와 함께 배치하는 것이 보통입니다.

그러면 실제로 시험해봅시다. 여기서는 other 페이지에 스타일을 추가해보겠습니다. other 폴더 내에 style.css라는 이름의 새 파일을 생성합시다. 그리고 다음과 같이 스타일 클래스를 작성해둡니다.

▼ 코드 3-13

```
.title {
  @apply text-2xl font-bold m-0 p-5 text-white bg-blue-800;
}
.msg {
  @apply text-lg m-5 text-gray-900 text-center;
}
:any-link {
  @apply font-bold text-orange-600;
}
```

여기서는 예시로 타이틀과 메시지, 링크 스타일을 만들었습니다.

이제 이 스타일이 other 페이지에 적용되도록 합니다. others 폴더의 page.tsx를 열고 첫 번째 줄에 import문을 추가합니다.

▼ 코드 3-14

```
import './style.css';
```

▼ 그림 3-13 /other에 액세스하면 style.css에 지정한 스타일로 표시된다

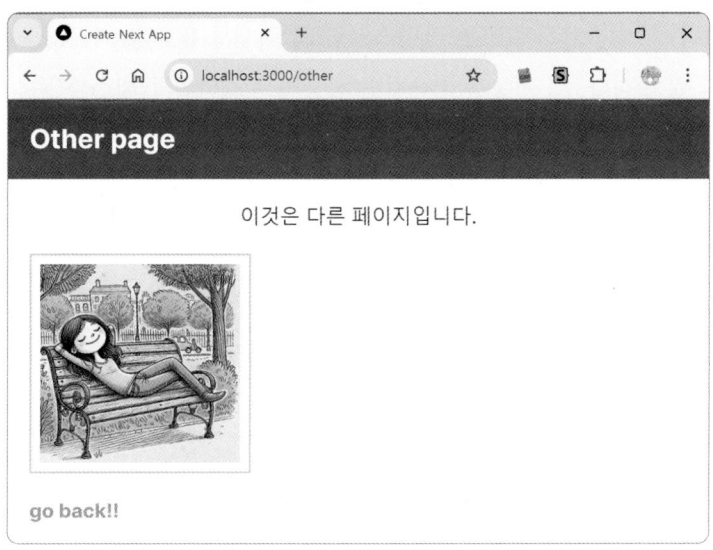

이제 같은 폴더 내에 있는 style.css가 임포트됩니다. 로컬 CSS 사용을 위해 해야 할 일은 이것뿐입니다. 스타일시트 파일을 임포트하기만 하면 그 내용이 컴포넌트에 적용됩니다.

로컬 CSS가 global.css보다 우선 적용된다

매우 흥미로운 점은 로컬 CSS에서 지정하지 않은 부분은 global.css의 스타일 클래스가 사용된다는 것입니다. 예를 들어 여기서는 이미지의 스타일 클래스인 img를 따로 지정하지 않았습니다. 따라서 페이지에 표시되는 이미지는 global.css에서 지정한 스타일을 따릅니다.

Next.js의 컴포넌트에서는 기본적으로 global.css가 모든 페이지의 스타일을 결정합니다. 그리고 페이지별로 로컬 CSS를 임포트했다면, 로컬 CSS에서 지정한 스타일이 다시 해당 컴포넌트 표시에 적용됩니다. 즉, 로컬 CSS에서 지정한 스타일 클래스는 global.css의 클

래스를 덮어쓰는 것입니다. 로컬 CSS에서 따로 지정하지 않은 부분은 global.css에서 지정한 스타일이 그대로 살아 있게 됩니다.

3.3.2 CSS 모듈에 대해서

코드 내에서 CSS의 스타일 클래스를 좀 더 유연하게 다루고 싶을 때가 많습니다. 이를 위해 Next.js에서는 CSS 모듈이라는 기능을 제공합니다. 이 기능은 ○○.module.css 형식의 이름으로 만든 스타일시트를 타입스크립트(또는 자바스크립트) 객체로 읽어 들여 컴포넌트 내에서 사용할 수 있게 해 줍니다. 이 기능을 이용하면 사용하는 스타일 클래스를 동적으로 변경할 수 있습니다.

실제로 확인해봅시다. 우선 other 폴더 내에 style.module.css라는 파일을 새로 생성합니다. 그리고 여기에 스타일 클래스를 다음과 같이 작성합니다.

▼ 코드 3-15

```
.title {
  @apply text-2xl font-bold m-0 p-5 text-white bg-blue-800;
}
.msg {
  @apply text-lg m-5 text-gray-900 text-center;
}
```

여기서는 앞서 만든 style.css의 title과 msg 두 클래스를 복사하여 작성합니다. 내용 자체는 일반 스타일시트 파일과 동일합니다.

로컬 CSS가 global.css보다 우선 적용된다

style.module.css를 활용해보겠습니다. other 폴더 내의 page.tsx를 열고 다음과 같이 내용을 수정하세요.

▼ 코드 3-16

```
import Link from 'next/link';
import Image from 'next/image';
import styles from './style.module.css';

export default function Other() {
  return (
    <main>
      <h1 className={styles.msg}>Other page</h1>
      <p className={styles.title}>이것은 다른 페이지입니다.</p>
      <div>
        <Image src="/sample.jpg" width={200} height={200} />
      </div>
      <div>
        <a href="/">go back!!</a>
      </div>
    </main>
  );
}
```

▼ 그림 3-14 타이틀과 메시지의 스타일이 바뀌었다

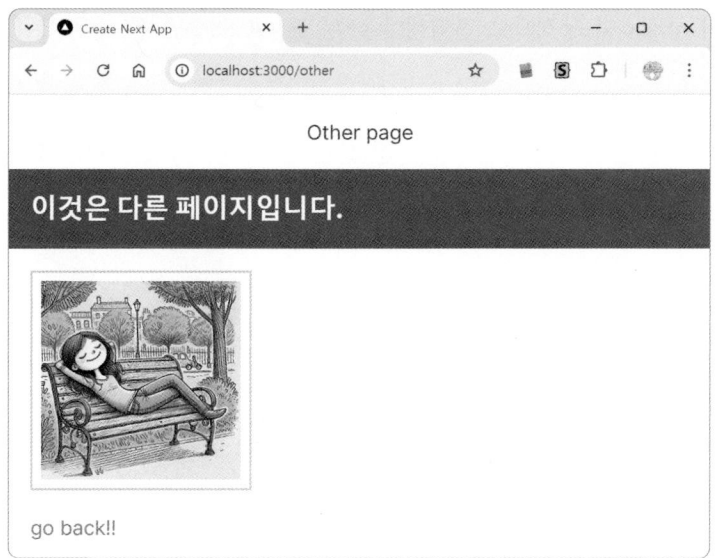

수정한 후 /other에 액세스해봅시다. 타이틀과 메시지의 스타일이 반대로 설정되어 나왔습니다.

CSS 모듈은 import문을 사용하여 불러옵니다. 여기서는 시작 부분에 다음과 같은 코드가 추가됐습니다.

```
import styles from './style.module.css';
```

이제 style.module.css에 작성한 클래스의 정보가 styles 객체에 저장됩니다. 이후에는 styles에서 필요한 클래스를 꺼내어 사용하면 됩니다.

여기서는 <h1>과 <p>에서 각각 다음과 같이 className을 지정합니다.

```
<h1 className={styles.msg}> <p className={styles.title}>
```

className은 {styles.msg} 또는 {styles.title}처럼 값이 설정됩니다. style.module.css에 작성한 title이나 msg 클래스를 styles 객체의 속성으로 추출할 수 있게 된 것입니다.

스타일 클래스가 객체와 속성으로 제공되기 때문에 코드 내에서 이 값들을 자유롭게 다룰 수 있습니다. 필요에 따라 클래스를 동적으로 변경해야 하는 경우 CSS 모듈은 매우 유용합니다.

CSS 모듈은 파일명이 반드시 ○○.module.css 형식이어야 합니다. 이름 형식이 올바르지 않으면 import를 사용해 스타일 클래스를 객체로 가져올 수 없으니 주의해야 합니다.

3.3.3 Styled JSX에 의한 스타일

HTML에서는 <style>을 사용하여 스타일을 지정했습니다. 하지만 Next.js에서는 컴포넌트의 JSX에 <style>을 작성해 실행시킬 수 없으며, JSX에서 <style> 태그 안에 CSS 코드를 그대로 작성하면 문법 오류가 발생하여 작동하지 않습니다. 따라서 JSX에서 스타일을 지정할 때는 미리 CSS를 파일로 준비하고 임포트하여 className에 설정해야 합니다.

하지만 `<style>`을 사용해 그 자리에서 스타일 클래스를 바로 정의할 수 있다면 훨씬 간편하게 스타일을 설정할 수 있을 것입니다. 이러한 생각에서 만들어진 기능이 Styled JSX입니다.

Styled JSX는 JSX 내에서 `<style>`과 같은 방식으로 스타일 클래스를 정의할 수 있습니다. Styled JSX를 사용하려면 다음과 같은 형태로 import문을 작성해서 기능을 추가해야 합니다.

```
import 이름 from 'styled-jsx/style';
```

그러면 Styled JSX 기능이 지정한 이름으로 임포트됩니다. 이를 JSX 컴포넌트에서 사용하면 됩니다.

```
<이름>{…스타일 클래스 정의…}</이름>
```

주의할 점은 값을 설정하는 방법입니다. CSS를 직접 작성하면 문법 오류가 발생하므로 스타일 클래스는 문자열 값으로 정의해야 합니다. 즉, {"○○"}와 같은 형태로 작성합니다. 단, 스타일은 각 항목을 줄바꿈하여 여러 줄에 걸치는 경우가 많으므로 백쿼트(`)를 이용해 텍스트로 입력하는 것이 보통입니다. 따라서 {`○○`}와 같은 형태로 정의합니다.

Styled JSX 이용하기

간단한 예를 들어보겠습니다. 이번에도 other 컴포넌트를 이용하겠습니다. other 폴더 내의 page.tsx를 열고 다음과 같이 수정합니다.

▼ 코드 3-17

```
'use client';

import Link from 'next/link';
import Image from 'next/image';
import styles from './style.module.css';
import JSXStyle from 'styled-jsx/style';
```

```jsx
export default function Other() {
  return (
    <main>
      <JSXStyle>
        {`p.jsx-msg {
          margin: 10px;
          text-align: center;
          color: red;
          font-weight: bold;
        }`}
      </JSXStyle>
      <h1 className={styles.title}>Other page</h1>
      <p className="jsx-msg">이것은 다른 페이지입니다.</p>
      <div>
        <Image src="/sample.jpg" width={200} height={200} alt="wait..."/>
      </div>
      <div>
        <a href="/">go back!!</a>
      </div>
    </main>
  );
}
```

▼ 그림 3-15 메시지 스타일을 Styled JSX로 변경한다

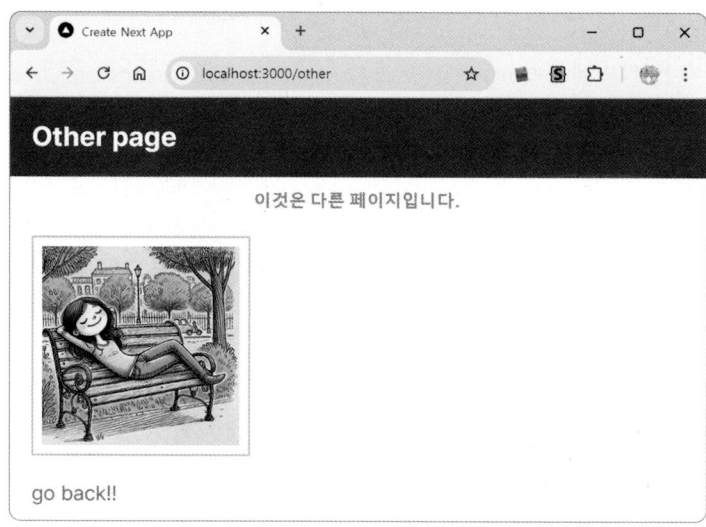

other 페이지에 접속하면 메시지가 빨간색 볼드 텍스트로 가운데 정렬된 것을 볼 수 있습니다. 이 부분이 Styled JSX로 설정된 것입니다. 여기서는 처음에 다음과 같은 import문으로 Styled JSX 컴포넌트를 불러옵니다.

```
import JSXStyle from 'styled-jsx/style'
```

JSXStyle이라는 이름으로 불러왔으므로 실제 스타일 클래스 설정은 JSX 컴포넌트에서 다음과 같이 작성하면 됩니다.

```
<JSXStyle>
  {`…내용…`}
</JSXStyle>
```

실제로 스타일 클래스가 어떻게 정의되는지 살펴보겠습니다. 여기서는 다음과 같은 Styled JSX가 작성되어 있습니다.

```
<JSXStyle>
  {`p.jsx-msg {
    margin: 10px;
    text-align: center;
    color: red;
    font-weight: bold;
  }`}
</JSXStyle>
```

p.jsx-msg로 <p>의 jsx-msg 클래스를 정의하는 코드입니다. {} 안에서 CSS의 클래스 작성 방식과 동일하게 세부적으로 스타일을 설정합니다. 이런 방식으로 스타일 클래스를 JSX 내에 작성할 수 있습니다.

3.3.4 layout.tsx 오버라이드

Next.js 웹 애플리케이션에서는 웹 페이지가 app 폴더 내 layout.tsx의 레이아웃에 각 페이지의 컴포넌트가 조합된 형태로 표시됩니다. 이렇게 함으로써 애플리케이션 전체를 통일감 있게 디자인할 수 있습니다.

하지만 경우에 따라서는 특정 페이지의 레이아웃을 변경하고 싶을 때가 있습니다. 이럴 때는 어떻게 해야 할까요?

레이아웃을 규정하는 layout.tsx는 app 폴더가 아닌 다른 곳에 배치할 수도 있습니다. 특정 폴더에 layout.tsx를 배치하면 해당 폴더 내의 페이지에서는 레이아웃 파일이 오버라이드(덮어쓰기)되어 해당 폴더의 layout.tsx가 레이아웃으로 적용됩니다. 이렇게 하면 특정 경로의 레이아웃을 변경할 수 있습니다.

단순히 파일을 배치만 하면 사용할 수 있고, 특별한 코드를 작성할 필요도 전혀 없습니다. 그럼 직접 사용해봅시다.

여기서는 other 폴더에 layout.tsx를 배치하겠습니다. 먼저 other 폴더에 만들어둔 style.css에 레이아웃용 스타일 클래스를 준비합니다. 다음을 추가하세요.

▼ 코드 3-18

```
.header {
  @apply text-center text-sm font-bold p-1 text-gray-900;
}
.footer {
  @apply fixed bottom-0 w-full;
}
.footer-content {
  @apply text-sm m-2  text-gray-600;
}
```

여기서는 헤더(header)와 푸터(footer)에 사용할 스타일 클래스를 정의했습니다. 이제 준비가 끝났습니다.

다음으로 other 폴더 안에 새 파일을 생성하고 layout.tsx를 설정합니다. 이것이 other 내에서만 사용할 수 있는 레이아웃 파일이 됩니다.

▼ **그림 3-16** other 폴더 내에 layout.tsx 파일을 생성한다

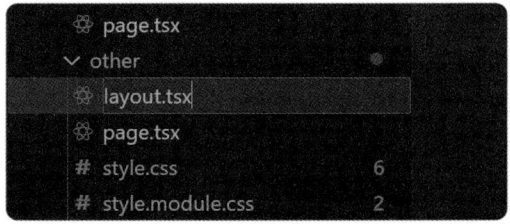

새로운 레이아웃 작성하기

조금 전에 만든 layout.tsx 파일을 열고 레이아웃을 작성해봅시다. 다음의 코드를 작성합니다.

▼ **코드 3-19**

```
import './style.css';

export default function OtherLayout({
  children,
}: {
  children: React.ReactNode
}) {
  return (
    <html lang="ko">
      <body>
        <h1 className="header">Sample Web Application</h1>
        {children}
        <div className="footer">
          <hr/>
          <p className="footer-content">
            copyright 2023 SYODA-Tuyano.
          </p>
        </div>
      </body>
```

```
      </html>
    );
}
```

제일 먼저 layout.tsx에서 style.css를 불러옵니다. 이 파일에는 app 폴더의 layout.tsx에 있던 localFont나 Metadata 등의 구문이 없으며, <body> 안에는 <h1>을 사용한 헤더와 <div>를 사용한 푸터가 준비되어 있습니다. 레이아웃은 루트로부터 상속되므로 other 폴더 안에서는 자체적으로 준비한 layout.tsx가 우선 적용되지만, 루트에 있는 layout.tsx에서 설정한 것도 문제없이 사용할 수 있습니다.

레이아웃 이용하기

페이지의 코드도 수정해봅시다. other 폴더의 page.tsx를 열고 내용을 다음과 같이 수정하세요.

▼ 코드 3-20

```
import Link from 'next/link';
import Image from 'next/image';

export default function Other() {
  return (
    <main>
      <h1 className="title">Other page</h1>
      <p className="msg">이것은 다른 페이지입니다.</p>
      <div>
        <Image src="/sample.jpg" width={200} height={200} alt="wait..."/>
      </div>
      <div>
        <a href="/">go back!!</a>
      </div>
    </main>
  );
}
```

▼ **그림 3-17** 헤더와 푸터가 표시된다

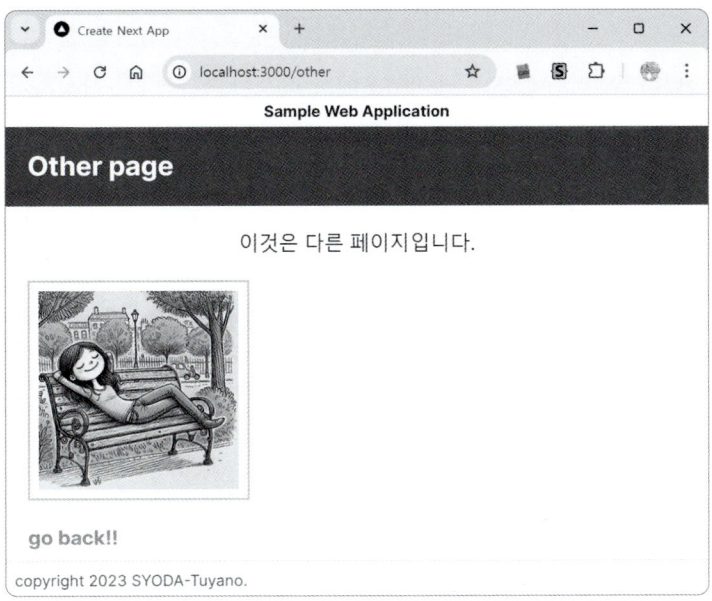

이것으로 완성입니다. /other에 액세스하면 새로운 layout.tsx를 사용하여 페이지를 표시합니다. 상단에는 'Sample Web Application'이라는 헤더가, 하단에는 'copyright 2023 SYODA-Tuyano.'라는 푸터가 나타납니다. 새로 작성한 layout.tsx 페이지가 레이아웃으로 적용된 것을 확인할 수 있습니다.

3.3.5 레이아웃 정보는 상속된다

Next.js에서는 폴더별로 레이아웃과 스타일시트를 준비할 수 있습니다. 폴더마다 완전히 분리된 것이 아니라, 이들이 상속된다는 사실을 이해해야 합니다.

예를 들어 스타일시트는 루트에 있는 global.css를 가져오고, 여기에 더해 각 폴더의 CSS 파일을 가져와 사용할 수 있습니다. 하지만 각 폴더에 있는 CSS 파일을 사용하는 경우에도 global.css가 사용되지 않는 것은 아닙니다. 먼저 global.css를 적용하고, 여기에 추가로 불러온 CSS가 적용됩니다. 이때 같은 스타일 클래스가 있으면 덮어씁니다.

레이아웃도 마찬가지입니다. 루트에 있는 layout.tsx에는 레이아웃의 JSX뿐만 아니라 `localFont`나 `Metadata`와 관련된 내용도 들어 있습니다.

이 내용은 각 폴더에 독자적인 레이아웃을 지정한 경우에도 상속되므로 사용할 수 있습니다. 이 점을 이해하면 폴더마다 스타일이나 레이아웃을 작성할 때 필요한 설정만 준비하면 된다는 것을 알 수 있습니다. 루트의 CSS나 레이아웃에서 작성한 것은 다시 작성하지 않아도 됩니다.

해당 페이지에 독자적으로 필요한 것만 추가해 페이지 전용 CSS나 레이아웃을 만들 수 있다는 것을 잘 이해해둡시다.

CHAPTER

04

페이지 라우터 애플리케이션

Next.js에는 앱 라우터와 별개로 페이지 라우터라고 불리는 라우팅 시스템이 있습니다. 여기서는 페이지 라우터를 이용한 애플리케이션의 기본 사항을 설명하겠습니다. 라우팅의 원리와 동적 라우팅 사용 방법, 그리고 레이아웃 커스터마이징 등에 대해서도 알아보겠습니다.

포인트

* 앱 라우터와 페이지 라우터의 주요 차이점을 파악한다.
* 페이지 라우터의 파일 구성을 확실히 알아보자.
* 페이지 라우터에서 동적 라우팅을 사용할 수 있다.

4.1 페이지 라우터에 대해서

4.1.1 앱 라우터와 페이지 라우터

지금까지 Next.js 프로젝트의 기본적인 기능인 페이지 컴포넌트 생성, 라우팅, CSS와 레이아웃 등을 설명했습니다. 이 가운데 라이팅에는 아직 설명하지 않은 기능이 남아 있습니다.

라우팅에 대해서는 파일 시스템 기반 라우팅과 동적 라우팅이라는 기본 기능을 설명했습니다. 하지만 더 근본적인 부분에서 설명하지 않은 것이 있습니다. 바로 애플리케이션의 라우팅을 관리하는 **라우터**라는 기능입니다.

두 가지 라우터

지금까지 사용해온 Next.js 프로젝트는 src 폴더 안에 app 폴더가 있고, 그 안에 페이지의 콘텐츠가 모여 있었습니다. 이는 앱(App) 라우터 방식에 의한 파일 구성입니다.

이와는 별개로 Next.js에는 페이지(pages) 라우터라는 것도 있습니다. 페이지 라우터는 app 폴더가 존재하지 않고, pages라는 폴더에 파일이 배치됩니다.

이 두 라우팅 방식의 차이점을 간단히 정리해보겠습니다.

- **앱 라우터**

비교적 최근에 Next.js에 도입된 새로운 라우팅 방식입니다. app 폴더 내에 레이아웃 파일 layout.tsx와 페이지 콘텐츠 파일 page.tsx가 배치되어 있고, 이들을 조합해 페이지를 생성합니다. 애플리케이션 전체를 아우르는 레이아웃이 준비되어 있으며, 모든 페이지가 이를 기반해 레이아웃되므로 전체적으로 통일감 있는 페이지를 만들 수 있습니다.

앱 라우터는 애플리케이션 전체를 라우팅하는 것을 염두에 두고 설계됐습니다. 여러 페이지를 생성하고 서로 연동하며 동작하는 애플리케이션에 적합합니다.

• 페이지 라우터

이전부터 사용되던 라우팅 방식입니다. pages 폴더에 웹 페이지에 사용되는 파일들이 배치되어 있습니다. 페이지의 콘텐츠는 index.tsx 파일에 작성합니다. 앱 라우터와 마찬가지로 파일 시스템 기반 라우팅이 가능하며, pages 폴더 안에 폴더를 만들어 계층적으로 페이지를 배치할 수 있습니다.

앱 라우터와 달리 페이지 라우터는 기본적으로 애플리케이션 전체에서 사용할 공통 레이아웃이 없으며, 페이지별로 완결되는 형태의 애플리케이션 제작을 고려한 라우팅 방식입니다.

페이지 라우터가 필요한 경우

페이지 라우터는 앱 라우터처럼 애플리케이션 전체를 통일된 방식으로 작성하는 시스템이 아니므로 각 페이지를 개별적으로 설계해야 합니다. 이 때문에 앱 라우터에 익숙해지면 페이지 작성이 번거롭게 느껴질 수 있습니다.

앱 라우터는 페이지 라우터 이후에 등장한 만큼 페이지 라우터보다 기능이 풍부하며, Next.js 개발사에서도 앱 라우터 사용을 권장하고 있습니다.

그렇다면 이제 페이지 라우터를 배울 필요가 없는 걸까요? 아니요, 그렇지 않습니다. 실제로 **정적 페이지 생성**처럼 앱 라우터에는 없고, 페이지 라우터에만 지원되는 기능도 있습니다.

다음 장에서 자세히 설명하겠지만, Next.js에서는 빌드 시 페이지를 렌더링하거나 서버 측에서 페이지를 렌더링하여 표시하는 **서버 사이드 렌더링**이라는 기능이 있습니다. 이런 기능을 이용하면 클라이언트에 전송되는 단계에서 컴포넌트가 HTML 코드로 전송되는 페이지를 생성할 수 있습니다.

이러한 정적 페이지에 필요한 데이터 등을 다루기 위한 기능 중에는 앱 라우터에 없는 것도 있습니다. 따라서 정적 페이지 위주로 애플리케이션을 만들 때는 일부러 페이지 라우터를 선택하는 경우도 있습니다.

또한, 앱 라우터는 최근에 도입된 기능이라 아직 정보가 적고 예제도 그다지 많지 않습니다. 인터넷 등에서 Next.js 정보를 검색하면, 페이지 라우터를 많이 사용하는 것을 볼 수 있습니다. 이러한 점을 고려한다면 페이지 라우터 사용법도 확실히 알아두는 것이 좋겠지요.

4.1.2 페이지 라우터를 이용한 프로젝트 생성

앱 라우터와 페이지 라우터 중 어떤 방식을 사용할 것인지는 Next.js 프로젝트를 생성할 때 지정합니다. 바꿔 말해, 프로젝트를 생성한 후에는 변경할 수 없습니다. 따라서 페이지 라우터를 이용하려면 페이지 라우터로 설정한 프로젝트를 새로 생성해야 합니다.

이제 페이지 라우터를 이용한 Next.js 프로젝트를 생성해보겠습니다. 명령 프롬프트를 열고 cd 명령을 통해 바탕화면으로 이동합니다. 그리고 다음의 명령을 실행합니다.

▼ 프롬프트

```
npx create-next-app sample_next_page
```

sample_next_page라는 프로젝트를 생성합니다. 생성 과정에서 질문이 나타나면 다음과 같이 차례로 답합니다.

▼ 프롬프트

```
Would you like to use TypeScript? ... No / Yes          → Yes 선택
Would you like to use ESLint? ... No / Yes              → Yes 선택
Would you like to use Tailwind CSS? ... No / Yes        → Yes 선택
Would you like to use `src/` directory? ... No / Yes    → Yes 선택
Would you like to use App Router? (recommended) ... No / Yes  → No 선택
Would you like to use Turbopack for next dev? ... No / Yes    → No 선택
Would you like to customize the default import alias (@/*)? ... No / Yes
                                                         → No 선택
```

▼ 그림 4-1 페이지 라우터를 사용하는 프로젝트를 생성한다

```
PS C:\Users\openw\Desktop> npx create-next-app sample_next_page
√ Would you like to use TypeScript? ... No / Yes
√ Would you like to use ESLint? ... No / Yes
√ Would you like to use Tailwind CSS? ... No / Yes
√ Would you like your code inside a `src/` directory? ... No / Yes
√ Would you like to use App Router? (recommended) ... No / Yes
√ Would you like to use Turbopack for next dev? ... No / Yes
√ Would you like to customize the import alias (@/* by default)? ... No / Yes
Creating a new Next.js app in C:\Users\openw\Desktop\sample_next_page.

Using npm.

Initializing project with template: default-tw

Installing dependencies:
- react
- react-dom
- next
```

중간에 있는 'Would you like to use App Router?'라는 질문은 '앱 라우터를 사용할 것인가'를 지정하기 위한 질문입니다. Yes를 선택하면 앱 라우터가 되고, No를 선택하면 페이지 라우터가 됩니다.

그러므로 'Would you like to use App Router?' 질문에서 No를 선택합니다. 그러면 페이지 라우터 프로젝트가 생성됩니다.

프로젝트 실행하기

실제로 프로젝트를 실행해봅시다. 먼저 명령 프롬프트에서 cd sample_next_page를 입력해 프로젝트 디렉터리로 이동합니다. 그리고 npm run dev 명령으로 프로젝트를 실행하세요. 그런 다음, 웹 브라우저로 http://localhost:3000/에 액세스하면 기본 예제 페이지가 표시될 것입니다.

페이지 라우터에서도 프로젝트의 기본적인 동작은 앱 라우터와 동일합니다. npm run dev 명령을 실행하면 http://localhost:3000/에서 애플리케이션이 공개됩니다.

▼ 그림 4-2 샘플로 준비된 웹 페이지가 표시된다

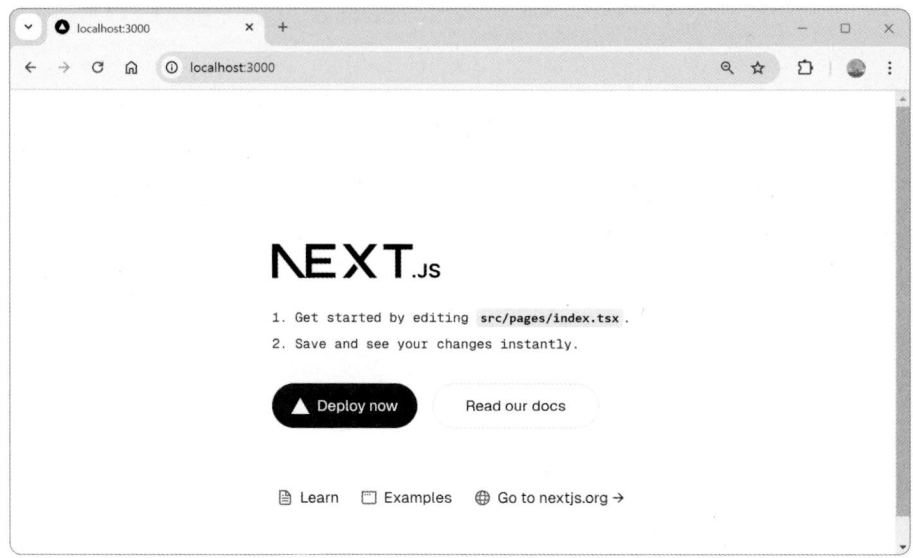

4.1.3 페이지 라우터의 폴더 구성

생성된 프로젝트의 내용을 살펴보겠습니다. 프로젝트에는 다음과 같은 폴더가 있습니다.

.next 폴더	Next.js가 사용하는 설정 파일 등이 저장됩니다.
node_modules 폴더	프로젝트에서 사용할 패키지들이 들어 있습니다.
public 폴더	Next.js가 사용하는 설정 파일 등이 저장됩니다.
src 폴더	애플리케이션의 코드 종류가 저장됩니다.

폴더 구성은 기본적으로 앱 라우터를 사용할 때와 동일합니다. 다른 점은 src 폴더의 내용입니다. 이 폴더 안에는 다음과 같은 폴더가 있습니다.

pages 폴더	표시할 웹 페이지에서 사용할 파일이 있습니다.
styles 폴더	스타일시트 관련 파일이 저장됩니다.

pages 폴더는 애플리케이션에서 사용되는 페이지를 위한 파일을 모아둔 곳입니다. 앱 라우터의 app 폴더에 해당한다고 생각하면 됩니다. 이 폴더 안에 페이지의 컴포넌트 등이 저

장됩니다.

▼ **그림 4-3** 프로젝트 폴더의 구성

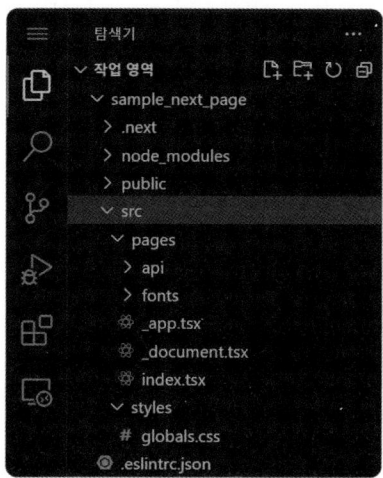

pages 폴더의 내용

그렇다면 pages 폴더 안에는 어떤 파일과 폴더가 준비되어 있을까요? 간단히 정리해보겠습니다.

api 폴더	이 폴더는 웹 API를 만들기 위한 폴더입니다. 예제로 hello.tsx가 들어 있습니다.
fonts 폴더	사용할 로컬 폰트 파일이 들어 있습니다.
_app.tsx	애플리케이션에 표시되는 각 페이지의 기반이 됩니다. 여기에 작성할 페이지의 컴포넌트가 들어갑니다.
_document.tsx	웹 페이지의 기반이 되는 부분입니다. ⟨html⟩, ⟨head⟩, ⟨body⟩와 같은 문서의 기본적인 부분이 작성되어 있습니다.
index.tsx	홈페이지에 표시할 페이지의 콘텐츠입니다. 표시될 컴포넌트가 작성되어 있습니다.

api 폴더는 일반 웹 페이지와는 용도가 다르므로 현재로선 무시해도 상관없습니다. 웹 페이지는 여기에 있는 tsx 파일 3개로 구성됩니다. 이 중 실제로 표시되는 페이지의 컴포넌트가 되는 것은 index.tsx입니다. 나머지 두 파일로 웹 페이지의 컨테이너 부분이 만들어지고, 그 안에 index.tsx의 컴포넌트가 콘텐츠로 포함되어 표시되는 것입니다.

4.1.4 도큐먼트와 앱 컴포넌트

준비된 tsx 파일의 내용을 살펴보겠습니다. 먼저 웹 페이지의 가장 기본이 되는 _document. tsx부터 설명하겠습니다.

▼ 코드 4-1

```
import {Html, Head, Main, NextScript} from 'next/document';

export default function Document() {
  return (
    <Html lang="en">
      <Head />
      <body className="antialiased">
        <Main />
        <NextScript />
      </body>
    </Html>
  );
}
```

여기서 <Html>이나 <Head>와 같은 것은 어떤 의미인지 알 수 있을 것입니다. <Html>은 <html>, <Head>는 <head>에 해당합니다. 이들은 필요에 따라 다양한 값이 포함될 수 있으므로 직접 <html>이라고 쓰지 않고 전용 컴포넌트를 사용하여 기술했습니다.

<Main />은 각 페이지의 컴포넌트가 들어가는 부분을 나타냅니다. 그리고 <NextScript />는 Next.js의 클라이언트 사이드에서 필요한 번들과 스크립트를 생성하기 위한 것입니다. 이를 통해 Next.js의 클라이언트 사이드 기능이 구현됩니다.

얼핏 봐도 알 수 있듯이 Next.js로 웹 페이지를 표시할 때 꼭 필요한 것들만 준비되어 있습니다. 이 중에서 '이건 필요 없으니까'라는 식으로 제거할 수 없습니다. 이 코드는 변경해서는 안 된다고 생각합시다.

_app.tsx에 대해서

이어서 _app.tsx입니다. 이 역시 내용은 매우 단순하며 다음과 같은 코드가 기술되어 있습니다.

▼ 코드 4-2

```
import '@/styles/globals.css';
import type {AppProps} from 'next/app';

export default function App({Component, pageProps}: AppProps) {
  return <Component {...pageProps} />;
}
```

globals.css를 임포트합니다. 모든 페이지는 _app.tsx에서 불러와 표시되므로 globals.css의 스타일 클래스를 모든 페이지에서 사용할 수 있습니다.

AppProps는 애플리케이션의 속성을 다루는 객체입니다. 컴포넌트로 정의된 App 함수의 인수로는 다음과 같은 것들이 있습니다.

```
{Component, pageProps}: AppProps
```

AppProps 타입의 값이 Component와 pageProps로 분해 할당되어 전달된다는 것을 알 수 있습니다. 그리고 이 값을 이용하여 다음과 같은 JSX가 반환됩니다.

```
<Component {...pageProps} />
```

이를 통해 App 컴포넌트에서 호출될 때 전달되는 컴포넌트가 표시됩니다. 인수의 AppProps는 Next.js 측에서 호출할 때 전달되는 것이므로 커스터마이징할 수는 없습니다. _app.tsx 코드도 특별한 이유가 없는 한 수정할 일은 없습니다.

4.1.5 index.tsx에 대해서

이상으로 표시할 웹 페이지의 기본이 되는 파일들을 살펴봤습니다. 실제로 표시되는 컴포넌트는 index.tsx입니다. 여기서는 코드가 너무 길어 일부를 생략하여 다음과 같이 나타냈습니다.

▼ 코드 4-3

```
import Image from 'next/image';
import localFont from "next/font/local";

…생략…

export default function Home() {
  return (
    <main className={`…}`} >
      …표시할 내용…
    </main>
  );
}
```

사실 앱 라우터에서 기본적으로 제공되는 page.tsx와 거의 비슷한 내용으로 작성된 것을 알 수 있습니다. 앱 라우터와 페이지 라우터 모두 페이지에 표시하는 컴포넌트는 기본적으로 동일합니다. 단지 라우터의 구조가 다를 뿐입니다.

index.tsx 편집하기

index.tsx 파일을 수정해 더 간단한 컴포넌트 샘플을 만들어봅시다. 다음과 같이 export default function Home() { }의 내용을 수정해보세요.

▼ 코드 4-4

```
…생략…

export default function Home() {
  return (
    <main>
      <h1>SSG application.</h1>
      <p>This is sample page.</p>
    </main>
  );
}
```

보다시피 `<main>` 안에 `<h1>`과 `<p>`만 있는 아주 간단한 컴포넌트입니다.

globals.css 수정하기

이 상태로는 각 요소의 스타일이 전혀 설정되어 있지 않으니 스타일 클래스를 작성해보겠습니다. styles 폴더 내에 있는 globals.css를 엽니다. 그리고 다음의 스타일 클래스를 추가합니다.

▼ 코드 4-5

```
h1 {
  @apply text-2xl font-bold m-0 mb-5 px-5 py-3 text-white bg-purple-800;
}
p {
  @apply text-lg m-5 text-gray-900;
}
```

이것으로 수정은 끝났습니다. 웹 브라우저로 http://localhost:3000/에 액세스해보면 수정한 컴포넌트가 표시됩니다.

▼ 그림 4-4 수정한 컴포넌트가 표시된다

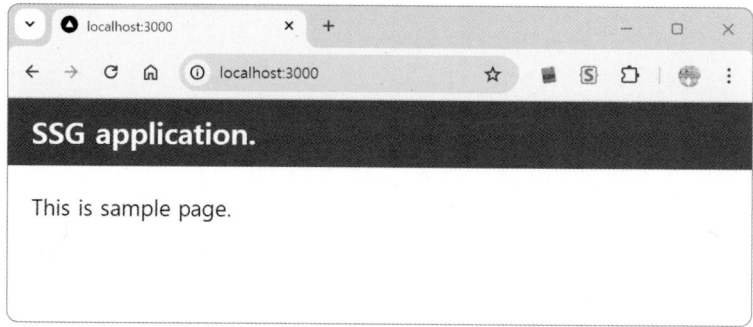

4.2 복수 페이지와 라우팅

4.2.1 페이지 라우터와 페이지 컴포넌트

지금까지 페이지 라우터의 기본 코드를 대략 살펴봤습니다. 이제 라우터의 핵심인 **복수 페이지 생성**에 대해 알아보겠습니다.

앱 라우터는 새로 페이지를 만들 때 페이지 경로에 해당하는 폴더를 만들고 그 안에 page.tsx를 준비했습니다. 하지만 페이지 라우터에서는 이런 방식을 사용하지 않습니다.

페이지 라우터에서는 단순히 pages 폴더 안에 컴포넌트 tsx 파일을 넣으면 됩니다. 예를 들어 hoge.tsx 파일을 여기에 배치하고 /hoge로 액세스하면 해당 컴포넌트가 표시됩니다. 앱 라우터보다 훨씬 간단하죠?

그럼, 실제로 간단한 페이지를 만들어 페이지를 이동해봅시다. 먼저 링크용 스타일 클래스를 준비합니다. styles 폴더에 있는 globals.css를 열고 다음 코드를 추가합니다.

▼ 코드 4-6

```
a {
  @apply m-5 font-bold text-blue-500 underline;
}
```

other 페이지 만들기

새로운 페이지를 만듭니다. pages 폴더 안에 other.tsx 파일을 새로 생성하고, 다음의 코드를 작성합니다.

▼ 코드 4-7

```
import {Inter} from 'next/font/google';
import Link from 'next/link';

const inter = Inter({ subsets: ['latin'] });

export default function Other() {
  return (
    <main>
      <h1>Other page.</h1>
      <p>이것은 다른 페이지입니다.</p>
      <div><Link href="/">Go Back!!</Link></div>
    </main>
  );
}
```

이번에는 코드 시작 부분에 import {Inter} from 'next/font/google'이라는 import문을 사용했는데, 구글 폰트 중 Inter 폰트를 사용하기 위한 함수를 가져오는 구문입니다. 그리고 Inter 함수로 폰트 객체를 상수 inter에 대입하고 있습니다. subsets: ['latin']이라고 된 부분은 사용 언어로 latin을 지정하는 것입니다. 즉, 일반적인 영어에서 사용되는 폰트를 지정합니다. 또한, Link 컴포넌트를 사용하여 href="/"로 이동하는 링크를 준비했습니다.

이제 other.tsx 페이지로 이동하도록 index.tsx의 내용을 수정해봅시다.

▼ 코드 4-8

```
import {Inter} from 'next/font/google';
import Link from 'next/link';

const inter = Inter({ subsets: ['latin'] });

export default function Home() {
  return (
    <main>
      <h1>Index page.</h1>
      <p>This is sample page.</p>
      <div><Link href="/other">Go "Other".</Link></div>
    </main>
  );
}
```

▼ 그림 4-5 링크를 클릭하면 시작 페이지와 other 페이지로 이동한다

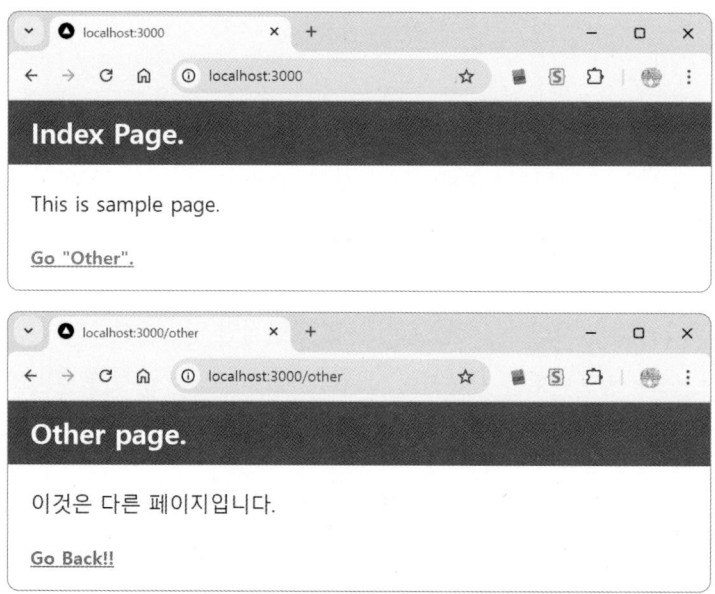

수정이 끝났으면 실제로 웹 페이지에 접속해 동작을 확인해봅시다. 시작 페이지에는 'Go Other'라는 링크가 추가되어 있습니다. 이 링크를 클릭하면 새로 만든 other 페이지로 이동

합니다. other 페이지에 있는 'Go Back!!' 링크를 클릭하면 다시 시작 페이지로 돌아갑니다.

여기서는 pages 폴더에 index.tsx와 other.tsx 페이지용 컴포넌트 파일만 준비하면 됩니다. 이것만 있으면 index.tsx는 시작 페이지(/)에, other.tsx는 other 페이지(/other)에 접속하면 표시됩니다. /파일명 형태로 각 컴포넌트가 공개되는 것을 확인할 수 있습니다.

이와 같이 페이지 라우터에서는 페이지 경로가 **컴포넌트 파일의 파일명**으로 정해집니다. 폴더를 사용하여 경로의 계층을 만들 수도 있습니다. 예를 들어 pages 폴더 안에 abc 폴더를 만들고 그 안에 hoge.tsx 파일을 생성하면 /abc/hoge라는 경로로 해당 컴포넌트에 액세스할 수 있습니다.

앱 라우터와의 차이

앱 라우터처럼 폴더가 아니라 컴포넌트 파일만으로 파일 경로가 결정된다는 말은 동일한 계층에 스타일시트나 자바스크립트 파일 등의 리소스를 준비해서 관리할 수 없다는 것을 의미합니다.

예를 들어 index.tsx와 other.tsx에 각각 다른 CSS 파일을 적용하고 싶을 때도 모두 pages 폴더에 모아둘 수밖에 없습니다. 페이지마다 폴더를 나눠 관리하는 앱 라우터와는 이 부분에서 차이가 있습니다.

4.2.2 동적 라우팅

페이지가 여러 개일 때 앱 라우터와 페이지 라우터가 미묘하게 다른 것을 알 수 있습니다. 파일 시스템 기반이 아닌 동적 라우팅을 사용하는 경우에는 어떻게 되는지 시험해봅시다.

동적 라우팅에서는 [○○] 형태로 이름을 지정하면 경로에 해당하는 값을 파라미터로 추출할 수 있습니다. 이런 이름 지정 방식은 폴더와 컴포넌트 파일에 모두 적용할 수 있습니다.

useRouter로 파라미터 추출하기

그럼, [○○]라는 이름으로 지정한 파라미터는 어떻게 가져올 수 있을까요? 여기서 파라미터를 가져오는 방법은 앱 라우터에서 사용하는 방법과는 다릅니다.

우선 다음과 같이 작성해서 next/router 모듈에 있는 useRouter 함수를 임포트합니다.

```
import {useRouter} from 'next/router';
```

useRouter는 내장 훅이라고 하며, 스테이트 훅처럼 값을 가져오는 역할을 합니다. 이 함수는 다음과 같이 호출합니다.

```
변수= useRouter();
```

함수를 호출하면 라우터가 관리하는 정보를 가진 객체가 변수로 추출됩니다. 이후로는 이 변수에서 필요한 값을 꺼내기만 하면 됩니다.

예를 들어 [○○]라는 파라미터라면 이는 변수의 query 속성에 한꺼번에 저장되어 있습니다. 따라서 query.○○와 같은 식으로 query 안에 있는 파라미터 이름의 속성에서 값을 가져오면 됩니다.

4.2.3 파라미터를 전달받는 페이지 만들기

파일명을 이용해 파라미터를 전달받는 예를 만들어봅시다. pages 폴더 안에 name 폴더를 새로 생성하고, 이 폴더 안에 [name].tsx 파일을 생성하세요.

이제 /name/○○ 경로로 액세스하면 [name].tsx 컴포넌트에 ○○라는 값을 전달할 수 있습니다. ○○는 useRouter에서 얻은 객체로부터 name이라는 속성으로 값을 추출할 수 있습니다.

[name].tsx 코드 작성하기

코드를 작성해봅시다. 작성한 [name].tsx 파일을 열고, 다음과 같이 코드를 작성해주세요.

▼ 코드 4-9

```
import {Inter} from 'next/font/google';
import Link from 'next/link';
import {useRouter} from 'next/router';

const inter = Inter({subsets: ['latin']})

export default function Name() {
  const router = useRouter();
  return (
    <main>
      <h1>Name page.</h1>
      <p>Your name: <b>"{router.query.name}"</b>.</p>
      <div><Link href="/">Go Back!!</Link></div>
    </main>
  );
}
```

▼ 그림 4-6 /name/○○라고 경로를 지정해서 액세스하면 ○○의 이름이 표시된다

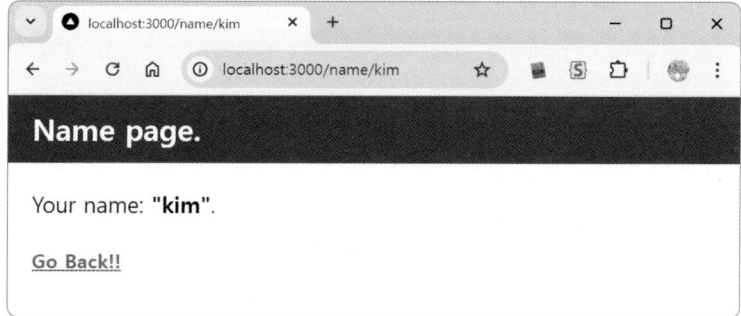

수정을 마쳤으면 브라우저로 액세스하겠습니다. /name/○○와 같이 경로를 지정해서 액세스하세요. 'Your name: ○○.'라는 메시지가 표시될 것입니다. 경로에 지정한 값이 파라미터로 컴포넌트에 전달된 것을 확인할 수 있습니다.

여기서는 임포트한 useRouter를 다음과 같이 호출합니다.

```
const router = useRouter();
```

이제 router에 라우터 정보가 객체로 저장됩니다. 이후에는 여기서 필요한 값을 추출하면 됩니다.

```
<p>Your name: <b>"{router.query.name}"</b>.</p>
```

router.query.name으로 [name].tsx에 전달된 name 속성의 값을 가져오고 있습니다. 다시 말해 query에서 파라미터 이름을 지정하면 그 값을 얻을 수 있는 것입니다.

4.2.4 여러 파라미터 가져오기

페이지 라우터에서는 컴포넌트 파일 이름을 [○○].tsx로 지정하면 파라미터를 받을 수 있다는 것을 알았습니다. 그렇다면 파라미터 여러 개를 사용하려면 어떻게 해야 할까요? 파일 이름을 사용하는 한 전달할 수 있는 파라미터는 하나뿐입니다.

사실은 페이지 라우터에서는 폴더 이름에 [○○]를 지정할 수도 있습니다. 폴더와 파일 이름에 모두 [○○] 형식으로 이름을 붙이면, 파라미터 여러 개를 가져올 수 있습니다.

이것도 실제로 시험해봅시다. 먼저 스타일 클래스를 미리 추가합니다. globals.css를 열고 다음와 같이 코드를 추가합니다.

▼ 코드 4-10

```
ul, ol {
  @apply text-2xl m-5 list-disc;
}
li {
  @apply text-xl mx-5 text-blue-700;
}
```

목록 표시와 관련된 스타일 클래스가 준비됐습니다. 이제 전달받은 파라미터 값을 목록으로 모두 표시해봅시다.

파라미터용 폴더와 파일 만들기

페이지를 준비해봅시다. 이번에는 /name/[name]/[pass]와 같은 형태로 파라미터를 전달해보겠습니다.

먼저 name 폴더 안에 [name] 폴더를 만듭니다. 그리고 [name] 폴더 안에 [pass].tsx 파일을 만드세요.

파일을 만들었으면 다음과 같이 코드를 작성합니다.

▼ 코드 4-11

```
import {Inter} from 'next/font/google';
import Link from 'next/link';
import {useRouter} from 'next/router';

const inter = Inter({subsets: ['latin']});

export default function Name() {
  const router = useRouter()
  return (
    <main>
      <h1>Name page.</h1>
      <ol>Parameter:
        <li>Name: {router.query.name}.</li>
        <li>Pass: {router.query.pass}.</li>
      </ol>
      <div><Link href="/">Go Back!!</Link></div>
    </main>
  );
}
```

▼ 그림 4-7 /name/이름/패스워드 형태로 액세스하면 이름과 패스워드를 전달할 수 있다

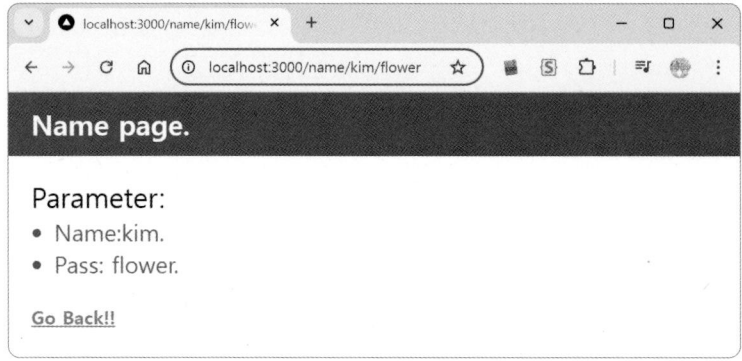

코드를 다 작성했으면 실제로 액세스해 동작을 확인합니다. 예를 들어 /name/kim/flower로 액세스하면 Name: kim, Pass: flower와 같은 결과가 표시됩니다.

여기서는 useRouter로 객체를 가져온 후 다음과 같이 값을 활용합니다.

```
<li>Name: {router.query.name}.</li>
<li>Pass: {router.query.pass}.</li>
```

[name] 폴더의 값은 router.query.name으로 가져오고, [pass].tsx 파일의 값은 router.query.pass로 가져옵니다. 폴더나 파일에 [○○]로 이름을 지정하여 query에서 가져올 수 있게 된 것입니다. 이렇게 하면 몇 개든지 파라미터를 전달할 수 있습니다.

 / 레이아웃과 초기 속성

4.3.1 레이아웃 커스터마이징

페이지 레이아웃을 고려할 때 페이지 라우터는 앱 라우터와 크게 다른 점이 있습니다. 바로 애플리케이션 전체에서 사용할 수 있는 레이아웃이 제공되지 않는 점입니다.

따라서 페이지 라우터의 경우 개별 페이지 컴포넌트에서 모든 표시를 직접 만들어야 하는 점이 조금 번거롭습니다. 기본적인 헤더나 푸터와 같은 공통 레이아웃을 준비할 수 있다면 페이지 제작이 훨씬 간편해지겠지요.

사실을 말하자면, 페이지 라우터에도 페이지 레이아웃 기능이 전혀 없는 것은 아닙니다. 페이지 라우터는 _app.tsx에서 각 컴포넌트를 불러와서 페이지를 표시합니다. 그러므로 _app.tsx를 커스터마이징하면 모든 페이지에 적용되는 레이아웃도 만들 수 있습니다.

_app.tsx의 구조

다시 한번 _app.tsx가 어떻게 생겼는지 되짚어보겠습니다. 이 컴포넌트는 다음과 같이 되어 있었습니다.

▼ 코드 4-12

```
export default function App({Component, pageProps}: AppProps) {
  return <Component {...pageProps} />;
}
```

아주 단순하네요. 인수로 전달된 Component와 pageProps를 이용해 <Component {...pageProps} />와 같이 컴포넌트를 반환하고 있습니다. Component와 pageProps에는 호출되는 페이지의 컴포넌트와 페이지의 속성 정보가 전달된다고 생각하세요.

페이지 전체 레이아웃을 JSX로 준비하고, 그 안의 콘텐츠를 표시할 곳에 <Component />를 삽입해 반환하면 레이아웃 안에 컴포넌트를 조합해서 표시할 수 있습니다.

4.3.2 레이아웃용 컴포넌트 만들기

그럼 실제로 간단한 레이아웃용 컴포넌트를 만들어봅시다. pages 폴더 안에 _layout.tsx 파일을 만드세요. 그리고 다음과 같이 코드를 작성합니다.

▼ 코드 4-13

```
export default function Layout({children}) {
  return (
    <>
      <h1 className="header">Next Application</h1>
      <main>{children}</main>
      <hr className="footer" />
      <p className="footer">copyright 2023 SYODA-Tuyano.</p>
    </>
  );
}
```

일반 컴포넌트와 기본적으로 다르지 않습니다. 유일한 차이점은 {children}이라는 인수를 지정했다는 점입니다. 사실 인수는 일반 컴포넌트에서도 사용할 수 있는데, 컴포넌트 안에 다시 다른 컴포넌트 등이 포함될 경우 내부에 포함된 자식 컴포넌트들이 인수로 전달되도록 되어 있습니다.

여기서는 <h1>로 헤더를 표시하고, <hr />과 <p>로 푸터를 표시했습니다. 그리고 페이지의 컴포넌트는 <main>을 사용합니다. <main>은 이 페이지의 콘텐츠로 전달되는 컴포넌트가 삽입될 위치를 나타냅니다. 즉, 페이지용 컴포넌트가 표시될 때 <main> 부분에 해당 컴포넌트가 삽입되는 것입니다.

이렇게 해서 간단한 레이아웃이 완성됐습니다. 이와 함께 레이아웃용 스타일 클래스도 준비합니다. globals.css를 열고 다음 내용을 추가하세요.

▼ 코드 4-14

```
h1.header {
  @apply text-2xl font-bold m-0 mb-5 px-5 py-3 text-white bg-red-900;
}
hr.footer {
  @apply mt-10 mb-1 p-0;
}
p.footer {
  @apply m-0 text-center text-sm font-bold;
}
```

여기서는 헤더와 푸터에 대해 클래스 3개를 준비했습니다. 이들은 각각 _layout.tsx의 <h1>과 <hr/>, <p>에 적용됩니다.

_app.tsx 수정하기

앞에서 만든 Layout 컴포넌트를 사용해 페이지를 표시해봅시다. _app.tsx를 열고 다음과 같이 코드를 수정하세요.

▼ 코드 4-15

```tsx
import '@/styles/globals.css';
import type {AppProps} from 'next/app';
import Layout from './_layout';

export default function App({Component, pageProps}: AppProps) {
  return (
    <Layout>
      <Component {...pageProps} />
    </Layout>
  );
}
```

Layout 컴포넌트를 _layout.tsx에서 임포트해 사용합니다. 지금까지 <Component />를 반환하던 것을 <Layout> 사이에 끼워 넣어서 반환하게 했습니다.

이제 <Component />가 Layout 컴포넌트에 자식 컴포넌트로서 전달되어 <main>에 표시되는 구조가 됐습니다.

4.3.3 레이아웃 이용하기

실제로 레이아웃을 사용하여 페이지를 표시해보겠습니다. index.tsx를 다음과 같이 수정합니다.

▼ 코드 4-16

```
import {Inter} from 'next/font/google';
import Link from 'next/link';

const inter = Inter({subsets: ['latin']});

export default function Home() {
  return (
    <main>
      <p>This is sample page.</p>
      <div><Link href="/other">Go "Other".</Link></div>
    </main>
  );
}
```

▼ 그림 4-8 Layout 컴포넌트로 레이아웃된 페이지가 표시된다

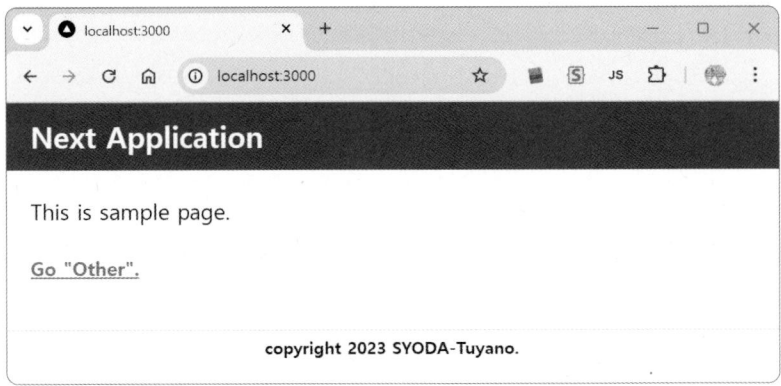

그러면 Layout 컴포넌트에 의해 레이아웃된 페이지가 표시됩니다. <main>에는 <p> 안의 메시지와 <div> 안의 링크만 있었습니다. 하지만 실제 페이지에서는 헤더와 푸터가 표시된 것을 볼 수 있습니다. Layout 컴포넌트에 의해 헤더와 푸터 안에 페이지의 컴포넌트가 들어가서 표시됨을 알 수 있습니다.

4.3.4 필요한 정보를 레이아웃에 전달하기

앞에서 간단한 레이아웃을 완성했습니다. 하지만 헤더와 푸터 표시가 고정되어 있어 그대로 사용하기에는 조금 문제가 있습니다. 푸터는 공통으로 사용하더라도 헤더는 페이지별로 타이틀을 따로 설정해보겠습니다.

여기서는 페이지용 속성을 준비하고, 이를 레이아웃용 컴포넌트에서 사용하는 방식으로 구현해보겠습니다.

페이지용 속성을 다루는 기능은 다음 장에서 설명할 **렌더링**과 깊은 관계가 있습니다. 페이지용 속성은 Next.js에서 실행되는 서버 사이드 렌더링 기능을 사용해 전달해야 합니다.

이번에는 간단히 사용법만 설명하지만 이 속성의 기능을 본격적으로 사용하게 되는 것은 다음 장부터라는 점을 염두에 두고 읽어주세요. 나중에 설명할 기능을 잠깐 빌려와서 사용한다고 생각하면 됩니다.

정적 속성에 대해서

서버 사이드 렌더링에 사용되는 기능은 정적 속성이라는 기능입니다. 이는 중간에 동적으로 값이 변경되지 않는 속성을 말합니다.

정적 속성은 페이지의 컴포넌트에 `GetStaticProps` 함수를 임포트해 사용합니다. 이 함수는 해당 페이지의 정적 속성을 반환하는 함수입니다. 이를 준비하면 각 페이지에서 정적 속성을 설정할 수 있습니다.

페이지에 준비한 정적 속성은 `App` 컴포넌트에서 인수로 받을 수 있습니다. 그 후, 받은 값을 사용해 레이아웃용 컴포넌트를 호출하면 됩니다.

정적 속성에 대해서는 다음 장에서 자세히 설명할 것이니 지금은 **정적 속성을 사용하면 페이지 컴포넌트에서 App 컴포넌트로 값을 전달할 수 있다**는 것만 이해하면 됩니다.

4.3.5 정적 속성 이용하기

정적 속성을 이용하는 형태로 코드를 수정해봅시다. 먼저 _app.tsx부터 시작합니다. 이 파일을 다음과 같이 수정하세요.

▼ 코드 4-17

```
import '@/styles/globals.css';
import type {AppProps} from 'next/app';
import Layout from './_layout';

export default function App({Component, pageProps}: AppProps) {
  return (
    <Layout {...pageProps}>
      <Component {...pageProps} />
    </Layout>
  );
}
```

어디가 변경됐나요? 바로 Layout 컴포넌트 부분입니다. <Layout {...pageProps}>와 같이 인수로 전달된 pageProps를 Layout의 속성으로 전달하도록 했습니다. 이렇게 하면 Layout 에서도 속성을 사용할 수 있습니다.

_layout.tsx 수정하기

이제 레이아웃용 컴포넌트를 수정해봅시다. _layout.tsx를 열고 다음과 같이 코드를 수정하세요.

▼ 코드 4-18

```
export default function Layout({children, data}) {
  return (
    <>
      <h1 className="header">{data.title}</h1>
      <main>{children}</main>
```

```
        <hr className="footer" />
        <p className="footer">copyright 2023 SYODA-Tuyano.</p>
      </>
  );
}
```

인수로 {children, data}라고 값을 지정했는데, children은 자식 컴포넌트가 저장된 값이고, data는 App 컴포넌트에서 전달되는 값입니다. App에서는 pageProps의 내용을 Layout의 속성으로 설정하여 호출했죠? 그러니까 data라는 값이 속성으로서 전달됐다면, data 인수로 그 값을 가져올 수 있게 된 것입니다.

여기서는 {data.title}과 같은 형태로 타이틀의 값을 가져와서 헤더에 표시하고 있습니다. 페이지 속성으로 title 값을 data에 넣어서 전달하면, 그 값을 가져와서 표시하게 됩니다.

4.3.6 정적 속성 준비하기

이로써 레이아웃 측의 준비는 끝났습니다. 이제 페이지에서 정적 속성을 준비해 넘겨주기만 하면 됩니다.

정적 속성은 GetStaticProps 함수를 사용합니다. 이 함수를 사용하려면 다음과 같이 import문을 준비해야 합니다.

```
import {GetStaticProps} from 'next';
```

getStaticProps는 속성을 반환하는 함수를 정의하고 이를 대입해 동작합니다. 이 작업은 다음과 같은 형태로 수행합니다.

```
export const getStaticProps = ((인수) => {return 값});
```

인수에는 (인수) => {return 값} 형태로 화살표 함수를 준비합니다. Next.js에서 getStaticProps가 호출되면, 이 화살표 함수가 실행되고 반환된 값이 정적 속성으로 전달됩니다.

index.tsx에서 정적 속성 사용하기

실제로 정적 속성을 사용해보겠습니다. index.tsx를 열고 다음과 같이 코드를 수정해봅시다.

▼ 코드 4-19

```
import {Inter} from 'next/font/google';
import Link from 'next/link';
import {GetStaticProps} from 'next';

export const getStaticProps = ((context) => {
  const data = {
    title: "Index page",
    msg: "시작페이지입니다."
  }
  return {props: {data}}
});

const inter = Inter({subsets: ['latin']});

export default function Home({data}) {
  return (
    <main>
      <p>{data.msg}</p>
      <div><Link href="/other">Go "Other".</Link></div>
    </main>
  );
}
```

▼ **그림 4-9** 액세스하면 타이틀에 페이지용으로 준비한 값이 표시된다

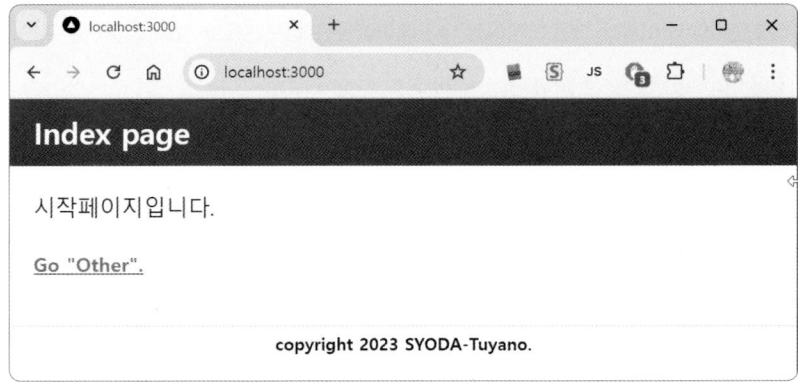

수정이 완료되면 웹 브라우저로 확인해봅시다. 헤더 부분에 index.tsx에서 준비한 타이틀이 표시됐습니다. 페이지의 정적 속성이 레이아웃에 사용된 것을 알 수 있습니다.

이제 코드를 살펴보겠습니다. 여기서는 getStaticProps의 인수로 다음과 같은 함수를 정의했습니다.

```
(context) => {
  const data = {
    title: "Index page",
    msg: "시작페이지입니다."
  }
  return {props: {data}}
}
```

이 함수는 title과 msg라는 값을 가진 data를 준비하여, 이를 {props: {data}} 형식으로 반환하고 있습니다. props에 설정된 값이 App 컴포넌트에서 pageProps로 전달됩니다. 그리고 그중 data가 그대로 Layout의 속성으로 지정되어, Layout 컴포넌트에 인수로 전달되는 것입니다.

정적 속성은 컴포넌트에서 컴포넌트로 값이 전달되므로 익숙해지기 전에는 이해하기 어렵지만, **이 값이 다음 컴포넌트에 인수로서 전달된다**는 점만 잘 이해하면 결코 어려운 것은 아닙니다.

또한, 다음 장에서 더 자세히 설명할 것이므로 여기서는 그렇게 깊이 이해하지 않아도 괜찮습니다. **페이지 컴포넌트에서 어떻게 애플리케이션이나 레이아웃용 컴포넌트로 값을 전달**하는지에 대한 기본적인 내용만 이해하면 충분합니다.

> **칼럼**
>
> **앱 라우터와 리액트 서버 컴포넌트**
>
> Next.js에 새롭게 추가된 앱 라우터는 리액트에서 사양을 검토하고 있는 리액트 서버 컴포넌트(React Server Component)라는 기능을 구현한 것입니다.
>
> 리액트 서버 컴포넌트는 리액트의 서버 사이드에서 동작하는 컴포넌트의 기능을 실현하기 위한 것으로, 그 사양에 따라 실제로 사용할 수 있는 서버 컴포넌트로 구현된 것이 Next.js의 앱 라우터입니다.
>
> Next.js에서는 이전부터 페이지 라우터 방식으로 서버 사이드에서 페이지를 처리할 수 있었지만, 리액트 서버 컴포넌트의 등장으로 새롭게 앱 라우터 방식을 추가한 것입니다. Next.js에 두 가지 라우터 방식이 있는 것은 이러한 사정 때문입니다.
>
> 앞으로 리액트가 정식으로 서버 컴포넌트를 채택하여 구현한다면 Next.js에서도 앱 라우터 방식이 주류가 될 것입니다. 향후 리액트 측의 움직임도 주목해봅시다.

CHAPTER

05

페이지 렌더링

페이지 렌더링은 라우팅 시스템, 즉 앱 라우터인지 페이지 라우터인지에 따라 달라집니다. 여기서는 페이지 라우터의 정적 사이트 생성(Static Site Generation, SSG)과 서버 사이드 렌더링(Server Side Rendering, SSR), 그리고 앱 라우터의 서버 컴포넌트와 클라이언트 컴포넌트를 설명하겠습니다.

포인트

* 페이지 라우터와 앱 라우터의 차이점을 파악한다.
* 페이지 라우터의 SSG와 SSR이 어떤 것인지 알아본다.
* getStaticProps와 getServerSideProps의 차이를 생각해본다.

5.1 페이지 라우터와 서버 사이드 렌더링

5.1.1 서버와 클라이언트

Next.js는 서버에서 클라이언트까지 모든 것을 통합적으로 제공하는 프레임워크입니다. 그런데 지금까지 컴포넌트에 대해서는 여러 가지 설명했지만, 서버에 대한 이야기는 전혀 하지 않았습니다.

'컴포넌트는 클라이언트에서 동작하는 것이니, 이게 끝나면 서버 이야기가 나오겠지?'라고 생각한 사람도 많을 것입니다. 하지만 그것은 오해입니다. 이미 우리는 **서버 사이드 기능**을 사용하고 있었습니다.

리액트에서 Next.js로 전환하면서 아마도 많은 사람들이 막연히 '컴포넌트 = 클라이언트 기술'이라고 생각했을 것입니다. 하지만 그렇지 않습니다. Next.js는 클라이언트 사이드뿐만 아니라 서버 사이드 기능도 갖추고 있습니다. 그리고 서버 사이드에서 미리 컴포넌트를 렌더링하여 HTML 페이지로 전송하는 경우도 있습니다.

그렇다면 어떤 경우에 클라이언트 사이드에서 렌더링하고, 어떤 경우에 서버 사이드에서 렌더링하는 걸까요? Next.js의 렌더링 시스템에 대해 더 알아보겠습니다.

라우팅 시스템과 렌더링 시스템의 관계

렌더링 방식을 이해할 때 우선 염두에 둘 것은 **라우팅** 시스템과의 관계입니다. Next.js에는 두 가지 라우팅 시스템이 있습니다. 바로 앱 라우터와 페이지 라우터입니다.

이 두 라우팅 시스템은 각각 렌더링 시스템도 다릅니다. 간단히 정리해보겠습니다.

• **앱 라우터일 경우**

컴포넌트 단위로 서버와 클라이언트 중 어느 쪽에서 실행할지 결정됩니다. 이들은 각각 다음과 같이 분류됩니다.

서버 컴포넌트	클라이언트 측에서 동적으로 업데이트되지 않는 것은 서버 컴포넌트로 다룹니다.
클라이언트 컴포넌트	클라이언트 측에서 동적으로 업데이트되는 것은 클라이언트 컴포넌트로 다룹니다.

이 두 가지는 완전히 분리되는 것은 아니며, 페이지 내에서 '이 부분은 서버 컴포넌트, 이 부분은 클라이언트 컴포넌트'라는 식으로 조합하여 사용하기도 합니다.

- **페이지 라우터일 경우**

페이지별로 렌더링되는 장소와 시점이 결정됩니다. 이는 크게 세 가지로 나뉩니다.

클라이언트 사이드 렌더링	클라이언트에서 동적으로 업데이트되는 것은 클라이언트 측으로 전송된 후 렌더링됩니다.
정적 렌더링	정적 콘텐츠는 빌드 시 미리 렌더링됩니다.
동적 렌더링	동적 콘텐츠는 클라이언트가 액세스할 때마다 서버 측에서 매번 렌더링됩니다.

이처럼 라우팅 시스템에 따라 상당한 차이가 있으니 어떤 라우팅 시스템에서 어떤 렌더링이 이루어지는지 잘 알아둬야 합니다.

두 가지를 한꺼번에 설명하면 어려울 수 있으므로 우선 페이지 라우터의 렌더링부터 설명하고 난 후 앱 라우터의 렌더링에 대해 설명하겠습니다.

5.1.2 페이지 라우터의 렌더링

페이지 라우터의 렌더링부터 이야기해보겠습니다. 페이지 라우터는 원래부터 Next.js에서 제공하는 라우팅 시스템입니다. Next.js의 기본 라우터라고 생각해도 되겠지요.

페이지 라우터에서는 컴포넌트가 언제 어디서 렌더링되는가에 따라 몇 가지로 분류됩니다.

렌더링이란 컴포넌트를 실행하여 HTML 코드로 출력하는 작업을 말합니다. Next.js 컴포넌트는 타입스크립트 함수로 정의되어 있으며, 그 안에 JSX로 작성한 콘텐츠가 들어갑니다. 당연한 말이지만, 이 콘텐츠들은 웹 페이지에 그대로 표시되지 않습니다. 컴포넌트 함수에서 반환된 JSX 코드를 HTML 코드로 변환하여 화면에 표시되는데, 이것이 바로 렌더링입니다.

렌더링을 언제 어디서 할 것인가가 컴포넌트에서는 매우 중요합니다.

어디서는 서버 사이드인지 클라이언트 사이드인지를 말합니다. 그리고 **언제**는 **빌드할 때인지 액세스할 때인지**를 말합니다. 이 두 가지의 차이점에 대해 설명하겠습니다.

5.1.3 렌더링되는 장소의 차이

먼저 염두에 두어야 할 것은 **컴포넌트가 렌더링되는 장소**입니다. 서버 측에서 렌더링되는지, 아니면 클라이언트 측에서 렌더링되는지 이해할 필요가 있습니다.

Next.js에서는 컴포넌트가 어떻게 동작하는지에 따라 서버 측에서 렌더링될지, 클라이언트 측에서 렌더링될지가 결정됩니다. 즉, 컴포넌트는 미리 서버 측에서 렌더링되어 HTML 코드로 변환한 후 표시되기도 합니다.

그렇다면 서버와 클라이언트로 렌더링되는 장소를 나누는 결정 요인은 무엇일까요? 바로 **클라이언트 측의 동적 변화 여부**입니다.

서버 사이드 렌더링

Next.js는 컴포넌트가 클라이언트 측에서 동적으로 변하는지 확인하고, 그렇지 않으면 서버 측에서 렌더링합니다. 서버 측에서 렌더링하는 경우, 다시 **언제 렌더링하는지**에 따라 컴포넌트 종류가 나뉩니다.

컴포넌트에서 실시간으로 화면을 업데이트하는 작업이 없는 경우, 해당 컴포넌트는 서버 측에서 렌더링합니다.

서버 사이드 렌더링은 미리 서버 측에서 HTML 코드를 생성한 후 전송하기 때문에 클라이언트 측에 부담이 없습니다. 화면 표시나 동작 등도 클라이언트 사이드에서 렌더링되는 컴포넌트보다 빠릅니다.

클라이언트 사이드 렌더링

클라이언트 측에서 동적으로 표시가 업데이트되는 경우, 해당 컴포넌트는 서버 측에서 별다른 조작을 하지 않고 클라이언트로 전송한 후 렌더링되어 표시됩니다.

클라이언트 사이드에서 렌더링되는 컴포넌트로는 우선 '리액트 컴포넌트의 업데이트 기능을 사용하는 것'을 들 수 있겠습니다. 스테이트나 이벤트 처리 등에 의해 표시가 업데이트되는 컴포넌트는 클라이언트 사이드에서 렌더링됩니다.

이밖에도 클라이언트 측에서 필요에 따라 데이터를 가져와 표시하는 컴포넌트도 클라이언트 사이드에서 렌더링됩니다(단, 서버 사이드에서 렌더링되는 경우도 있습니다).

▼ 그림 5-1 서버 측에서 렌더링되어 전송되는 컴포넌트와 클라이언트에 전송된 후 렌더링되는 컴포넌트가 있다

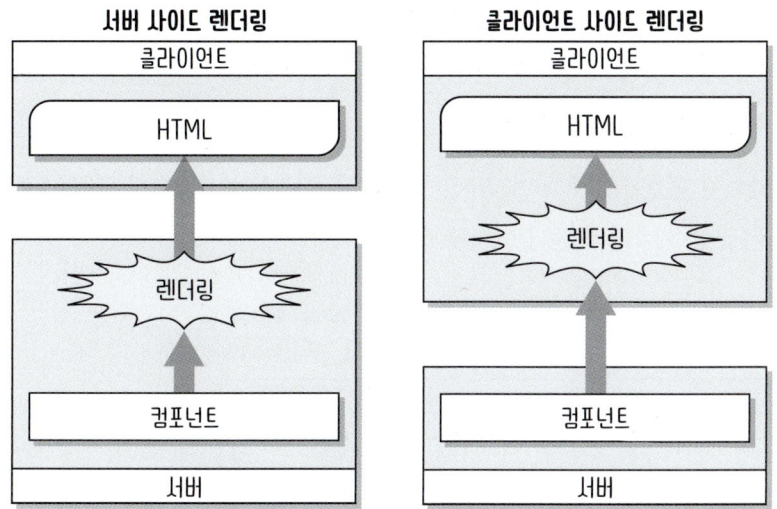

5.1.4 렌더링되는 시점의 차이

서버 사이드에서 렌더링되는 컴포넌트는 **렌더링 시점**에 따라 크게 두 가지로 나눌 수 있습니다.

Next.js 프로젝트는 실행하기 전에 먼저 애플리케이션을 빌드하고, 완성된 애플리케이션을 실행합니다. 지금까지 npm run dev로 동작을 확인했는데, 이것은 빌드하고 디버그 모드로 실행하는 작업을 자동으로 수행하는 명령이었습니다. 실제로 프로젝트가 완성되어 정식으로 공개할 경우에는 프로젝트를 빌드하여 생성된 애플리케이션을 배포해야 합니다.

이처럼 프로젝트 내용을 작성한 후 애플리케이션이 실행될 때까지의 흐름을 이해한다면 Next.js의 컴포넌트가 서버 측에서 HTML 코드로 변환(렌더링)되는 시점이 두 가지라는 것을 알 수 있습니다. 하나는 애플리케이션에 액세스할 때 서버 측에서 렌더링한 후 전송

하는 것이고, 또 다른 하나는 애플리케이션을 빌드할 때 미리 렌더링하는 것입니다.

정적 렌더링

컴포넌트 중에서 표시 내용이 전혀 변하지 않는 것은 빌드할 때 미리 HTML 코드로 변환해둘 수 있습니다. 이러한 렌더링 방식을 정적(static) 렌더링이라고 합니다.

정적 렌더링에서는 애플리케이션을 빌드할 때 미리 정적 콘텐츠로 변환하므로, 실행 시에는 렌더링 작업을 전혀 하지 않아도 됩니다. 단순한 HTML이므로 표시도 빠르고, 렌더링 작업으로 서버에 부하가 걸릴 일도 없습니다.

단, 사전 렌더링이 완료된 콘텐츠여야 하며, 완전히 정적인 콘텐츠여야 합니다. 액세스에 따라 동적으로 변하는 콘텐츠는 정적 렌더링을 할 수 없습니다.

▼ **그림 5-2** 두 가지 서버 사이드 렌더링. 빌드 시 렌더링되는 것과 액세스 시 렌더링되는 것이 있다

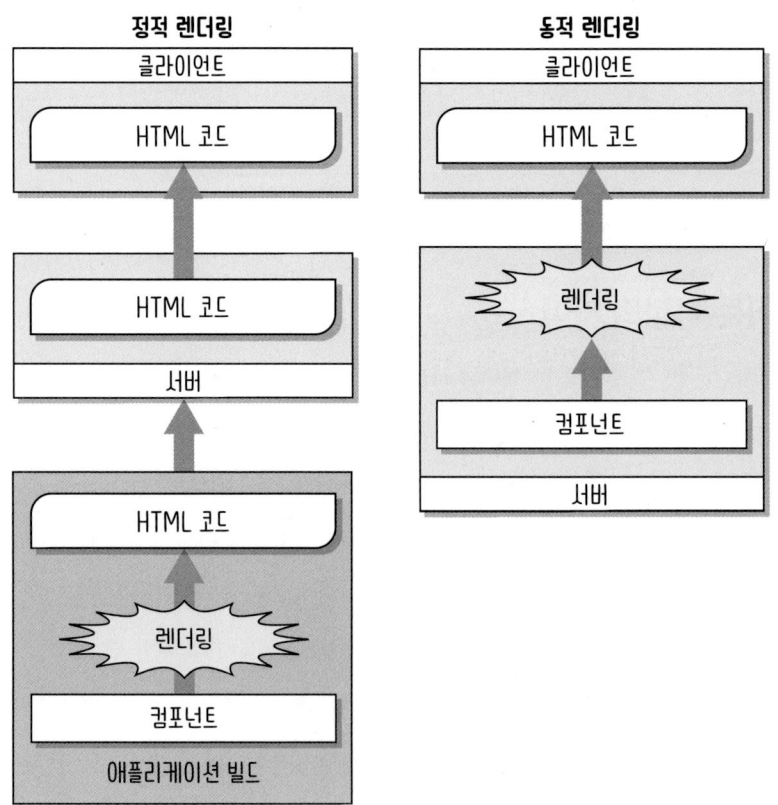

동적 렌더링

서버 사이드에서 렌더링할 때 정적 렌더링이 불가능한 것은 클라이언트가 액세스할 때 서버에서 렌더링되어 HTML 코드로 변환된 형태로 클라이언트에 전송됩니다. 액세스할 때마다 즉시 동적으로 렌더링해 동적(dynamic) 렌더링이라고 부릅니다.

동적으로 렌더링되는 컴포넌트는 액세스마다 화면 표시가 변화합니다. 예를 들어 동적 라우팅으로 /1에 액세스하면 id=1인 데이터를 표시하는 컴포넌트가 있다고 가정해봅시다. 이런 경우에는 빌드 시점에 미리 렌더링해놓을 수 없습니다. 표시 내용이 정해져 있고 클라이언트 측에서 조작할 일도 없다면, 액세스 시에 렌더링하여 전송할 수 있습니다.

5.1.5 빌드와 제품 앱 실행

서버 사이드 렌더링에 대한 설명과 동작을 확인하려면, 지금까지와는 다른 방식으로 앱을 실행해야 한다는 것을 기억해야 합니다.

그동안 npm run dev를 사용해 개발 모드에서 앱을 실행해왔고, 이를 통해 동작을 충분히 확인할 수 있었습니다. 하지만 정적 렌더링 등을 사용하려는 경우, 이 방법으로는 동작을 정확히 파악할 수 없을 때가 있습니다. 개발 모드에서는 실제로 앱을 빌드해 실행하는 것이 아니기 때문입니다.

정적 렌더링으로 완전히 정적인 페이지를 생성하고 동작을 확인하려면 프로젝트를 빌드하고 생성된 앱을 실행해 동작을 확인해야 합니다. 이를 위해 다음과 같은 명령을 사용합니다.

▼ 프로젝트 빌드

```
npm run build
```

▼ 생성된 앱 실행

```
npm start
```

두 명령을 연속해 사용합니다. 먼저 npm run build로 애플리케이션을 빌드하고, 정상적으로 완료되면 npm start로 생성된 앱을 실행합니다. 이렇게 하면 정적 렌더링된 정적 페이지에도 제대로 액세스하여 동작을 확인할 수 있습니다.

다만, **빌드해서 생성된 앱을 구동**하기 때문에 지금까지처럼 컴포넌트 파일이나 CSS 파일을 수정했을 때 바로 화면이 업데이트되진 않습니다. 편집하고 수정한 것은 프로젝트 파일이며, 이미 빌드한 앱은 아무것도 바뀌지 않았기 때문입니다. 번거롭지만 앱을 종료하고 다시 npm run build로 빌드한 후 npm start로 실행해야 합니다.

간단한 동작 확인이라면 npm run dev로 실행하는 개발 모드에서도 문제없이 동작을 확인할 수 있습니다. 하지만 일부 동작은 정확히 확인할 수 없는 경우도 있습니다. 이 두 가지 실행 방법(개발 모드와 정식 앱 실행)을 확실히 알아두세요.

5.1.6 클라이언트 사이드 렌더링에 대해서

이제 가장 이해하기 쉬운 클라이언트 사이드 렌더링(Client Side Rendering, CSR)부터 살펴보겠습니다.

이는 말 그대로 모든 페이지 표시를 클라이언트 측에서 생성하는 방식입니다. 클라이언트 측에서는 필요 최소한의 HTML과 자바스크립트 코드를 서버에서 받아옵니다. 그런 다음 자바스크립트로 클라이언트 측에서 UI를 구축합니다. 표시가 업데이트되거나 이벤트가 발생해 업데이트가 필요할 때는 자바스크립트로 UI를 업데이트합니다. 모든 것을 다시 생성하는 것이 아니라 필요한 부분만 다시 렌더링하므로 비교적 빠르게 표시됩니다.

Next.js에서는 서버 측에서 렌더링할 수 있는 것은 자동으로 렌더링됩니다. 클라이언트 측에서 렌더링되는 것은 서버 측에서 처리할 수 없을 때뿐입니다. 예를 들면 다음과 같은 처리입니다.

- 리액트의 스테이트 등 클라이언트 사이드에서만 동작하는 기능을 사용하는 경우
- 클라이언트 측에서 외부 데이터에 액세스하는 등의 처리를 하는 경우

이러한 처리가 이루어지는 경우, Next.js는 해당 페이지를 클라이언트 사이드 렌더링 대상으로 판단하고 서버 측에서 렌더링하지 않습니다.

클라이언트에서 렌더링하도록 명시하기

이러한 처리를 하지 않는 경우, Next.js는 자동으로 서버 측에서 페이지를 렌더링합니다. 꼭 클라이언트 측에서 렌더링하고 싶다면 컴포넌트 소스 코드 시작 부분에 다음과 같은 문장을 추가해야 합니다.

```
'use client';
```

이렇게 작성하면 Next.js는 해당 페이지를 클라이언트 측에서 렌더링하는 것으로 판단합니다.

클라이언트 사이드 = 일반 리액트 페이지

클라이언트 사이드 렌더링은 특별한 것이 아닙니다. 클라이언트 사이드에서 모든 것을 렌더링한다는 것은 쉽게 말해 **일반 리액트 컴포넌트로 만든 페이지**라고 생각하면 됩니다. Next.js의 고유 기능 등을 전혀 사용하지 않고 리액트의 기능만으로 UI를 구성한 페이지입니다.

따라서 클라이언트 사이드 렌더링 특유의 기능 같은 것은 없습니다. 리액트로 페이지를 만든다고 생각하며 코드를 작성하면 자연스럽게 클라이언트 사이드 렌더링이 될 것입니다.

페이지 라우터와 정적 사이트 생성

5.2.1 정적 사이트 생성에 대해서

다양한 기능이 제공되는 것은 서버 사이드 렌더링입니다. 우선 그중에서 정적 렌더링부터 설명하겠습니다.

정적 렌더링은 애플리케이션을 빌드할 때 컴포넌트를 완전히 HTML 코드로 변환하는 방식입니다. 빌드 시 미리 HTML 코드로 변환해 완전히 정적인 웹 애플리케이션으로 생성하는 이 기능은 정적 사이트 생성(Static Site Generation, SSG)이라 합니다.

SSG는 결과적으로 HTML과 자바스크립트만으로 작성된 웹사이트를 만듭니다. Next.js로 리액트 기반의 웹 애플리케이션을 만든다고 해도, SSG로 개발하면 완전히 HTML 웹사이트가 되는 것입니다.

'기껏 Next.js 프레임워크를 사용하는데, 단순히 HTML 웹사이트를 만드는 거라고?' 이렇게 생각했을지도 모르겠습니다. 물론 모든 것이 단순히 HTML인 웹사이트를 Next.js로 만드는 경우는 그리 많지 않습니다. 하지만 웹사이트의 일부 페이지가 HTML로만 구성된 경우는 종종 있습니다. 예를 들어 카피라이트 표시나 기업 정보와 같은 페이지는 설명하는 내용만 나열되는 경우가 많습니다. 그런 페이지까지 리액트 기능을 활용해 동적인 콘텐츠를 준비할 필요는 없습니다.

Next.js에서는 이렇게 **단순히 콘텐츠를 표시하기만 하는 페이지**는 SSG를 이용해 정적 콘텐츠로 빌드할 수 있습니다. 이렇게 하면 서버나 클라이언트 측의 불필요한 부담을 없애고 콘텐츠를 빠르게 표시할 수 있습니다.

페이지 라우터 프로젝트 준비하기

페이지 라우터 프로젝트를 사용해 예제를 실행하면서 설명해보겠습니다. 먼저 4장에서 사용했던 sample_next_page 폴더를 비주얼 스튜디오 코드에서 열어주세요. 그리고 pages 폴더 내의 _app.tsx를 열고 App 함수 부분을 레이아웃을 이용하지 않는 형태로 수정합니다.

▼ 코드 5-1

```
export default function App({Component, pageProps}: AppProps) {
  console.log(pageProps);
  return <Component {...pageProps} />;
}
```

이제 모든 페이지에서 _layout.tsx를 사용하지 않게 됐습니다. 서버 사이드 렌더링은 여러 가지 어려운 부분도 있으므로 가장 단순한 형태로 돌아가 예제를 만들어보겠습니다.

전형적인 정적 렌더링 페이지

그렇다면 어떤 페이지가 SSG의 정적 렌더링을 이용하는 것일까요? 바로 **완전히 정적인 페이지**입니다. 동적으로 변화하는 요소가 전혀 없는 페이지입니다.

완전히 정적인 페이지가 어떤 것인지 간단한 예를 들어보겠습니다. pages 폴더의 index.tsx를 열고 다음과 같이 코드를 수정하세요.

▼ 코드 5-2

```
import {Inter} from 'next/font/google';

const inter = Inter({subsets: ['latin']});

export default function Home() {
  return (
    <main>
      <h1 className="header">Static page</h1>
      <p>정적 페이지입니다. 빌드 시에 렌더링됩니다.</p>
    </main>
  );
}
```

▼ 그림 5-3 완전히 정적인 페이지

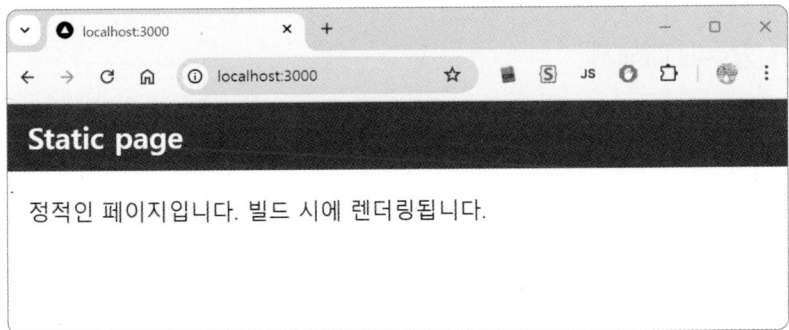

코드를 수정하면 시작 페이지에 접속했을 때 'Static page'라는 타이틀이 표시됩니다. 이 페이지는 완전히 정적인 콘텐츠 페이지이고, 빌드 시에 렌더링되어 HTML 코드로 애플리케이션에 준비됩니다.

표시할 콘텐츠는 JSX로 작성되어 있으며, 어떠한 변수나 수식도 포함되지 않았습니다. 리터럴 이외의 값은 사용되지 않았고 변수도 상수도 없습니다. 누가 언제 이 페이지에 접속해도 완전히 동일한 콘텐츠가 표시됩니다. 동적으로 변화하는 요소는 전혀 없습니다.

이처럼 **모든 것이 정적인 값으로만 구성**된 페이지가 완전히 정적인 페이지입니다. 정적인 페이지는 빌드 시점에 렌더링되어 표시됩니다.

5.2.2 정적 속성 이용하기

완전히 정적인 페이지는 모든 값이 리터럴로 준비되며, 변수 등이 전혀 사용되지 않습니다.

이것도 나쁘지는 않지만, 표시할 콘텐츠를 **모두 JSX 내에 리터럴로 작성**하게 되면 페이지 작성이 상당히 번거로워집니다. 특히 필요에 따라 업데이트되는 값이 있는 경우 모든 내용을 페이지에 콘텐츠로 작성하는 것은 효율적이지 않습니다. 별도로 값을 준비하고 필요에 따라 JSX에 삽입하여 표시하는 것이 훨씬 더 이해하기 쉬워집니다.

이처럼 별도로 준비한 값을 전달하여 페이지를 작성할 경우, 주의할 점은 **값을 어떻게 준비하는가**입니다. 방법이 잘못되면 서버 사이드에서 실행할 수 없다고 판단해 클라이언트 사이드 렌더링으로 전환해버립니다. 정적 렌더링을 유지하면서 필요한 값을 컴포넌트에 전달하여 페이지를 생성하려면 어떻게 해야 할까요?

getStaticProps 함수에 대해서

이런 경우를 위해 준비된 함수가 getStaticProps입니다. 이 함수는 이전 장에서 조금 다루어보기도 했습니다(4.3.6절 참고).

정적 페이지에 사용되는 값은 getStaticProps 함수로 준비합니다. 페이지 컴포넌트가 작성된 tsx 파일에 getStaticProps 함수를 만들어두고 export하면 애플리케이션이 빌드될 때 getStaticProps에서 가져온 값이 캐시되고, 그 값을 이용하는 형태로 페이지가 정적으로 렌더링됩니다.

getStaticProps를 통해 준비되는 속성은 완전히 정적인 콘텐츠이며, 빌드 시점에 정적인 값으로 변환됩니다. 따라서 이 함수로 준비되는 속성을 사용하더라도 **동적인 값을 사용하고**

있다고는 판단되지 않습니다. getStaticProps의 반환 값은 정적 속성이며, 이를 활용한 페이지도 여전히 정적 페이지입니다.

getStaticProps 사용법

getStaticProps 함수는 페이지 콘텐츠가 작성된 tsx 파일에 다음과 같은 형태로 정의합니다.

▼ 정적 속성 작성(1)

```
export function getStaticProps({params}) {
  …처리…
  return 값;
}
```

▼ 정적 속성 작성(2)

```
export const getStaticProps = ((인수) => {return 값});
```

일반 function을 사용하여 함수로 정의하는 방법과 화살표 함수를 함수 리터럴로 제공하는 방법을 예로 들었습니다. 이것으로 이 페이지가 SSG로 빌드될 때 반환되는 값이 컴포넌트에 인수로 전달됩니다.

전달받는 컴포넌트 쪽에서는 다음과 같은 형태로 인수를 준비합니다.

▼ 정적 속성을 전달받는 컴포넌트 함수

```
export default function 이름({children, 속성 이름}) {…}
```

첫 번째 인수인 children은 이미 익숙할 겁니다. 이 값은 컴포넌트 내부에 포함되는 자식 컴포넌트들이 들어 있는 값입니다. 그리고 그 뒤로 getStaticProps로 전달되는 속성들이 인수로 제공됩니다.

children은 컴포넌트 내에 자식 컴포넌트가 있는 경우에만 필요하며, 자식 컴포넌트가 없는 경우에는 기술할 필요가 없습니다.

반환값 다루기

getStaticProps에서 주의할 점은 **반환값의 구조**입니다. return으로 아무렇게나 값을 반환하면 컴포넌트 측에서 제대로 활용할 수 없습니다. 값을 올바르게 전달하려면 다음과 같은 구조로 반환값을 준비해야 합니다.

▼ **getStaticProps의 반환값**

```
{
  props: {
    키: 값,
    키: 값,
    …생략…
  }
}
```

getStaticProps 함수는 필요한 데이터를 하나의 객체로 반환합니다. 이때 반환값의 props 속성에 해당 데이터가 포함됩니다. 즉, 정적 속성이 **반환값의 props 속성으로 반환**되는 것입니다.

이제 'getStaticProps가 반환하는 값'과 '컴포넌트의 인수'의 관계가 어떻게 되는지 코드로 살펴보겠습니다.

▼ **getStaticProps에서 반환하는 값**

```
export function getStaticProps({params}) {
  return { props:{ a: 값, b: 값, c: 값, …} };
}
```

▼ **컴포넌트에서 전달받는 값**

```
export default function 이름({children, 인수 a, 인수 b, 인수 c, …}) {
  …인수.a, 인수.b, 인수.c를 이용…
}
```

이처럼 getStaticProps에서 반환된 값은 컴포넌트 측에서 props 속성에 저장된 값 그대로 인수로 전달되는 것입니다.

5.2.3 정적 속성 이용하기

그렇다면 getStaticProps로 정적 속성을 이용해봅시다. 여기서는 pages 폴더에 있는 other.tsx를 예제로 사용합니다. 파일을 열고 다음과 같이 코드를 수정하세요.

▼ 코드 5-3

```
import {Inter} from 'next/font/google';
import Link from 'next/link';

const inter = Inter({subsets: ['latin']});

export default function Other({data}) {
  return (
    <main>
      <h1 className="header">{data.title}</h1>
      <p>{data.msg}</p>
      <div><Link href="/">Go Back!!</Link></div>
    </main>
  );
}

export function getStaticProps({params}) {
  const data = {
    title: 'Other page',
    msg: '정적 속성 예제입니다.'
  };

  return {
    props: {
      data: data
    }
  };
}
```

▼ 그림 5-4 /other에 액세스하면 정적 속성을 사용한 페이지가 표시된다

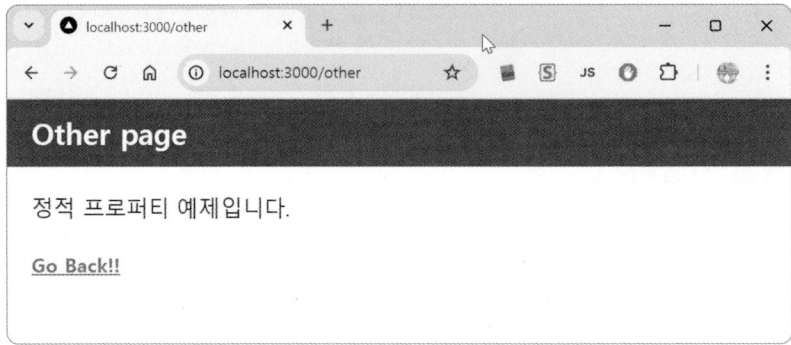

수정을 마쳤으면 /other에 액세스하여 확인합시다. 타이틀과 메시지가 표시된 페이지가 나타납니다. 여기서 컴포넌트의 내용을 보면 JSX 내에서 다음과 같이 값이 사용되고 있습니다.

```
<h1 className="header">{data.title}</h1>
<p>{data.msg}</p>
```

Other 함수에서는 Other({data})와 같이 인수를 전달받고 있으며, data에서 title, msg 값을 가져와서 표시하는 것을 알 수 있습니다.

원래 이렇게 변수 등을 표시하기 위해 사용하는 것은 정적 페이지가 아니지만, 여기에 전달되는 data 인수는 getStaticProps에서 제공하는 정적 속성입니다. 이 값은 getStaticProps에서 다음과 같이 전달됩니다.

```
const data = {
  title: 'Other page',
  msg: '정적 속성 예제입니다.'
};

return {
  props: {
    data: data
  }
};
```

이로써 상수 data의 값이 정적 속성으로 페이지에 전달됩니다. data에 준비된 title과 msg가 그대로 JSX에서 {data.title}, {data.msg}로 값을 가져옵니다.

정적 속성의 목적은 값의 분리

여기까지의 흐름을 보면서 '왠지 번거롭다'고 느꼈을 수도 있습니다. '어차피 정적 페이지를 만드는 거니까 getStaticProps 같은 걸 사용하지 말고 JSX에 값을 직접 써두는 게 낫지 않나?'라고 생각한 사람도 많을 것입니다.

하지만 그렇게 하면 필요한 값이 업데이트될 때마다 JSX 코드를 수정해야 합니다. 여기서는 간단한 예제라서 수정하기 쉽게 느껴지지만, 수백 줄에 달하는 복잡한 JSX 코드라면 어떨지 상상해보세요. 코드에서 수정할 부분을 찾아내서 고치는 일은 꽤 어려운 작업이 될 것입니다.

수정했다고 생각했는데 깜박해서 이전 값이 남아 있을 수도 있고, 불필요한 부분을 건드려서 컴파일 오류를 일으키는 경우도 있습니다. 이렇듯 길고 복잡한 코드를 직접 수정하는 것은 결코 쉬운 일이 아닙니다.

getStaticProps를 사용하는 이유는 **정적 페이지에서 값을 분리**하기 위해서입니다. JSX와 값을 완전히 분리하여 값을 업데이트할 때 JSX 코드를 건드릴 필요가 없게 하는 것입니다.

예를 들어 이 예제에서는 값을 갱신할 때 getStaticProps 함수의 상수 data를 수정하기만 하면 됩니다. 컴포넌트 본체는 전혀 건드리지 않아도 됩니다. 그리고 data를 수정하면 해당 값을 참조하는 모든 표시가 자동 업데이트되므로 업데이트 누락이 발생하지도 않습니다. JSX 코드가 수십 줄에서 수백 줄에 달하더라도 getStaticProps의 상수 data를 수정하는 것만으로 값을 업데이트할 수 있습니다.

5.2.4 동적 라우팅의 SSG

정적 속성에서 제공하는 값을 사용하는 한 페이지는 정적 페이지로 취급됩니다. 하지만 모든 페이지가 이 방법으로 문제를 해결하는 것은 아닙니다. **어쩔 수 없이 동적인 값이 필요한 경우**도 있는데, 바로 동적 라우팅을 이용하는 페이지입니다.

동적 라우팅은 폴더명이나 파일명에 [ㅇㅇ]라는 이름을 지정하고, 액세스한 경로 일부를 컴포넌트에 파라미터로 전달되도록 하는 것입니다. 예를 들어 /hoge/123에 액세스하면 hoge 컴포넌트에 123이라는 값이 파라미터로 전달되는 것이죠.

동적 라우팅은 액세스할 때 전달된 파라미터를 이용하여 페이지를 생성하므로 얼핏 보면 '동적 페이지이지 정적 페이지는 아니다'라고 생각하기 쉽습니다. 하지만 꼭 그런 것은 아닙니다. 파라미터로 전달되는 값이 제한된 경우에는 정적 페이지로 만들 수 있습니다.

예를 들어 /hoge/1, /hoge/2, /hoge/3 중 하나로만 액세스한다면, 파라미터로 전달되는 값은 1, 2, 3 중 하나입니다. 그렇다면 **세 파라미터 각각에 대해 얻을 수 있는 값**을 정적 속성으로 제공하면 정적 페이지로 만들 수 있지 않을까요?

getStaticPaths 함수에 대해서

이처럼 **제한된 동적 경로**에 관한 정보를 제공하기 위해 준비된 함수가 getStaticPaths입니다. 이 함수는 동적 라우팅 페이지에서 액세스할 수 있는 경로의 배열을 제공하며, 다음과 같은 형태로 정의합니다.

▼ **getStaticPaths 함수**

```
export function getStaticPaths() {
  return {
    paths: 경로의 배열,
    fallback: 《 boolean 》
  };
}
```

getStaticPaths 함수는 액세스하는 경로의 배열을 반환하는데, 반환값으로는 두 가지 값을 준비합니다.

path에는 액세스를 허용할 경로의 배열을 설정합니다. 경로를 문자열로 표현한 값을 배열로 정리한 것입니다. 그리고 fallback은 다른 경로로 액세스했을 때의 동작을 지정하는 것으로, false로 설정하면 404 에러(페이지가 존재하지 않음)가 발생하며, true로 설정하면 동적 라우팅 파라미터로서 페이지가 호출됩니다. **페이지가 호출된다**는 것은 뭔가 처리를 해야만 한다는 뜻이고, 이 경우 **정적 페이지가 아니게 된다**고 생각해도 됩니다.

파라미터는 getStaticProps로 전달된다

그럼, getStaticPaths에 지정된 경로로 액세스했을 때 동적 라우팅에 의한 파라미터는 어떻게 처리되는 걸까요? 사실 앞서 언급한 getStaticProps에서 처리할 수 있습니다. getStaticProps 함수는 다음과 같은 형태로 되어 있습니다.

```
getStaticProps({인수})
```

이 인수에는 동적 라우팅에 의한 파라미터가 속성으로 저장되어 있습니다. 이 파라미터의 값을 바탕으로 페이지의 정적 속성을 준비해 반환하면 파라미터에 따른 속성을 제공할 수 있습니다.

5.2.5 [name].tsx를 정적 페이지로 만들기

실제로 동적 라우팅 페이지를 정적 페이지로 만들어보겠습니다. 앞에서 [name].tsx라는 동적 라우팅 페이지를 생성했죠? 이를 활용하기로 합시다.

이제 pages 폴더에 있는 [name].tsx를 열고 다음과 같이 코드를 다시 작성합니다.

▼ 코드 5-4

```tsx
import {Inter} from 'next/font/google';
import Link from 'next/link';
import {useRouter} from 'next/router';

const inter = Inter({subsets: ['latin']});

export default function Name({data}) {
  const router = useRouter();
  return (
    <main>
      <h1 className="header">{data.title}</h1>
      <p>name: {router.query.name}</p>
```

```
        <p>message: {data.msg}</p>
        <div><Link href="/">Go Back!!</Link></div>
      </main>
    );
}

export function getStaticPaths() {
  const path = [
    '/name/kim',
    '/name/lee',
    '/name/park'
  ];
  return {
    paths: path,
    fallback: false
  };
}

export function getStaticProps({params}) {
  const data = {
    kim: {
      title: 'KIM-web',
      msg: "This is Kim's web site."
    },
    lee: {
      title: 'Lee의 방',
      msg: '여기는 Lee의 방입니다.'
    },
    park: {
      title: 'Park의 페이지',
      msg: '안녕! Park의 페이지입니다!'
    }
  };

  return {
    props: {
      data: data[params.name]
    }
  };
}
```

▼ 그림 5-5 /name/kim이면 kim 파라미터를, /name/lee이면 lee 파라미터를 표시한다

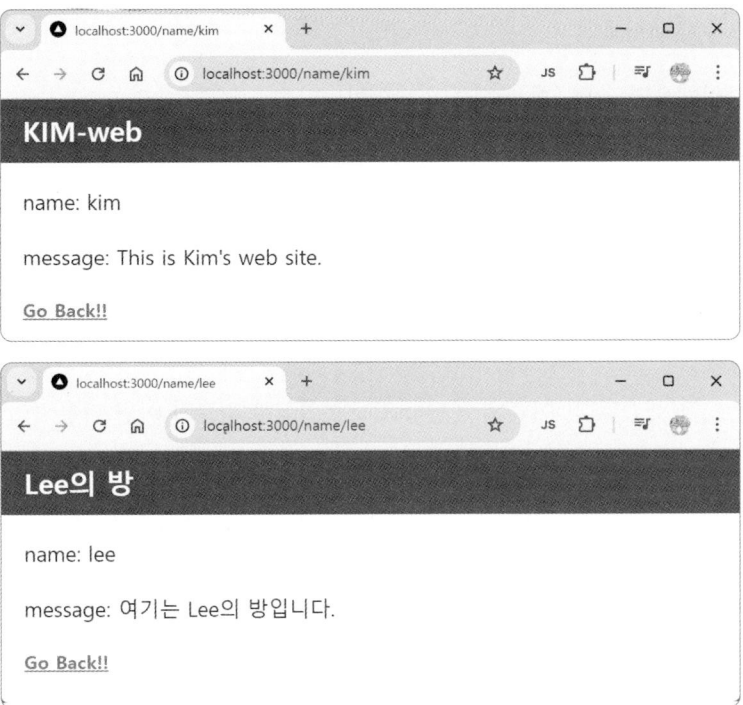

여기서는 name 파라미터의 값으로 kim, lee, park 세 가지를 준비했습니다. /name/kim에 액세스하면 kim 파라미터에 따른 페이지가 표시됩니다. /name/lee, /name/park으로 액세스하면 표시되는 페이지 내용이 각각 달라지는 것을 확인할 수 있습니다.

getStaticPaths 함수의 처리

이번에는 실행하는 처리를 자세히 살펴보겠습니다. 먼저 getStaticPaths 함수입니다. 여기서 처리하는 작업은 비교적 간단합니다. 먼저 허용할 경로를 배열로 모아 준비합니다.

```
const path = [
  '/name/kim',
  '/name/lee',
  '/name/park'
];
```

chapter 05 페이지 렌더링　　203

경로 배열은 이처럼 각 경로의 문자열(string) 값을 모아놓은 것입니다. 파라미터 부분뿐만 아니라 /name/kim처럼 루트에서부터 경로를 지정합니다.

이렇게 경로 배열을 준비했으면, 이를 객체로 묶어 반환합니다.

```
return {
  paths: path,
  fallback: false
};
```

fallback에는 false를 설정했습니다. 이렇게 하면 paths에 설정한 경로가 아닌 다른 경로로 액세스할 때 404 에러가 발생합니다.

getStaticProps 함수의 처리

이번에는 정적 속성을 준비하는 getStaticProps 함수입니다. 여기서는 먼저 바탕이 되는 데이터를 상수로 준비해놓았습니다.

```
const data = {
  kim: {
    title: 'KIM-web',
    msg: "This is Kim's web site."
  },
  …생략…
};
```

상수 data 안에는 kim, lee, park 등의 키에 객체가 준비되어 있습니다. 각 객체에는 title과 msg 값이 준비되어 있습니다.

인수인 params에서 name 파라미터의 값을 가져오고, 이를 이용해 data에서 값을 추출하여 반환값을 준비합니다.

```
return {
  props: {
    data: data[params.name]
  }
};
```

반환값 props에 data라는 값을 가진 객체를 지정했습니다. 이제 컴포넌트에 필요한 값을 data 속성으로 전달할 수 있습니다.

Name 컴포넌트의 처리

이제 파라미터와 정적 속성이 준비됐습니다. 이제 컴포넌트에서 이 값들을 이용하여 페이지를 만들면 됩니다. Name 함수는 다음과 같이 정의되어 있습니다.

```
export default function Name({data}) {……
```

인수로 data가 지정되어 있으며, data에는 앞서 getStaticProps에서 반환한 props의 data 속성이 전달됩니다.

그밖에도 Name 함수에는 파라미터로 전달된 값을 얻기 위해 useRouter 함수도 포함되어 있습니다.

```
const router = useRouter();
```

이제 router 객체에 경로의 파라미터 정보가 준비됩니다. 반환하는 JSX를 보면 값이 다음과 같이 삽입되어 있습니다.

```
<h1 className="header">{data.title}</h1>
<p>name: {router.query.name}</p>
<p>message: {data.msg}</p>
```

getStaticProps로 전달된 정적 속성은 {data.title}과 {data.msg}에서 사용됩니다. 또한, useRouter로 얻은 객체에서 {router.query.name}으로 name 파라미터의 값을 추출하여 표시하고 있습니다.

파라미터 값에 따라 다른 속성이 전달되므로 '정적이지 않은' 것처럼 느껴질 수 있지만, 이 페이지도 정적 페이지입니다. 파라미터가 kim, lee, park인 모든 경우의 정적 콘텐츠를 생성하여 미리 렌더링할 수 있는 것입니다.

파라미터 값의 개수(getStaticPaths의 경로 개수)가 너무 많으면 동적 렌더링을 이용하는 것이 좋지만, 선택지가 많지 않다면 동적 라우팅 페이지도 정적 페이지로 만드는 것도 충분히 가능합니다.

5.3 페이지 라우터의 서버 사이드 렌더링

5.3.1 동적 렌더링이란?

SSG를 사용한 정적 페이지 생성은 이제 웬만큼 이해됐을 것입니다. 서버 측에서 빌드할 때 미리 렌더링해두면 실행할 때 렌더링하지 않아 신속하게 페이지를 표시할 수 있는 것은 확실합니다.

하지만 동적으로 표시해야 하는 경우는 SSG를 사용할 수 없습니다. 이런 경우에는 또 다른 서버 사이드 렌더링을 사용해야 합니다. 그것이 바로 동적 렌더링입니다.

동적 렌더링은 서버 사이드 렌더링의 가장 일반적인 형태입니다. SSG에 의한 정적 페이지도 서버 사이드 렌더링의 일종이지만, 이는 빌드 시점에 렌더링이 이루어지므로 실제로 클라이언트가 서버에 액세스할 때는 단순히 HTML 코드만 반환할 뿐입니다.

동적 렌더링은 클라이언트가 액세스할 때 서버 측에서 페이지를 렌더링하고 생성된 HTML 코드를 반환합니다. 액세스할 때마다 서버 측에서 렌더링하므로, 그것이야말로 서버 사이드 렌더링(Server Side Rendering, SSR)이라고 할 수 있습니다.

5.3.2 getServerSideProps에 대해서

SSR은 SSG와는 다릅니다. SSR은 빌드 시에 렌더링되는 것이 아니라 여전히 컴포넌트로 존재합니다.

그렇다면 SSR과 SSG 페이지는 어디에서 구별될까요? 어디에서 '이 페이지는 SSG, 이 페이지는 SSR로 렌더링된다'라고 나뉘는 걸까요?

이는 **제공되는 속성 종류**에 따라 결정된다고 생각하면 됩니다. 두 방식 모두 서버에서 렌더링되기 때문에 클라이언트 측의 동적 업데이트는 일어나지 않습니다. 결국 페이지에 제공되는 고유 정보(속성)가 이 둘을 구분 짓는 핵심이라고 할 수 있습니다.

다시 말해, SSR과 SSG의 차이점은 **어떤 함수로 속성이 생성되는가**입니다. 각각 다음과 같은 함수를 사용합니다.

SSG	getStaticProps 함수로 속성을 얻습니다.
SSR	getServerSideProps 함수로 속성을 얻습니다.

getStaticProps는 정적인 값을 얻기 위한 함수입니다. 이 함수는 빌드 시에 호출되며 정적 값으로 캐시됩니다.

반면에 getServerSideProps 함수는 클라이언트가 액세스하면 요청마다 호출됩니다. 그리고 가져온 값을 바탕으로 페이지가 렌더링됩니다. getServerSideProps 함수가 있으면 그 페이지는 SSR이라고 할 수 있습니다.

getServerSideProps의 기본형

getServerSideProps 함수의 기본 사용법을 설명하겠습니다. 이 함수는 다음과 같은 형태로 작성합니다.

```
export function getServerSideProps({params}) {
   …처리…
   return 값;
}
```

이를 보면 알 수 있듯이, getServerSideProps 함수는 SSG에서 사용하는 getStaticProps와 매우 유사한 형태입니다. 다른 점은 함수 이름뿐이며, 전달되는 인수나 반환값 처리 방식 등은 모두 동일합니다.

getServerSideProps에서는 인수로 전달되는 객체 안에 동적 라우팅의 파라미터가 저장됩니다. 이러한 값을 바탕으로 반환할 값을 속성으로 준비하여 반환합니다. 반환할 값은 다음과 같은 형태의 객체로 작성합니다.

```
{
  props: {
    키: 값,
    키: 값,
    …생략…
  }
}
```

props에 각종 값을 객체로 모은 것을 지정해둡니다. 이 값이 컴포넌트 측에서 인수로 전달됩니다. 이와 관련된 동작은 모두 getStaticProps와 동일합니다.

5.3.3 SSR로 서버 사이드 속성 사용하기

getServerSideProps 함수를 사용해 SSR 페이지를 만들어 보겠습니다. 앞에서 SSG 예제로 활용한 [name].tsx 파일을 좀 더 수정해봅시다.

[name].tsx에 있는 getStaticPaths 함수와 getStaticProps 함수를 삭제하고, 다음처럼 getServerSideProps 함수를 추가하세요.

▼ 코드 5-5

```
export function getServerSideProps({params}) {
  const data = {
    kim: {
      title: 'Kim-web',
      msg: "This is Kim's web site."
```

```
    },
    lee: {
      title: 'Lee의 방',
      msg: '여기는 Lee의 방입니다.'
    },
    park: {
      title: 'Park의 페이지',
      msg: '안녕! Park의 페이지입니다!'
    }
  };

  if (data[params.name]) {
    return {
      props: {
        data: data[params.name]
      }
    };
  } else {
    return {
      props: {
        data: {title:"No data", msg:"데이터가 없습니다."}
      }
    };
  }
}
```

▼ 그림 5-6 /name/○○에 액세스한다. 모르는 이름이라도 제대로 표시된다

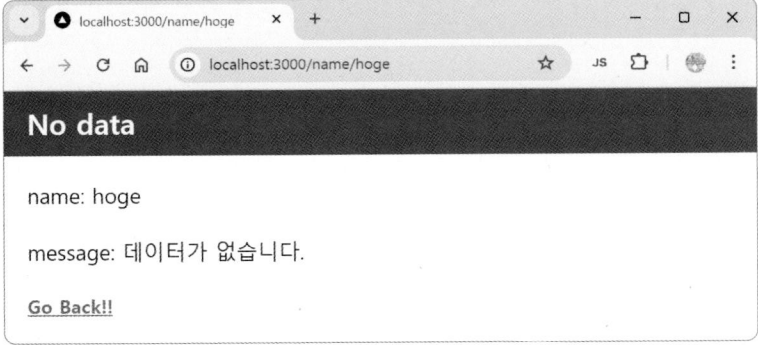

이전과 마찬가지로 /name/kim에 액세스하면 kim의 페이지가 나옵니다. 그렇다면 /name/hoge처럼 데이터가 준비되지 않은 이름으로 액세스하면 어떻게 될까요? SSG에서는 404 에러가 발생했지만, 이 예시에서는 정상적으로 페이지가 나옵니다. 이제 데이터가 준비되지 않은 경우에도 문제없이 액세스할 수 있다는 것을 알 수 있습니다.

새로 추가된 getServerSideProps 함수를 살펴봅시다. 인수인 params에는 동적 라우팅에 따른 파라미터가 저장됩니다. 그런 다음, data 상수로 데이터를 준비해두고, 거기서 params.name의 값을 꺼내면 됩니다.

다만, params.name의 값이 존재하지 않을 경우도 있습니다. 그래서 먼저 값이 있는지 확인한 후, 값이 있을 때와 없을 때 각각 다른 값을 반환하도록 했습니다.

```
if (data[params.name]) {
    …있는 경우…
} else {
    …없는 경우…
}
```

이렇게 하면 값이 존재하지 않는 경우에도 문제없이 값을 반환할 수 있습니다. 하는 일은 getStaticProps의 경우와 거의 동일하므로 다시 설명하지 않겠습니다.

SSR에서는 getStaticPaths를 사용할 수 없다!

설명을 읽고 '그렇다면 getStaticPaths에서 사용할 수 있는 경로만 지정하면 값이 존재하지 않는 경우에도 처리가 필요하지 않을까?'라고 생각할 수도 있습니다. 하지만 이 방법은 불가능합니다.

getStaticPaths는 SSG에서만 지원되므로 SSR에서 사용되는 getServerSideProps와 함께 사용할 수 없습니다.

SSR에서는 클라이언트에서 액세스할 때 바로 렌더링합니다. 어떤 값이 파라미터로 전달되더라도 대응할 수 있는 렌더링 방식인 것입니다. 즉, SSR에서는 **어떤 파라미터가 전달되더라도 대응할 수 있도록** 적절한 처리를 준비해야 합니다.

5.3.4 Incremental Static Regeneration

SSG와 SSR 중 어느 것을 사용해야 하는지는 매우 고민스러운 문제입니다. 가능하면 SSG를 사용하는 것이 여러 가지 면에서 서버와 클라이언트의 부담을 줄이고 더 빠르게 동작합니다. 하지만 SSG는 나중에 값을 업데이트할 수 없다는 단점이 있습니다.

하지만 이것은 페이지 전체를 고려한 경우입니다. 예를 들어 페이지 전체로는 정적 페이지이지만, 특정 부분만 나중에 업데이트하고 싶을 수도 있습니다. 이런 경우 정적 페이지 중에서 변경하고 싶은 부분만 업데이트할 수 있습니다.

이 기술을 점진적 정적 재생성(Incremental Static Regeneration, ISR)이라고 합니다. 이름 그대로 추가된 부분만을 정적 페이지 안에 재생성하는 기술입니다.

이때 SSG에서 사용되는 getStaticProps 함수를 이용하며, 반환하는 객체 안에 revalidate 값을 넣어두기만 하면 됩니다.

```
export function getStaticProps({인수}) {
  return {
    props: {값},
    revalidate: 초,
  };
}
```

revalidate에는 값이 업데이트되는 시간(초)을 지정합니다. 이를 통해 getStaticProps를 받은 후 일정 시간이 지나면 정적 페이지를 재생성할 수 있습니다.

revalidate를 지정함으로써 SSG에서 애플리케이션 빌드 시 생성되는 페이지를 실행한 후에 업데이트합니다. revalidate: 초로 값을 지정하면 getStaticProps가 호출된 후 일정 시간이 지나면 정적 페이지를 재생성하여 업데이트된 내용이 나오게 됩니다.

ISR 이용하기

실제로 ISR을 사용하는 예를 살펴보겠습니다. 이전에 사용했던 [name].tsx 파일을 또 활용하겠습니다. 앞에서 getServerSideProps 함수로 이 페이지가 SSR을 사용하도록 수정했습니다. 이제 다시 getServerSideProps 함수를 삭제하고, 다음 코드를 추가하여 SSG를 사용해보겠습니다.

이번에는 수정할 부분이 여러 군데이므로 전체 코드를 게시해두겠습니다.

▼ 코드 5-6

```
import {Inter} from 'next/font/google';
import Link from 'next/link';
import {useRouter} from 'next/router';

const inter = Inter({subsets: ['latin']});

export default function Name({data}) {
  console.log("start component.");
  const router = useRouter();
  return (
    <main>
      <h1 className="header">{data.title}</h1>
      <p>name: {router.query.name}</p>
      <p>message: {data.msg}</p>
      <div><Link href="/">Go Back!!</Link></div>
    </main>
  );
}

var data = {
  kim: {
    title: 'Kim-web',
    msg: "This is Kim's web site."
  },
   lee: {
     title: 'Lee의 방',
     msg: '여기는 Lee의 방입니다.'
   },
   park: {
     title: 'Park의 페이지',
     msg: '안녕! Park의 페이지입니다!'
    }
};
```

```
export function getStaticPaths() {
  const path = [
    '/name/kim',
    '/name/lee',
    '/name/park'
  ];
  return {
    paths: path,
    fallback: false
  };
}

export function getStaticProps({params}) {
  console.log("getStaticProps");
  return {
    props: {
      data: data[params.name]
    },
    revalidate: 15
  };
}

setInterval(() => {
  const d = new Date().toISOString();
  data = {
    kim: {
      title: '김철수',
      msg: '김철수입니다. ( ' + d + ' )'
    },
    lee: {
      title: '이영희~',
      msg: '이영희예요~~. ( ' + d + ' )'
    },
    park: {
      title: '박지영',
      msg: '박지영입니다~♥ ( ' + d + ' )'
    }
  }
  console.log("setInterval");
}, 5000);
```

▼ **그림 5-7** 처음 액세스한 후 15초가 지나서 다시 액세스하면 메시지가 변한다

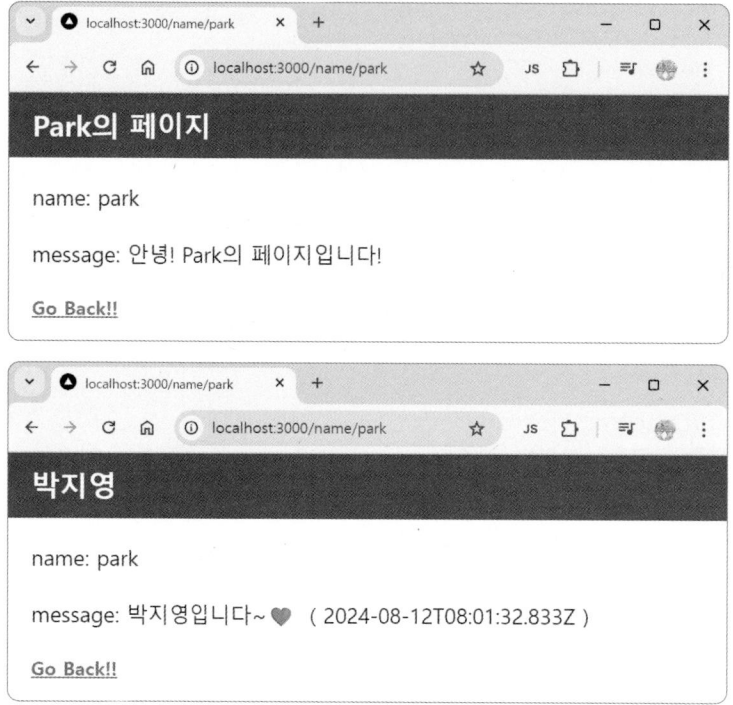

수정 후 /name/○○ 형태로 페이지에 접속했다면 그대로 잠시 기다렸다가 다시 액세스해 봅시다. 표시되는 값이 달라진 것을 확인할 수 있습니다. 페이지 자체는 여전히 SSG이지만, 데이터가 변경된 것을 알 수 있습니다.

여기에서는 표시된 데이터의 값을 글로벌 변수 data로 변경하며, 이 내용을 setInterval로 주기적으로 변경합니다. 이렇게 실제로 액세스해서 표시되는 값이 어떻게 변하고 있는지 확인해봅시다.

또한, ISR의 동작은 npm run dev로 디버그 모드에서 실행할 때 제대로 확인할 수 없습니다. npm run build로 애플리케이션을 빌드하고, npm start로 빌드된 앱을 실행하세요. 이렇게 하면 ISR의 동작을 확인할 수 있습니다.

> **칼럼**
>
> **npm run build에서 오류가 발생한다!**
>
> npm run build 명령을 실행했을 때 Type error 오류가 발생하여 빌드에 실패할 수도 있습니다. 타입스크립트는 빌드할 때 타입과 관련된 오류를 미리 검출합니다. 이 때문에 타입 지정이 모호한 부분이 있으면 빌드할 때 실패하게 됩니다.
>
> 하나하나 정확하게 타입을 지정하면 좋겠지만, 상당히 번거로운 작업이므로 학습하는 동안은 이 부분만 회피해서 빌드하도록 합시다. 프로젝트 내에 있는 next.config.(m)js 파일을 엽니다. 이 파일에서 const nextConfig 부분의 코드를 다음과 같이 수정합니다. 만약 이전 프로젝트에서 만든 _layout.tsx 파일에서 오류가 발생하는 경우에는 _layout.tsx.old 등으로 파일명을 변경해보세요.
>
> ```
> const nextConfig = {
> ```
>
>
>
> ```
> const nextConfig = {
>   reactStrictMode: true,
>   typescript: {
>     ignoreBuildErrors: true,  // TypeScript 타입 오류 무시
>   },
> };
> ```
>
> 이렇게 변경한 후 다시 빌드해보면 타입 오류에 의한 빌드 실패는 사라질 것입니다.

ISR의 동작 확인하기

이제 액세스할 때마다 정기적으로 값이 업데이트되는 것을 볼 수 있는데, 잊지 말아야 할 점은 이 페이지가 **정적 페이지**라는 사실입니다. getStaticProps 함수로 구현했다면 이 컴포넌트는 빌드 시에 HTML 코드로 생성됐을 것입니다. 따라서 원래는 값이 변경되지 않아야 합니다.

하지만 액세스해보면 15초마다 값이 변경되는 것을 확인할 수 있습니다. 15초마다 정적 페이지가 다시 생성되고 표시가 업데이트되는 것입니다.

'SSG가 아니라 일반 SSR로 액세스 시에 렌더링하는 게 아닐까? 표시된 값은 그냥 글로벌 변수 data에서 가져온 거고…'

어쩌면 이렇게 느끼는 사람도 있을 것입니다. 그렇다면 그 데이터의 출처가 어디인지 생각해보세요. 컴포넌트에 인수로 전달된 data는 getStaticProps에서 반환한 값을 사용합니다. getStaticProps는 SSG로 값을 생성하고, 이를 기반으로 페이지가 렌더링됩니다. 즉, setInterval에서 data를 변경해 값이 바뀌는 것이 아니라 생성되는 정적 페이지 자체가 일정 간격마다 업데이트되는 것입니다.

콘솔(명령 프롬프트)에는 컴포넌트 시작을 나타내는 start component와 getStaticProps, 그리고 setInterval이라는 문자열이 실행될 때마다 출력됩니다. setInterval은 5초마다 실행되지만 getStaticProps는 15초에 한 번씩 실행되는 것을 확인할 수 있습니다. 이때 정적 속성이 업데이트되는 것을 알 수 있습니다. 실제로 액세스해보면 화면 표시는 15초마다 업데이트되고, (data 자체는 5초마다 업데이트되지만) 변수 data가 바뀐다고 그대로 화면 표시가 바뀌는 것은 아님을 알 수 있습니다.

▼ **그림 5-8** 명령 프롬프트에서 start component, getStaticProps, setInterval의 타이밍을 확인한다

5.3.5 페이지 라우터의 복잡한 렌더링

이상으로 페이지 라우터에서 중요한 렌더링 방식인 SSG, SSR, ISR를 차례로 설명했습니다.

페이지 라우터에서는 페이지 단위로 렌더링 방식이 정해집니다. **언제, 어떤 타이밍에 렌더링할 것인가**를 개발하는 쪽에서 정확하게 지정할 수 있습니다. 단, 이를 제대로 이해하고 활용하기 위해서는 각각의 렌더링 방식이 어떤 것인지, 생성한 페이지에 준비된 기능을 통해 어떤 방식이 사용되는지 등을 제대로 이해하고 있어야 합니다.

기본은 getStaticProps와 getServerSideProps이며, 이들이 사용되는 단계에서 SSG와 SSR로 나뉘어집니다. 여기에 더해 getStaticProps와 revalidate에 의한 ISR이 있는데 각각의 차이점을 잘 알아두세요.

5.4 앱 라우터의 렌더링

5.4.1 렌더링과 컴포넌트

앱 라우터는 페이지 라우터와 렌더링 메커니즘이 다릅니다. 앱 라우터에서 렌더링을 고려할 때 중요한 것은 페이지가 아니라 **컴포넌트**입니다.

앱 라우터에서 페이지 생성과 관련된 모든 기능은 **서버 모듈 그래프**와 **클라이언트 모듈 그래프**로 나눌 수 있습니다.

서버 모듈 그래프	서버상에서 동작하는 코드와 모듈의 의존성 관계를 나타냅니다.
클라이언트 모듈 그래프	클라이언트상에서 동작하는 코드와 모듈의 의존성 관계를 나타냅니다.

Next.js에서 만들어지는 컴포넌트도 이 둘 중 하나로 분류됩니다. 즉, 모든 컴포넌트는 다음 두 가지 중 하나입니다.

서버 컴포넌트	서버상에서 실행되는 컴포넌트입니다.
클라이언트 컴포넌트	클라이언트상에서 실행되는 컴포넌트입니다.

앱 라우터에서는 각종 컴포넌트를 만들고 조합하여 페이지를 구성합니다. 컴포넌트마다 서버 측에서 실행할지, 클라이언트 측에서 동작할지 정해져 있습니다. 물론 그중에는 서버와 클라이언트 처리가 조합된 페이지도 있지만, **컴포넌트마다 서버 측에서 렌더링할지, 클라이언트 측에서 렌더링할지** 정해져 있다는 점을 우선 이해해야 합니다.

명시적 렌더링 지정

서버 컴포넌트인지 클라이언트 컴포넌트인지는 페이지에서 구현한 기능에 따라 결정됩니다. 하지만 어떤 경우에는 서버 측에서 렌더링하라고 미리 지정하고 싶을 때도 있을 것입니다. 이런 경우는 다음과 같은 지시문을 파일 최상단에 기술하여 대응할 수 있습니다.

"use client"	클라이언트 컴포넌트로 지정합니다.
"use server"	서버 컴포넌트로 지정합니다.

다만, 이 지시문을 붙인다고 해서 자동으로 클라이언트 컴포넌트 또는 서버 컴포넌트가 되는 것은 아닙니다. 이 선언은 해당 컴포넌트가 어느 쪽에 속할지를 지정하는 것입니다.

예를 들어 "use client"라고 지정하면 서버상에서 동작하는 기능이 사용될 때 오류가 발생합니다. 반대로 "use server"라고 지정한 컴포넌트에서 클라이언트상에서 동작하는 처리가 있을 때도 오류가 발생합니다. 경계를 지정하여 **이 컴포넌트가 어느 쪽에서 렌더링되어 동작할 것인지**를 명확히 하면 그에 맞게 코드를 작성할 수 있습니다.

sample_next_app 준비하기

이제부터는 앱 라우터 프로젝트를 이용해 설명하겠습니다. 비주얼 스튜디오 코드에서 이전에 생성해둔 sample_next_app 폴더를 열어줍니다. 또한 명령 프롬프트 창도 sample_next_app 폴더를 연 상태로 준비합니다.

5.4.2 정적 페이지에 대해서

서버 컴포넌트를 이용하는 페이지는 빌드 시 렌더링되는 정적 페이지와 클라이언트가 액세스할 때 서버 측에서 렌더링되는 동적 페이지로 나눌 수 있습니다.

먼저 완전히 정적인 페이지를 만드는 예를 살펴봅시다. 이것은 클라이언트 측에서 처리하거나 서버 측에서 동적으로 값을 처리하는 컴포넌트가 없는 페이지입니다. 이러한 페이지는 빌드 시 정적 페이지로 컴파일되어 사용됩니다.

정적 페이지의 예를 들어보겠습니다. 우선 타이틀과 메시지의 스타일 클래스를 준비합니다. global.css를 열고 다음과 같이 추가합니다.

▼ 코드 5-7

```css
h1.title {
  @apply text-2xl font-bold m-0 p-5 text-white bg-blue-800 text-center;
}
p.msg {
  @apply text-lg m--5 text-gray-900;
}
```

이제 정적 페이지를 만들어봅시다. 여기서는 시작 페이지의 컴포넌트를 수정하겠습니다. app 폴더에 있는 page.tsx를 열고 내용을 다음과 같이 수정합니다.

▼ 코드 5-8

```tsx
"use server";
import {Metadata} from 'next';

export async function generateMetadata(){
  return {
    title: 'Index page',
  };
}

const defaultProps = {
```

```
    title: "Static page",
    msg: "This is static page sample."
};

export default async function Home() {
  return (
    <main>
      <h1 className="title">{defaultProps.title}</h1>
      <p className="msg">{defaultProps.msg}</p>
    </main>
  );
}
```

▼ **그림 5-9** 시작 페이지에 접속하면 정적 페이지가 표시된다

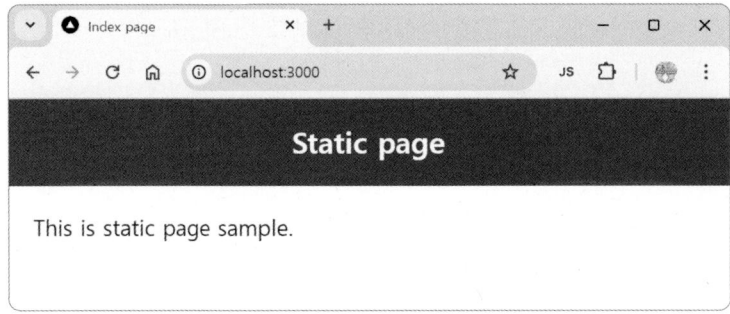

이 화면은 정적 페이지의 예입니다. 시작 페이지에 접속하면 Static page라는 타이틀의 페이지가 나옵니다.

여기서는 클라이언트 측에서 사용되는 리액트의 기능 등을 전혀 사용하지 않았습니다. 하지만 단순히 HTML만 있는 것은 아닙니다. 여기에 사용된 기술을 간단히 정리해보겠습니다.

서버 모드 지정하기

최상단에는 "use server"라고 명시했습니다. 이로써 이 컴포넌트는 서버 측에서 실행됩니다.

Metadata 준비하기

코드를 보면 generateMetadata라는 함수가 준비되어 있는 것을 볼 수 있습니다. 메타 데이터를 준비하는 함수이며, 다음과 같은 형태로 작성합니다.

```
export async function generateMetadata(){
  return 값;
}
```

메타 데이터란 HTML의 <head> 부분에 들어가는 다양한 설정 정보를 의미합니다. <title> 태그에 의한 타이틀이나 <meta> 태그를 통한 각종 설정 등이 메타 데이터에 해당합니다.

generateMetadata 함수는 이 페이지에서 준비할 메타 데이터를 정의합니다. 여기서는 title이라는 키의 값만이 준비되어 있습니다. 이는 <title>의 값이 됩니다. 이렇게 준비하면 페이지의 타이틀이 설정됩니다.

기본 속성 준비하기

여기서는 defaultProps라는 상수를 다음과 같이 정의하고 있습니다.

```
const defaultProps = {
  title: "Static page",
  msg: "This is static page sample."
};
```

JSX에서는 이곳에 정의된 값을 사용해 페이지를 만듭니다. defaultProps는 이 페이지에서 사용할 값을 미리 준비해둔 것입니다.

페이지 라우터에서는 페이지에서 사용할 속성을 getStaticProps 함수로 생성했죠? 하지만 이 함수는 페이지 라우터 전용으로 앱 라우터에서는 사용할 수 없습니다. 따라서 상수로 미리 정의하거나 컴포넌트의 함수 내에서 값을 제공하는 등의 방법을 사용해야 합니다.

이처럼 상수 등을 준비해서 JSX에 삽입해 처리해도 이 페이지는 정적 페이지로 빌드 시에 생성됩니다.

서버 컴포넌트 처리는 비동기로!

서버 컴포넌트를 만들 때 또 하나 주의할 점은 **함수는 모두 비동기로 정의한다**는 점입니다.

여기서는 generateMetadata 함수와 Home 컴포넌트 함수에 모두 async를 붙였습니다. 이를 잊어버리면 서버 컴포넌트로서 문제가 있다고 판단되어 오류가 발생하므로 주의해야 합니다.

5.4.3 동적 렌더링 페이지

서버 컴포넌트 페이지는 빌드 시에 완전히 정적 페이지로만 생성되는 것은 아닙니다. 빌드 시 정적 페이지로 변환되지 않고, 클라이언트 액세스 시 서버 측에서 렌더링되는 동적 렌더링 페이지도 있습니다.

동적 렌더링이 사용되는 곳은 동적 라우팅을 이용한 페이지입니다. 파라미터가 전달되면 해당 파라미터 값에 따라 렌더링하므로 정적인 페이지가 아니라 동적으로 렌더링되는 페이지로 취급됩니다.

그러나 파라미터로 전달되는 값이 제한적이거나 자주 사용되는 값 등이 있는 경우라면 특정 파라미터 표시를 정적 페이지로 변환하여 사용할 수도 있습니다. 이때 작업은 generateStaticParams 함수를 정의하면 됩니다.

▼ 정적 페이지의 경로를 반환하는 함수

```
export async function generateStaticParams() {
  return 경로의 배열
}
```

generateStaticParams는 페이지 라우터의 getStaticPaths에 해당하는 함수로 볼 수 있습니다. 이 함수는 액세스 경로의 문자열 값을 배열로 모아 반환합니다. 이를 통해 반환된 배열의 경로에 대해서는 빌드 시 정적 페이지로 변환하고, 이외의 경로에 대한 액세스는 동적 라우팅을 사용하여 서버 측에서 렌더링합니다.

특정 페이지에 대한 액세스를 정적 페이지화하기

실제 사용 예를 들어보겠습니다. 이전에 사용했던 [name] 폴더에 있는 page.tsx 파일을 열어 다음과 같이 내용을 수정하세요.

▼ 코드 5-9

```
"use server";

const paths = [
  {name: 'kim'},
  {name: 'lee'},
  {name: 'park'}
];

export async function generateStaticParams() {
  return paths;
}

export default async function Name({params}) {
  const result = paths.some(path=>path.name===params.name);

  return (
    <main>
      {result ?
      <>
        <h1 className="title">Name = &quot;{params.name}&quot;</h1>
        <p className="msg">{params.name}님, 안녕하세요!</p>
      </>
      :
      <>
```

```
      <h1 className="title">&quot;{params.name}&quot;</h1>
      <p className="msg">&quot;{params.name}&quot;은(는) 사용할 수 없습니
다.</p>
    </>
    }

    <div>
      <a href="/">go back!!</a>
    </div>
   </main>
  );
}
```

▼ 그림 5-10 /name/○○에 액세스하면 동적 렌더링의 경우 '○○은(는) 사용할 수 없습니다.'라고 표시된다

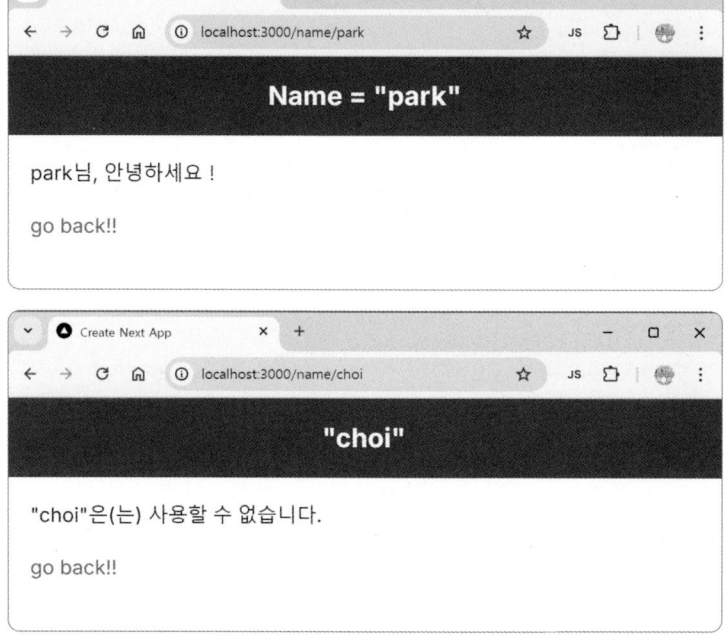

수정이 끝났으면 /name/○○ 경로로 액세스해보세요. ○○ 부분이 등록된 이름인 kim, lee, park 중 어느 하나에 해당한다면 준비된 정적 페이지가 표시됩니다. 그렇지 않은 경우에는 '○○은(는) 사용할 수 없습니다.'라는 표시가 동적으로 나타납니다.

여기서는 paths 상수에 파라미터 정보를 미리 준비해놓았습니다.

```
const paths = [
  {name: 'kim'},
  {name: 'lee'},
  {name: 'park'}
];
```

파라미터 값을 객체로 묶어 배열로 준비했습니다. 여기에서는 name 파라미터만 있으므로 name 값만 준비했습니다. 이 값을 그대로 generateStaticParams 함수에서 반환합니다.

컴포넌트 함수는 다음과 같은 형태로 정의되어 있습니다.

```
export default async function Name({params}) {……
```

서버 측에서 실행하기 위해 async를 통해 비동기 함수로 지정하고, 인수로는 {params}를 지정했습니다. 이렇게 하면 params에 파라미터로 전달된 값이 저장됩니다.

params에서 name 값을 가져와 paths 내에 값이 있는지 조사합니다.

```
const result = paths.some(path=>path.name===params.name)
```

some 메서드는 배열의 각 요소에 대해 인수로 전달된 화살표 함수를 호출하고, 결과가 true인 요소가 있는지 확인합니다. 화살표 함수에서는 path.name === params.name을 확인하여 path.name과 params.name이 같은지 조사합니다. 이를 통해 paths 배열 내에 name 값이 params.name과 같은 항목이 있으면 true, 없으면 false를 얻게 됩니다.

true인 경우에는 '○○님, 안녕하세요!'라는 JSX를 반환하며, 이는 모두 정적 페이지로 빌드 시에 렌더링됩니다. false인 경우에는 동적 라우팅에 의해 '○○은(는) 사용할 수 없습니다.'라는 표시가 액세스할 때마다 생성됩니다.

5.4.4 클라이언트 컴포넌트에 대해서

서버 측에서 렌더링할 수 없는 것은 클라이언트 컴포넌트로 처리합니다. 클라이언트 측에서만 동작하는 기능을 이용하는 컴포넌트입니다.

그렇다면 **클라이언트에서만 동작하는 기능**에는 구체적으로 어떤 것이 있을까요? 자바스크립트로 클라이언트를 조작하는 기능을 사용하는 경우는 물론이고, 그밖에도 다음과 같은 것들이 임포트되어 사용되면 자동으로 클라이언트 컴포넌트로 간주됩니다.

```
import {useState} from 'react';
```

이는 리액트의 스테이트 훅인데, 리액트의 스테이트를 사용하면 자동으로 클라이언트 컴포넌트가 됩니다.

```
import {useRouter} from 'next/navigation';
```

useRouter는 Next.js의 기능으로 라우팅 관련 정보를 처리합니다. 이전 페이지로 돌아가거나 다음 페이지로 이동하거나, 라우터에 페이지 경로를 추가하는 기능을 제공합니다.

```
import {useSearchParams} from 'next/navigation';
```

useSearchParams는 쿼리 파라미터를 다루기 위한 함수입니다. 액세스한 경로에서 쿼리 파라미터 정보를 가져오는 기능을 제공합니다.

5.4.5 쿼리 파라미터

이 중 자주 사용하는 useSearchParams을 간략히 소개합니다. 이는 쿼리 파라미터를 가져오기 위한 기능입니다. 쿼리 파라미터는 path 뒤에 ?를 붙여서 기술하는 파라미터를 의미합니다. 예를 들어 /hoge?abc=100&xyz=200과 같은 식으로 기술된 것이 쿼리 파라미터입니다. 키(파라미터 이름)와 값을 등호(=)로 연결한 형태이며, 각 파라미터는 &로 연결합니다.

useSearchParams는 함수이며, 다음과 같이 객체를 가져옵니다.

```
변수 = useSearchParams();
```

이제 쿼리 파라미터를 처리할 수 있는 기능을 모은 객체를 얻을 수 있습니다. 여기서 필요한 값을 추출하여 사용합니다. 값을 가져오려면 get 메서드를 사용해야 합니다. 파라미터의 키를 인수로 지정하여 호출하면 해당 값을 얻을 수 있습니다.

쿼리 파라미터 이용하기

이제 실제로 쿼리 파라미터를 사용하는 예제를 만들어보겠습니다. 먼저 값을 표시할 스타일 클래스를 추가하기 위해 global.css를 열고 다음 코드를 작성합니다.

▼ 코드 5-10

```css
ul, ol {
  @apply text-xl m-5 font-bold list-disc;
}
li {
  @apply mx-10 font-normal text-blue-700;
}
```

이번에는 시작 페이지를 수정해보겠습니다. app 폴더에 있는 page.tsx 파일을 열고, 다음과 같이 수정합니다.

▼ 코드 5-11

```tsx
"use client";
import {useSearchParams} from 'next/navigation';
import {Suspense} from 'react';

function SearchParamsContent() {
  const searchParams = useSearchParams();
```

```
    return (
      <main>
        <h1 className="title">Index page</h1>
        <ul>※파라미터
          <li>ID: {searchParams.get('id')}</li>
          <li>PASS: {searchParams.get('pass')}</li>
        </ul>
      </main>
    );
}

export default function Home() {
  return (
    <Suspense>
      <SearchParamsContent />
    </Suspense>
  );
}
```

▼ 그림 5-11 http://localhost:3000/?id=○○&pass=○○ 형태로 액세스하면 파라미터가 표시된다

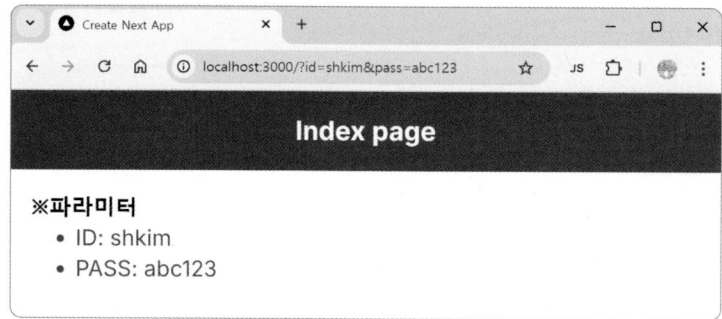

시작 페이지에 /?id=○○ &pass=○○와 같은 형태로 액세스해봅시다. 그러면 화면에 ID:○○, PASS:○○ 값이 표시됩니다.

여기서는 우선 useSearchParams 함수로 객체를 추출하고 있습니다.

```
const searchParams = useSearchParams();
```

이후로는 searchParams에서 필요한 파라미터 값을 가져와서 표시하기만 하면 됩니다. 반환할 JSX 코드로 다음과 같이 사용하고 있습니다.

```
<li>ID: {searchParams.get('id')}</li>
<li>PASS: {searchParams.get('pass')}</li>
```

이렇게 지정하면 id 파라미터와 pass 파라미터 값이 표시됩니다. 비교적 다루기 간단하고 동적 라우팅에 의한 파라미터처럼 미리 준비할 필요가 없으므로 클라이언트에서 간단한 정보를 보낼 때 유용합니다.

클라이언트 측에서만 동작하는 기능이란 액세스할 때의 상황에 따라 값을 추출하거나 조작하는 것이라고 할 수 있습니다. 스테이트 훅처럼 실제로 클라이언트 측에서 동작하는 것은 '서버에서는 사용할 수 없구나'라고 바로 알 수 있습니다. 반면에 useSearchParams와 같이 표시를 조작하는 것이 아니기 때문에 '서버 측에서도 동작하지 않을까?'라고 생각하기 십상입니다.

기본적으로 use○○이라는 이름이 붙은 기능은 클라이언트 측에서 동작한다고 생각하면 됩니다. 또한, generate○○이라는 이름이 붙은 기능은 서버 측에서 동작하는 것이 일반적입니다. Next.js의 네이밍 규칙을 이해하면, 해당 기능이 서버에서 실행되는지, 클라이언트에서 실행되는지도 자연스럽게 알 수 있습니다.

CHAPTER

06

데이터 액세스

Next.js에서는 서버 측과 클라이언트 측에서 각종 데이터에 액세스할 수 있습니다. 이번 장에서는 서버 측에서 fetch 함수나 fs 객체로 데이터에 액세스하는 방법, 그리고 서버에서 실행하는 서버 액션 사용 방법을 설명합니다. 또한 클라이언트 측에서 데이터에 액세스하는 SWR에 대해서도 알아봅니다.

포인트

* fetch 함수를 이용한 데이터 가져오기를 익힌다.
* 서버 액션을 정의하고 이용하는 방법을 학습한다.
* SWR로 데이터 액세스하는 방법을 이해한다.

6.1 fetch를 이용한 데이터 액세스

6.1.1 데이터를 이용하려면?

지금까지 학습한 예제에서는 기본적으로 모든 데이터를 컴포넌트의 tsx 파일에 담았습니다. 하지만 실제로 개발할 때는 다양한 곳에서 데이터를 가져와 사용합니다. 여기서는 데이터를 가져와 이용하는 방법에 대해 알아보겠습니다.

자바스크립트의 경우에는 데이터를 가져오기 위해 Ajax를 이용합니다. 이때 fetch라는 함수를 이용해 서버에서 필요한 정보를 얻습니다. 이는 타입스크립트에서도 기본적으로 같습니다.

다만, 주의할 점은 **Next.js에서는 기능이 확장된 fetch 함수를 사용한다**는 것입니다. 원래 자바스크립트에 제공되는 fetch 함수는 클라이언트에서 동작합니다. 이를 클라이언트 측과 서버 측에서 동일하게 동작하도록 만든 것이 Next.js의 fetch 함수입니다. Next.js의 컴포넌트는 상황에 따라 클라이언트와 서버에서 모두 동작해야 하므로 이를 지원하는 fetch 함수가 필요해진 것입니다.

fetch 함수의 기본 형태는 다음과 같습니다.

▼ **fetch 함수 호출 방법 (1)**

```
변수 = await fetch(주소, 옵션)
```

▼ **fetch 함수 호출 방법 (2)**

```
fetch(주소, 옵션).then(인수 => {…후처리…})
```

자바스크립트에서 fetch 함수를 이용해본 적이 있다면, 기본적인 호출 방법은 거의 같다고 생각해도 됩니다. 우선 **fetch 함수는 비동기 함수**라는 점을 기억해두세요. 비동기이기 때문에 결과를 받으려면 await를 사용해 액세스가 완료된 후 반환값을 받거나, then 메서드에서 콜백 함수를 준비하여 그 안에서 결과를 받아야 합니다.

fetch 함수의 반환값은 Response라는 객체입니다. 여기에서 필요한 메서드를 호출해 반환된 데이터를 가져옵니다.

▼ 텍스트 데이터로 가져오기

《 Response 》.text()

▼ JSON 객체로 가져오기

《 Response 》.json()

이 메서드들도 역시 비동기 메서드입니다. 따라서 await를 사용해 호출하거나 then에서 콜백 함수를 준비해 가져와야 합니다.

text 메서드는 서버에서 얻은 값 그대로 텍스트로 반환합니다. json은 서버에서 JSON 형식의 데이터를 가져올 때 사용하는 메서드이며, 가져온 JSON 형식의 텍스트를 자바스크립트 객체로 변환해서 반환합니다. JSON 데이터에 결함이 있는 경우, 변환에 실패하고 예외가 발생하므로 주의하기 바랍니다.

옵션 인수에 대해서

fetch 함수에서는 첫 번째 인수에 액세스할 주소를 문자열로 지정합니다. 이때 동일한 서버라도 상대 경로가 아닌 http://로 시작하는 전체 주소를 지정해야 합니다.

두 번째 인수에는 옵션 설정 값을 가진 객체를 지정합니다. 이는 생략할 수 없으며, 설정할 필요가 없는 경우에는 null을 지정해야 합니다.

옵션 인수에서 반드시 지정해야 할 것이 cache 값입니다. 이 설정은 데이터 캐싱에 관한 정책으로, 다음 중 하나를 사용합니다.

| 'force-cache' | 값을 강제로 캐싱합니다. |
| 'no-store' | 값을 저장하지 않습니다. |

'force-cache'를 설정한 경우, 처음 액세스했을 때 데이터를 캐시에 저장하고 두 번째부터는 캐시에 저장된 값을 가져와서 사용합니다. 'no-store'로 설정하면 값을 캐시에 저장하지 않고 매번 새로 가져와 사용합니다. 이때 이미 캐시된 값이 있더라도 그 값을 버리고 새로 액세스합니다.

액세스할 때마다 값이 변경되는 경우에는 'no-store'로 설정해야 합니다. 하지만 예를 들어 하루에 한 번씩 값이 갱신되는 경우에는 우선 'no-store'로 설정해 최신 데이터에 액세스하고, 이후 'force-cache'로 캐시된 값을 이용한다면 매번 서버에 액세스하지 않아도 됩니다. 그리고 하루가 지나면 다시 'no-store'로 지정한 다음 'force-cache'로 설정하면 됩니다.

6.1.2 JSON 데이터 준비하기

fetch 함수를 사용해 필요한 데이터를 가져와봅시다. 여기서는 간단한 JSON 데이터를 다뤄보겠습니다. 사용할 프로젝트는 앱 라우터를 사용합니다. sample_next_app 폴더를 비주얼 스튜디오 코드에서 열고, 명령 프롬프트에서도 이 폴더를 열어두세요.

이제 JSON 파일을 준비해보겠습니다. public 폴더에 JSON 파일을 두고 액세스하겠습니다. public 폴더에 sample.json 파일을 생성하고, 다음의 내용을 작성합니다.

▼ 코드 6-1

```
{
  "message":"샘플 데이터입니다",
  "data":[
    {"name":"kim","mail":"kim@gilbut","age":"39"},
    {"name":"lee","mail":"lee@flower","age":"28"},
    {"name":"park","mail":"park@happy","age":"17"}
  ]
}
```

message와 data라는 값을 준비했고, data에는 배열을 이용하여 데이터 3개를 넣어두었습니다. 아주 간단한 예제이지만, 이 JSON 파일에 액세스해 데이터 가져오는 방법을 학습해봅시다. 참고로 어디까지나 예를 든 것이므로 데이터 구조만 바꾸지 않는다면 내용은 자유롭게 작성해도 상관없습니다.

6.1.3 서버 컴포넌트에서 fetch 사용하기

데이터 액세스를 고려할 때 **어디에서 액세스하는가**를 먼저 생각해야 합니다. '어디에서'란 **클라이언트에서인가, 서버에서인가**를 의미합니다. fetch 함수는 양쪽에서 다 사용할 수 있지만, 컴포넌트 내에서 사용하는 방법은 미묘하게 다릅니다.

먼저 서버 컴포넌트에서 사용하는 경우를 생각해봅시다. 시작 페이지의 컴포넌트를 수정해보겠습니다. app 폴더 내에 있는 page.tsx를 열고 다음과 같이 코드를 수정하세요.

▼ 코드 6-2

```
"use server";

const url = 'http://localhost:3000/sample.json';

async function getSampleData() {
  const resp = await fetch(
    url,
    {cache: 'no-store'}
  );
  const result = await resp.json();
  return result;
}

export default async function Home() {
  const data = await getSampleData();
  return (
    <main>
      <h1 className="title">Index page</h1>
      <p className="msg">{data.message}</p>
    </main>
  );
}
```

▼ 그림 6-1 sample.json의 message의 내용을 표시한다

시작 페이지에 접속하면 JSON 데이터의 message 값이 표시됩니다. 아주 간단한 예제이지만, JSON 데이터에 액세스하여 필요한 정보를 가져온 것을 확인할 수 있습니다.

fetch를 이용해 처리하기

JSON 데이터를 가져오는 getSampleData라는 함수를 정의해두고, 이를 컴포넌트 함수 안에서 다음과 같이 호출합니다.

```
const data = await getSampleData();
```

이제 JSON 데이터 객체를 data로 가져올 수 있게 됐습니다. await를 붙인 이유는 함수가 비동기 함수이기 때문입니다. 함수 정의를 보면 다음과 같이 되어 있습니다.

```
async function getSampleData() {……
```

getSampleData 함수 내부에서 fetch 함수를 호출해 JSON 데이터를 가져옵니다. fetch 함수는 다음과 같이 호출됩니다.

```
const resp = await fetch(
  url,
  {cache: 'no-store'}
);
```

url과 {cache: 'no-store'}라는 객체를 인수로 지정했습니다. 이 함수의 반환값이 resp에 저장됩니다. 이 값은 Response 객체이므로 여기서 JSON 객체를 추출해 반환합니다.

```
const result = await resp.json();
return result;
```

result에는 sample.json의 데이터가 객체로 저장됩니다. 나머지는 호출한 컴포넌트 측에 이 객체가 반환되므로, 이를 이용하여 message 값을 표시하기만 하면 됩니다.

fetch는 복잡한 액세스가 필요한 경우에는 꽤 어렵지만, 단순히 **지정한 주소에 액세스하여 데이터를 가져오는 것**이라면 이렇게 아주 간단히 처리할 수 있습니다. 비동기라는 점만 주의한다면 fetch를 사용하는 방법은 어렵지 않습니다.

6.1.4 클라이언트 컴포넌트에서 fetch 사용하기

그렇다면 클라이언트 컴포넌트에서 fetch를 사용한다면 어떻게 될까요? 클라이언트 컴포넌트에서 사용한다면 대부분 리액트의 기능을 이용하게 될 것입니다. 예를 들어 페이지가 업데이트될 때 이펙트 훅으로 데이터를 가져오거나 버튼 등을 클릭하여 데이터를 가져온 후 스테이트 훅으로 페이지를 업데이트하는 방법 등을 떠올릴 수 있겠네요.

fetch 함수 자체는 서버와 클라이언트에서 사용법이 동일합니다. 다만, 구현 방식은 약간 다를 수 있습니다. 자, 그럼 직접 확인해봅시다.

앞서 작성한 app 폴더의 page.tsx 파일을 열어 다음과 같이 코드를 수정하세요.

▼ 코드 6-3

```
"use client";
import {useState} from 'react';

const url = 'http://localhost:3000/sample.json';

async function getSampleData() {
```

```
  const resp = await fetch(
    url,
    {cache: 'no-store'}
  );
  const result = await resp.json();
  return result;
}

export default function Home() {
  const [msg,setMsg] = useState('dummy message.');
  const doChange = (event)=> {
    setInput(event.target.value)
  };
  function doAction() {
    getSampleData().then(resp=>{
      setMsg(resp.message)
    });
  };
  return (
    <main>
      <h1 className="title">Index page</h1>
      <p className="msg">{msg}</p>
      <div className="form">
      <button className="btn"
        onClick={doAction}>Click</button>
      </div>
    </main>
  );
}
```

▼ 그림 6-2 버튼을 클릭하면 sample.json에 액세스하여 message를 표시한다

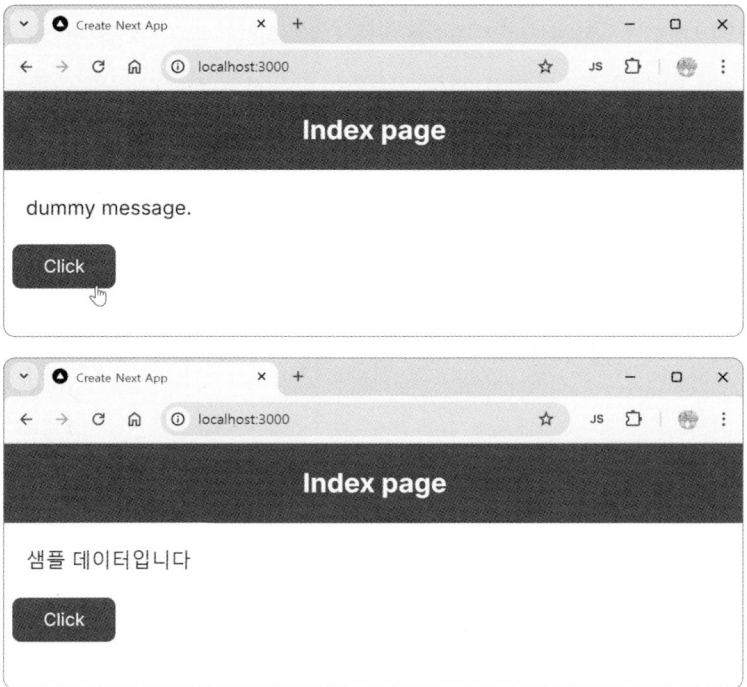

시작 페이지에 접속하면 'dummy message.'라는 텍스트가 표시되고, **Click** 버튼을 누르면 sample.json에서 가져온 message 텍스트가 표시됩니다. 아주 단순하지만, 버튼 이벤트를 이용해 fetch를 실행하고 결과를 스테이트로 표시하는 클라이언트 사이드의 기본적인 처리를 구현하고 있습니다.

여기서도 getSampleData라는 비동기 함수를 준비하고, 그 함수에서 fetch를 사용해 데이터를 가져오고 있습니다. 이 과정은 앞서 설명한 서버 컴포넌트와 완전히 동일합니다. 차이점은 getSampleData를 호출하는 부분입니다.

다음처럼 버튼의 onClick 이벤트에 할당할 doAction 함수를 정의하고, 그 안에서 getSampleData를 호출하고 있습니다.

```
function doAction() {
  getSampleData().then(…)
}
```

서버 컴포넌트 때와 다른 점을 발견했나요? 그렇죠, doAction은 비동기 함수가 아니라 동기 함수입니다. 앱 라우터에서는 **서버 컴포넌트 함수는 비동기, 클라이언트 컴포넌트 함수는 동기**로 준비해야 합니다. 동기 함수인 클라이언트 컴포넌트에서 비동기로 doAction을 사용할 수는 없습니다.

따라서 getSampleData를 호출할 때 await를 사용할 수 없으며, then을 사용해 콜백 함수를 정의하고 그 안에서 처리해야 합니다. 콜백 함수는 다음과 같습니다.

```
resp=>{
  setMsg(resp.message)
}
```

resp에는 fetch로부터 반환된 JSON 객체가 들어 있고, 거기에서 message를 추출해 setMsg로 설정하고 있습니다. getSampleData로부터 반환값을 받는 방식은 다르지만, 처리하는 일은 같습니다. 구현 방식이 **await인가, 콜백 함수인가**의 차이만 있을 뿐입니다.

6.2 서버 액션

6.2.1 서버 액션에 대해서

클라이언트에서 UI를 조작할 때는 보통 리액트의 기능을 이용합니다. 예를 들어 클라이언트 컴포넌트에서는 onClick, onChange 등의 이벤트에 함수를 연결해 필요한 처리를 수행하는데, 이들은 모두 클라이언트 측에서 동작합니다.

하지만 경우에 따라선 파일이나 데이터베이스 액세스처럼 서버에서 처리해야 하는 작업이 있을 수 있습니다. 그렇다면 이런 경우에는 어떻게 해야 할까요?

보통 웹 애플리케이션 프레임워크는 서버에서 비즈니스 로직을 실행하는 방법을 제공합니다. Next.js에서는 이런 경우에 서버 액션이라는 기능을 사용합니다.

컴포넌트와 서버 액션

서버 액션은 서버에서 실행되는 함수입니다. 특별한 작성 방식이 있는 것은 아니며, 평범하게 함수를 정의하고 export하기만 하면 됩니다. 단, 서버 측에서 확실하게 실행돼야 하므로 "use server"를 지정해두면 좋습니다.

이렇게 준비한 서버 액션 함수를 컴포넌트에서 import하고 함수를 호출하면 서버에서 실행됩니다. 호출하는 컴포넌트는 클라이언트 컴포넌트뿐만 아니라 서버 컴포넌트라도 상관없습니다.

▼ **그림 6-3** 서버 액션은 서버 측에서 실행할 수 있는 컴포넌트. 컴포넌트에서 서버 액션을 호출하여 서버 측에서 처리할 수 있다

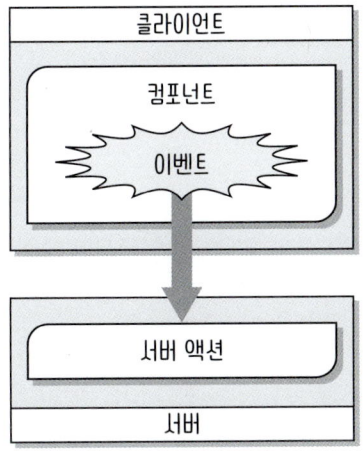

6.2.2 서버 액션 이용하기

실제로 서버 액션을 만들어 이용해보겠습니다. 서버 액션도 일반 컴포넌트와 마찬가지로 tsx 파일로 생성합니다. 이제 app 폴더 내에 새로 server-action.tsx 이름으로 파일을 만들어주세요. 그리고 다음의 코드를 작성합니다.

▼ 코드 6-4

```
"use server";
const url = 'http://localhost:3000/sample.json';

export async function serverAction() {
  const resp = await fetch(
    url,
    {cache: 'no-store'}
  );
  const result = await resp.json();
  console.log("Get message!");
  console.log(result.message);
}
```

여기서는 fetch 함수로 sample.json 파일에서 message 텍스트를 가져오고 있습니다. 이 예제 코드에서는 serverAction 함수를 다음과 같이 정의했습니다.

```
export async function serverAction() {……
```

이번에 만든 서버 액션 함수에는 export를 붙여서 외부에서도 사용하게 했습니다. 그리고 async를 붙여서 비동기 함수로 정의했습니다. 서버 액션은 서버 컴포넌트이므로 비동기 함수로 작성해야 하기 때문입니다.

컴포넌트에서 서버 액션 호출하기

그럼, 작성한 서버 액션을 호출해봅시다. app 폴더 안에 있는 page.tsx를 열고 다음과 같이 코드를 수정하세요.

▼ 코드 6-5

```
"use server";
import {serverAction} from './server-action';

export default async function Home() {
```

```
  return (
    <main>
      <h1 className="title">Index page</h1>
      <p className="msg">버튼을 클릭하세요.</p>
      <div>
        <form action={serverAction}>
          <button className="btn">Click</button>
        </form>
      </div>
    </main>
  );
}
```

▼ 그림 6-4 버튼을 클릭하면 서버를 실행하는 명령 프롬프트 창에 메시지가 출력된다

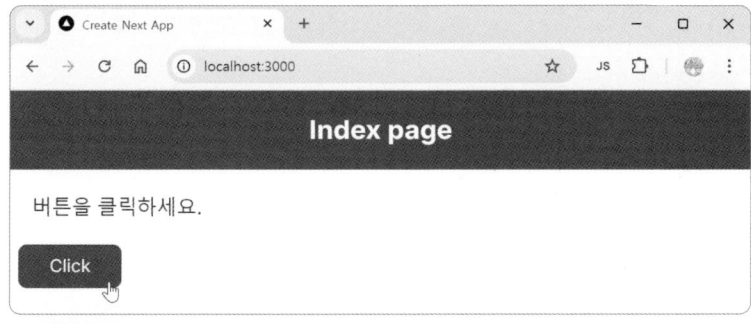

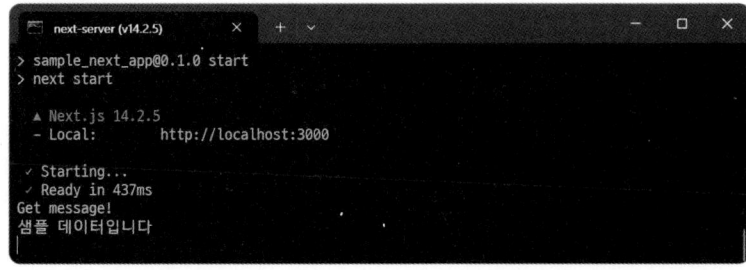

브라우저로 액세스하면 버튼 하나가 준비된 화면을 볼 수 있습니다. 버튼을 클릭하면 서버 액션인 serverAction 함수가 호출됩니다. 서버를 실행 중인 명령 프롬프트 창을 보면 'Get message!' 아래에 sample.json에서 가져온 message의 텍스트 값이 출력된 것을 확인할 수 있습니다. 브라우저상에는 아무 변화가 없지만, 버튼 클릭을 하면 서버 액션이 실행되는 것을 알 수 있습니다.

여기서는 폼 태그 안에서 action={serverAction}으로 serverAction 함수가 호출되도록 했습니다. 이렇게 하면 클릭할 때 serverAction이 호출됩니다. 서버 액션이라고 해도 일반 함수와 완전히 동일하여 그저 함수를 호출하여 실행하면 됩니다.

주의할 점은 서버 액션의 호출은 폼 태그에서 action을 사용해야 한다는 것입니다. `<button>` 등의 onClick에 설정하면 오류가 발생하므로 주의하기 바랍니다.

6.2.3 폼 전송하기

앞에서 서버 액션 호출 방법을 알아봤습니다. 다음은 좀 더 실용적인 예를 생각해봅시다.

폼을 전송해서 처리하는 경우, 폼의 내용을 서버 액션에 보내고 이를 받아서 처리할 필요가 있습니다. 실제 예제를 보면서 설명하는 것이 더 이해하기 쉽겠죠. 그럼, 시작 페이지를 수정하여 간단한 폼을 준비해보겠습니다. app 폴더 안에 있는 page.tsx를 열어 다음과 같이 수정하세요.

▼ 코드 6-6

```tsx
"use server";
import {serverAction} from './server-action';

export default async function Home() {
  return (
    <main>
      <h1 className="title">Index page</h1>
      <p className="msg">※숫자를 입력하세요.</p>
      <div>
        <form className="form" action={serverAction}>
          <input className="input" type="number" name="input"/>
          <button className="btn">Click</button>
        </form>
      </div>
    </main>
  );
}
```

<form> 안에는 <input type="number">와 <button> 두 가지 컨트롤을 준비했습니다. 주목해야 할 것은 <form>입니다.

```
<form className="form" action={serverAction}>
```

<form>에서 서버 액션을 할당하는데, action 속성에 serverAction이 설정되어 있습니다. <button>에는 onClick 등의 처리가 들어 있지 않습니다.

서버 액션 수정하기

이제 서버 액션을 수정해봅시다. server-action.tsx를 열고 내용을 다음과 같이 수정하세요.

▼ 코드 6-7

```
"use server";
import {redirect} from 'next/navigation';

const url = 'http://localhost:3000/sample.json';

export async function serverAction(form) {
  const num = form.get("input");
  const resp = await fetch(
    url,
    {cache: 'no-store'}
  );
  const result = await resp.json();
  let data = result.data[num];
  if (data == null) {
    data = {name:'-', mail:'-', age:0};
  }
  // 가져온 data 처리
  const query = 'name=' + data.name +
    '&mail=' + data.mail +
    '&age=' + data.age;
  const searchParams = new URLSearchParams(query);
  redirect('/other?' + searchParams.toString());
}
```

이 파일에선 serverAction 함수를 수정하여 전송된 폼을 처리하고 있습니다. 먼저 함수 정의 부분을 살펴보겠습니다.

```
export async function serverAction(form) {
```

인수로 지정한 form에는 폼에서 전송된 데이터가 저장됩니다. 이 데이터는 FormData 객체이며, get 메서드로 전송된 값을 추출할 수 있습니다. 여기서는 다음과 같이 작성해 폼에 입력된 숫자를 가져옵니다.

```
const num = form.get("input");
```

폼의 <input>에서 name="input"으로 이름을 지정했으므로 get("input")을 통해 <input>의 값을 추출합니다.

나머지는 fetch로 데이터를 가져와 지정한 번호의 데이터를 변수 data에 저장합니다. 그리고 데이터 내용을 쿼리 파라미터 텍스트로 변환합니다.

```
const query = 'name=' + data.name +
  '&mail=' + data.mail +
  '&age=' + data.age;
```

가져온 데이터를 바탕으로 name=○○&mail=○○&age=○○ 형태의 텍스트를 만들 수 있게 됐습니다. 이대로 URL로 사용해도 되지만, 한글 등이 포함되어 있으면 문제가 발생할 수 있습니다. 그러므로 다음과 같이 쿼리 문자열로 변환합니다.

```
const searchParams = new URLSearchParams(query);
```

URLSearchParams는 쿼리 파라미터를 다루는 자바스크립트 객체입니다. 인수로 쿼리 파라미터의 텍스트를 지정해 생성합니다. 여기서 toString을 사용하여 텍스트를 추출하면 쿼리 문자열의 텍스트를 얻을 수 있습니다.

마지막으로 이렇게 얻은 문자열을 URL에 덧붙여 /other로 리다이렉트시킵니다.

```
redirect('/other?' + searchParams.toString());
```

redirect는 Next.js에 있는 기능으로, 인수에 지정된 주소로 리다이렉트시킵니다. 여기서는 /other?name=○○&mail=○○&age=○○과 같은 주소로 리다이렉트됩니다.

리다이렉트 페이지 준비하기

리다이렉트할 컴포넌트를 작성하겠습니다. other 폴더에 있는 page.tsx를 열어 다음과 같이 코드를 수정합니다.

▼ 코드 6-8

```
"use client";
import Link from 'next/link';
import {useSearchParams} from 'next/navigation';
import {Suspense} from 'react';

function SearchParamsContent(){
  const params = useSearchParams();
  return (
    <main>
      <h1 className="title">Other page</h1>
      <p className="msg">폼이 전송됐습니다.
        아래 데이터를 가져왔습니다.</p>
      <ol>
        <li className="msg">Name: {params.get('name')}</li>
        <li className="msg">Mail: {params.get('mail')}</li>
        <li className="msg">Age: {params.get('age')}</li>
      </ol>
      <div>
        <Link href="/">go back!!</Link>
      </div>
    </main>
```

```
      );
    }
    export default function Other() {
      return (
        <Suspense>
          <SearchParamsContent />
        </Suspense>
      );
    }
```

▼ **그림 6-5** 폼에 숫자를 입력하고 버튼을 누르면 메시지와 함께 전송된 데이터가 표시된다

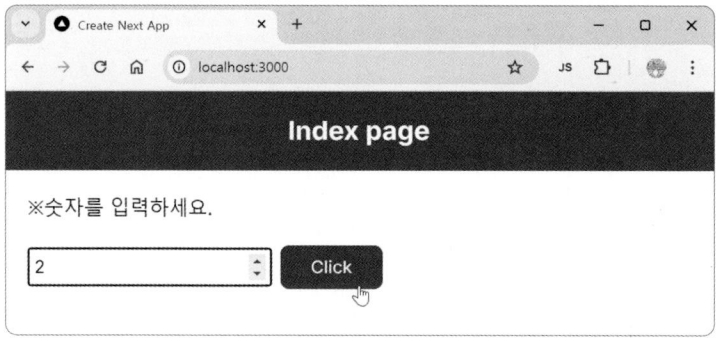

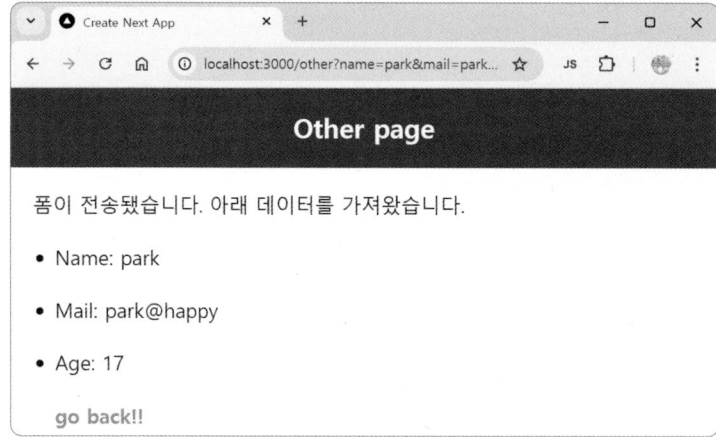

이것으로 완성입니다. 시작 페이지에 접속하여 폼에 숫자를 입력하고 버튼을 클릭하세요 (숫자는 0~2 중 하나를 입력합니다). 클릭하면 /other로 리다이렉트되고, 지정한 숫자에 해당하는 데이터가 페이지에 표시됩니다.

```
const params = useSearchParams();
```

useSearchParams를 사용해 쿼리 파라미터 객체를 생성합니다. 그 후 파라미터 값을 가져와 표시하기만 하면 됩니다. JSX 부분을 보면, 다음과 같이 값을 이용하고 있습니다.

```
Name: {params.get('name')}
Mail: {params.get('mail')}
Age: {params.get('age')}
```

지금까지 폼을 전송하고 처리하는 기본 구조를 살펴봤습니다. 폼을 사용해서 정보를 주고받을 수 있게 되면 다양하게 응용할 수 있습니다.

6.2.4 파일에 액세스하기

서버 액션은 서버에서만 사용할 수 있는 기능을 구현하는 데 이용됩니다. 예제를 통해 파일에 액세스하는 서버 액션을 생각해봅시다.

Next.js에서는 파일 액세스를 위한 기능을 따로 제공하진 않습니다. 그렇다면 어떻게 해야 할까요? Next.js 애플리케이션은 Node.js를 바탕으로 만들어졌습니다. 즉, Node.js의 기능을 그대로 이용할 수 있습니다. 물론 클라이언트에서는 파일 액세스 기능을 사용할 수 없지만, 서버에서 실행한다면 Node.js의 기능을 모두 사용할 수 있습니다.

파일 액세스 기능은 Node.js의 fs 모듈에 준비되어 있습니다. 다음에 주요 메서드를 정리해두었습니다.

▼ 파일에서 텍스트 읽어오기

```
변수 = fs.readFileSync(파일 경로, 인코딩)
```

▼ 파일에 텍스트 기록하기

```
fs.writeFileSync(파일 경로, 값)
```

▼ 파일에 텍스트 추가하기

```
fs.appendFileSync(파일 경로, 값)
```

readFileSync는 파일 이름을 나타내는 문자열 값 외에도 인코딩 방식을 지정하는 것이 보통입니다. 보통은 utf8을 지정해둡니다. writeFileSync와 appendFileSync는 텍스트 파일에 값을 기록하는 함수입니다.

이 함수들은 파일 경로와 함께 기록할 값을 인수로 지정합니다. 여기서는 모두 동기 메서드로 예를 들었지만, 비동기 메서드도 가능합니다. 메서드 이름 끝에 있는 Sync를 제거하면 비동기 메서드가 됩니다.

파일에 액세스하는 서버 액션

그럼, 실제로 fs 모듈을 사용하여 텍스트 파일에 액세스하는 서버 액션을 만들어봅시다.

server-action.tsx를 열고 다음과 같이 코드를 다시 작성합니다.

▼ 코드 6-9

```
"use server";
import {redirect} from 'next/navigation';
import fs from 'fs';

const fname = './data.txt';
```

```
if (!fs.existsSync(fname)) {
  fs.writeFileSync(fname, '', 'utf8');   // 빈 파일 생성
}

export async function serverAction(form) {
  const input = form.get("input");
  fs.appendFileSync(fname, input + "\n");
  redirect('/other');
}

export async function readData() {
  const data =  fs.readFileSync(fname, 'utf8');
  return data;
}
```

여기서는 serverAction과 readData 두 가지 함수를 준비했는데, readData는 data.txt 파일에서 텍스트를 읽고 반환하는 함수입니다. 아주 단순한 코드로 되어 있습니다.

```
export async function readData() {
  return fs.readFileSync(fname, 'utf8');
}
```

보다시피, readFileSync를 사용해 fname에서 읽어들인 텍스트를 그대로 반환합니다.

또 serverAction에서는 전송된 폼의 텍스트를 data.txt에 추가합니다. 이를 위해 우선 전송된 폼의 값을 추출해야 합니다.

```
const input = form.get("input");
```

name="input" 컨트롤에 작성된 텍스트를 input으로 가져왔습니다. 나머지는 이 텍스트를 fname에 추가하기만 하면 됩니다.

```
fs.appendFileSync(fname, input + "\n")
```

input 뒤에 "\n"을 붙인 이유는 마지막에 줄을 바꾸기 위해서입니다. 이렇게 하면 전송된 텍스트가 한줄씩 줄을 바꾸며 기록됩니다.

이렇게 텍스트가 추가됐으면 redirect에서 /other로 리다이렉트하고 작업을 마칩니다. 파일 액세스라고 하면 어렵게 느껴지지만, 의외로 간단하게 사용할 수 있음을 알 수 있습니다.

6.2.5 컴포넌트로 액세스하기

이번에는 컴포넌트에서 작성한 서버 액션에 액세스해봅시다. 먼저 시작 페이지입니다. 여기서 메시지를 입력하여 서버 액션에 전송하고 파일에 저장하도록 합니다.

app 폴더의 page.tsx를 열고 다음과 같이 내용을 다시 작성하세요.

▼ 코드 6-10

```
"use server";
import {serverAction} from './server-action';

export default async function Home() {
  return (
    <main>
      <h1 className="title">Index page</h1>
      <p className="msg">※메시지 전송 : </p>
      <div>
        <form className="form" action={serverAction}>
          <input className="input" type="text" name="input"/>
          <button className="btn">Click</button>
        </form>
      </div>
    </main>
  );
}
```

기본적인 내용은 이전에 작성했던 것과 거의 동일합니다. <input>의 type을 "number"에서 "text"로 변경했을 뿐입니다. <form>에 action={serverAction}을 지정해서 serverAction 으로 폼을 전송합니다. 이렇게 하면 폼을 전송해 파일에 저장하고, 바로 /other로 리다이 렉트되도록 설정됩니다.

Other에서 텍스트 표시하기

이제 리다이렉션 대상인 Other 컴포넌트를 수정해봅시다. other 폴더에 있는 page.tsx를 열고 다음과 같이 작성합니다.

▼ 코드 6-11

```
"use server";
import Link from 'next/link';
import {readData} from '../server-action';

export default async function Other() {
  const data = await readData();
  return (
    <main>
      <h1 className="title">Other page</h1>
      <p className="msg">메시지를 저장했습니다.</p>
      <pre className="m-5 p-2 border">{data}</pre>
      <div>
        <Link href="/">go back!!</Link>
      </div>
    </main>
  );
}
```

▼ 그림 6-6 메시지 작성 후 전송하면 data.txt에 추가된다. /other에는 추가된 텍스트가 표시된다

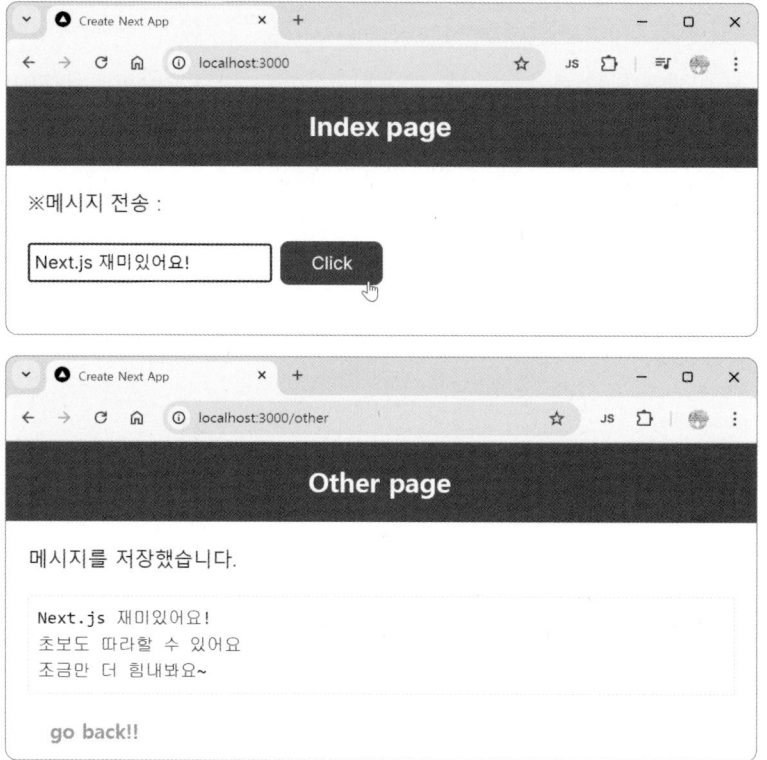

입력한 메시지를 파일에 추가하는 애플리케이션이 완성됐습니다. 시작 페이지에 접속하여 입력란에 메시지를 입력하고 버튼을 클릭해보세요. /other로 리다이렉트되면서 파일에 저장된 메시지가 나옵니다. 여러 번 메시지를 전송하여 메시지가 파일에 추가되는지 확인해봅시다.

여기서는 컴포넌트에서 readData를 호출하여 파일에 저장된 메시지를 가져오고 <pre> 안에 표시하고 있습니다. 서버 액션을 사용하면 이렇게 파일에서 데이터를 쉽게 가져올 수 있습니다. 만약 추가한 텍스트가 표시되지 않는 경우, layout.tsx 파일 상단에 export const revalidate = 0;을 추가해 매번 페이지를 생성하도록 수정해보세요.

클라이언트 컴포넌트의 경우는?

앞에서는 서버 컴포넌트에서 readData를 호출했지만, 클라이언트 컴포넌트를 사용하는 경우에는 어떻게 될까요? 다음은 클라이언트용으로 수정한 other 폴더의 page.tsx 코드입니다.

▼ 코드 6-12

```
"use client";
import Link from 'next/link';
import {readData} from '../server-action';
import {useState,useEffect} from 'react';

export default function Other() {
  const [data,setData] = useState('nodata');
  useEffect(()=>{
    readData().then(res=>{
      setData(res);
    });
  },[]);
  return (
    <main>
      <h1 className="title">Other page</h1>
      <p className="msg">메시지를 저장했습니다.</p>
      <pre className="m-5 p-2 border">{data}</pre>
      <div>
        <Link href="/">go back!!</Link>
      </div>
    </main>
  );
}
```

여기서는 리액트의 기능을 이용해 텍스트 파일의 내용을 표시합니다. useEffect로 readData를 호출하여 텍스트 파일의 내용을 받아오고 setData로 data 스테이트에 설정합니다. 이로써 <pre> 태그 안에 data의 텍스트를 표시할 수 있게 됩니다.

서버 액션은 비동기로 작동하므로 단순히 readData만 호출해서는 제대로 표시되지 않습니다. 그래서 useEffect를 사용해 데이터를 읽어오고, data 스테이트로 표시가 업데이트되도록 했습니다.

서버 컴포넌트와 비교하면 조금 번거롭게 느껴지지만, 이는 리액트의 가장 기본적인 사용 방법이라고 할 수 있습니다. 클라이언트 컴포넌트는 리액트 컴포넌트라는 점을 잘 이해해 둡시다.

6.3 SWR에 의한 네트워크 액세스

6.3.1 fetch에서 SWR로

지금까지 fetch를 사용해 JSON 데이터를 가져오는 예제를 몇 개 작성해봤습니다. 서버 컴포넌트에서는 단순히 데이터를 받아 이용하는 것뿐이지만 클라이언트 컴포넌트에서는 UI 등을 조작해 데이터를 가져와서 업데이트하는 경우도 자주 있습니다.

예제에서는 따로 예외를 처리하지 않았지만, 실제 개발에서는 데이터를 제대로 가져오지 못하는 경우를 대비하여 예외 처리도 고려해야 합니다. 가져온 데이터의 업데이트는 스테이트 훅을 사용하게 될 것이고, 필요에 따라서는 이펙트 훅을 사용하는 경우도 있을 겁니다. 그냥 서버에서 데이터를 가져오는 것뿐인데도 어느새 코드가 점점 복잡해지는 것을 느낄 수 있을 것입니다.

좀 더 간단하게 서버에 액세스하는 방법은 없을까요? 이런 요구에 대응하고자 Next.js 개발사인 Vercel은 오픈 소스 패키지인 SWR을 제공합니다.

SWR은 리액트의 훅을 이용해 데이터에 간편하게 액세스할 수 있게 도와주는 패키지입니다. 리액트에는 스테이트처럼 자동으로 업데이트되는 값을 다루기 위한 기능이 있고, 이를 읽고 쓰기 위해 스테이트 훅 기능도 제공합니다. SWR도 이와 마찬가지로 훅 형태로 제공되며, 서버에서 데이터를 자동으로 가져와서 표시를 업데이트하는 기능이 있습니다.

SWR 설치하기

SWR은 Next.js에 기본으로 포함되어 있지 않습니다. 따라서 SWR을 이용하려면 먼저 설치부터 해야 합니다.

명령 프롬프트에서 프로젝트 폴더(여기서는 sample_next_app을 이용합니다)로 이동한 후 다음 명령을 실행합니다. 의존성 문제로 설치가 안 될 경우, --force 옵션을 추가하여 시도해 보세요.

▼ 프롬프트

```
npm install swr
```

▼ 그림 6-7 npm install 명령으로 SWR을 설치한다

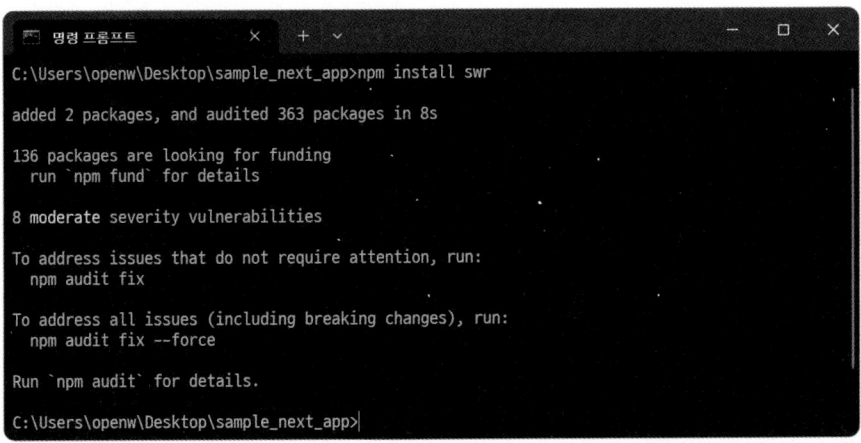

명령을 실행하면 SWR이 프로젝트에 설치됩니다. SWR은 Next.js뿐만 아니라 리액트 프로젝트에서도 사용할 수 있으므로 생성한 모든 프로젝트에 설치해두면 좋습니다.

6.3.2 SWR의 기본

그렇다면 SWR은 어떻게 사용하는 걸까요? 기본적인 사용법을 설명하겠습니다. 우선 SWR을 사용하려면 파일 상단에 다음과 같이 import문을 준비해야 합니다.

```
import useSWR from 'swr';
```

useSWR은 SWR을 이용하기 위한 훅입니다. 이를 이용해 SWR 액세스에 필요한 값을 생성합니다. useSWR은 다음과 같이 호출합니다.

▼ useSWR의 기본형

```
const {data, error, mutate, isLoading} = useSWR(주소, 《 fetcher 》, 옵션);
```

useSWR의 반환값으로 값 4개가 준비되어 있습니다. 이들을 {}를 사용해 각 변수에 할당해서 사용합니다. 각각 다음과 같습니다.

data	서버에서 가져온 데이터가 저장됩니다.
error	데이터를 가져올 때 오류가 발생하면 오류 정보가 저장됩니다.
mutate	데이터를 업데이트하는 함수입니다. 이 함수를 호출해서 강제로 업데이트할 수 있습니다.
isLoading	로딩 시 상태를 나타내는 boolean 값입니다.

SWR을 사용하여 데이터를 정상적으로 가져온 경우, 그 데이터가 변수 data에 저장됩니다. 데이터에 액세스할 때 시간이 걸리는 경우, 변수 isLoading 값을 확인합니다. 그 값이 true라면 데이터가 로딩 중임을 나타냅니다.

fetcher에 대해서

useSWR 함수에는 세 가지 인수를 지정합니다. 첫 번째 인수는 액세스할 곳을 나타내는 것으로, 일반적으로 URL이나 경로를 나타내는 텍스트를 설정합니다. 세 번째 인수에는 옵션 정보를 설정하는데 지금은 사용하지 않습니다.

문제는 두 번째 인수로, 여기에는 fetcher를 지정합니다.

fetcher는 데이터를 가져올 때 사용하는 함수입니다. useSWR은 fetcher로 지정된 함수를 사용하여 데이터를 가져옵니다. 따라서 SWR을 사용하려면 fetcher 작성 방법을 알아둘 필요가 있습니다.

fetcher는 데이터에 액세스하는 것이라면 어떤 것이든 이용할 수 있습니다. 서버에 접속해서 데이터를 가져오는 함수라면, 지금까지 이용해온 fetch 함수를 그대로 사용하는 것이 기본이겠죠. fetch 함수는 텍스트를 가져오느냐 JSON 객체를 가져오느냐에 따라 작성 방법이 조금 달라집니다.

▼ 텍스트를 가져오는 fetcher 함수

```
(...args) => fetch(...args).then(res => res.text())
```

▼ JSON 객체를 가져오는 fetcher 함수

```
(...args) => fetch(...args).then(res => res.json())
```

이것들은 **이대로 작성한다**고 기억해두세요. 두 가지를 조합하는 경우는 거의 없으므로 둘 중 하나를 fetcher로 지정해두면 됩니다.

6.3.3 데이터 아이템을 컴포넌트로 만들기

실제로 SWR을 사용해봅시다. 지금까지는 fetch 함수를 사용하여 sample.json에서 message를 가져와 표시하는 예제를 만들었습니다. 이와 동일한 구조를 SWR로 만들어봅시다.

app 폴더에 있는 page.tsx를 열고 다음과 같이 작성하세요.

▼ 코드 6-13

```
"use client";
import useSWR from 'swr';

const url = '/sample.json';
const fetcher = (...args) =>
  fetch(...args).then(res => res.json());

export default function Home() {
```

```
    const {data, error, isLoading} = useSWR(url, fetcher);

    function doSWR() {
      if (error) return <p>ERROR!!</p>;
      if (isLoading) return <p>isLoading...</p>;
      return <p>{data.message}</p>;
    }

    return (
      <main>
        <h1 className="title">Index page</h1>
        <p className="msg font-bold">
          ※SWR로 데이터를 가져옵니다.
        </p>
        <div className="border p-2 m-5">{doSWR()}</div>
      </main>
    );
  }
```

▼ 그림 6-8 시작 페이지에 접속하면 sample.json에서 message를 가져와서 표시한다

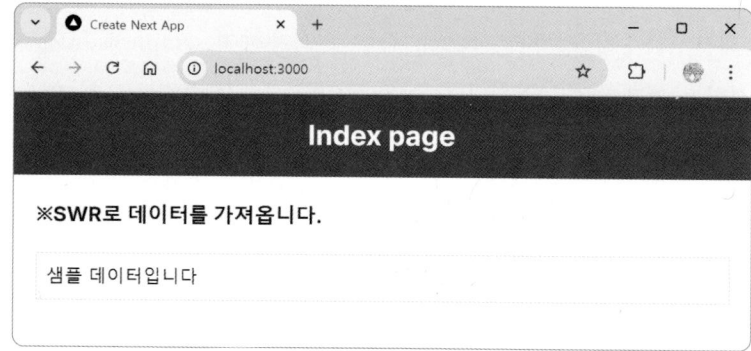

실제로 시작 페이지에 접근하면 sample.json에서 가져온 message 텍스트가 표시됩니다. 간단한 예제이지만, SWR의 기본적인 사용 방법을 이해할 수 있을 것입니다.

처리 흐름 정리하기

코드를 하나씩 살펴봅시다. 코드 시작 부분을 보면 "use client"가 있습니다. useSWR은

리액트의 훅을 사용하기 때문에 클라이언트 측에서만 동작합니다. 서버 컴포넌트에서는 사용할 수 없으니 주의하세요.

이어서 useSWR을 임포트하는 구문을 기술합니다.

```
import useSWR from 'swr';
```

이제 useSWR을 사용할 수 있습니다. 그리고 컴포넌트 함수 앞에 상수 두 개를 준비했습니다. 하나는 액세스할 경로이고, 다른 하나는 fetcher 함수입니다.

```
const url = '/sample.json';
const fetcher = (...args) => fetch(...args).then(res => res.json());
```

url에는 '/sample.json'을 지정했는데, fetch 함수처럼 http://localhost:3000/sample.json이라고 전체 URL을 지정할 필요는 없습니다. 상대 경로로 지정하면 됩니다.

fetcher는 앞서 설명한 JSON 객체용 fetcher를 그대로 설정했습니다. 이것으로 상수 fetcher에 함수가 준비됐습니다. 이 fetcher를 useSWR에서 사용하면 됩니다.

이제 컴포넌트 함수에 있는 useSWR을 살펴봅시다.

```
const {data, error, isLoading} = useSWR(url, fetcher);
```

useSWR의 인수는 미리 준비해둔 url과 fetcher를 그대로 지정합니다. 이때 반환되는 값은 {data, error, isLoading}에 각각 할당되게 했습니다. mutate는 사용하지 않으므로 생략했습니다.

doSWR 함수에 대해서

이제 SWR을 위한 처리는 끝났으며, useSWR만 준비되면 더 이상은 할 일이 없습니다.

여기서는 SWR로 얻은 값을 표시하고자 doSWR 함수를 준비했습니다. 이 함수는 <div> 태그의 콘텐츠로서 {doSWR()} 형태로 삽입해 사용합니다.

그렇다면 doSWR 함수는 어떤 처리를 하고 있을까요? 사실은 매우 간단합니다.

▼ 오류 발생 표시
```
if (error) return <p>ERROR!!</p>
```

▼ 로딩 중 표시
```
if (isLoading) return <p>isLoading...</p>
```

▼ 그 외 표시
```
return <p>{data.message}</p>
```

우선 if (error)로 오류가 발생했는지 여부를 확인합니다. 그런 다음, if (isLoading)으로 로딩 중인지 확인합니다. 이들은 각각의 상태를 나타내는 JSX를 반환합니다. 그 외의 경우(정상적으로 값을 얻은 경우)에는 가져온 값을 표시하는 JSX를 반환합니다. {data.message}로 가져온 데이터에서 message를 추출해 표시하는 것을 알 수 있습니다.

이처럼 SWR에서는 로딩 중인 처리도 useSWR로 얻은 값을 확인하여 표시할 JSX를 반환하는 것만으로 작성할 수 있습니다. 지정된 URL에서 얻은 값을 표시할 때도 그저 JSX를 작성하기만 하면 됩니다.

전체적으로 코드 살펴보면, 실제로 지정된 URL에 접속하거나 데이터를 가져오는 처리 등의 구체적인 코드가 전혀 없다는 것을 알 수 있습니다. 이것이 SWR을 사용하는 가장 큰 이유입니다.

SWR은 리액트의 훅을 이용하므로 값이 업데이트되면 표시도 자동으로 업데이트됩니다. 프로그래머가 직접 데이터에 액세스하여 처리할 필요가 없으며, useSWR로 데이터를 가져올 변수를 준비해두고 그 변수를 삽입하기만 하면 하면 됩니다.

물론 가져온 데이터를 기반으로 다양하게 처리해야 한다면 이를 위한 처리가 필요할 것입니다(이펙트 훅을 이용하여 useSWR에서 얻은 스테이트의 업데이트 이벤트로 처리하면 됩니다). 하지만 단순히 필요한 데이터를 가져와서 표시만 하면 되는 경우에는 SWR을 사용하면 액세스나 표시 등을 전혀 신경 쓸 필요가 없습니다.

6.3.4 데이터 아이템 컴포넌트화하기

sample.json에는 데이터로 더미 데이터도 준비되어 있었습니다. 이렇게 여러 항목으로 구성된 데이터는 SWR로 가져오는 것뿐만 아니라, 항목을 표시하는 컴포넌트를 이용하면 더욱 유연하게 대처할 수 있습니다.

간단한 예제를 만들어봅시다. 먼저 데이터 표시를 위한 스타일 클래스를 추가하고, global.css를 열어 다음과 같이 추가합니다.

▼ 코드 6-14

```
table {
  @apply m-5;
}
table tr th {
  @apply border-solid border-2 bg-blue-100 px-10;
}
table tr td {
  @apply border-solid border-2 p-2;
}
```

추가한 스타일 클래스를 보면 알 수 있듯이 이번에는 테이블을 이용해서 데이터를 표시해 보겠습니다.

데이터용 컴포넌트 만들기

가져온 데이터를 표시하는 컴포넌트를 만들어봅시다. app 폴더 안에 JsonItem.tsx 파일을 새로 생성하고, 다음의 코드를 작성합니다.

▼ 코드 6-15

```
"use client";

export default function JsonItem(props) {
  return (
    <tr>
      <td>{props.data.name}</td>
      <td>{props.data.mail}</td>
      <td>{props.data.age}</td>
    </tr>
  );
}
```

컴포넌트 내에서 이용하는 컴포넌트도 같은 컴포넌트이므로 .tsx 파일로 만들어 app 폴더 내부에 배치합니다. 기본적으로 지금까지 사용했던 페이지의 콘텐츠를 표시하는 컴포넌트와 같은 느낌으로 작성하면 됩니다.

우선 첫머리에 "use client"라고 명시해 클라이언트 컴포넌트로 다루도록 했습니다. 이 컴포넌트는 클라이언트 컴포넌트로 만들어진 시작 페이지의 컴포넌트(Home 컴포넌트)에서 이용하는 것이므로 서버 컴포넌트가 되어버리면 제대로 이용할 수 없습니다.

JsonItem 컴포넌트 함수에서는 속성을 전달하는 props를 인수로 지정하고, 그 안의 데이터에서 값을 추출해 표시되도록 합니다. 예를 들어 {props.data.name}과 같은 부분이죠. props.data 안에는 name, mail, age와 같은 값이 저장되어 있다고 가정하고 표시할 페이지를 작성합니다.

여기서는 <table>로 데이터를 표시하고자 <tr> ~ </tr> 형태로 작성했습니다.

JsonItem 컴포넌트로 데이터 표시하기

완성된 JsonItem 컴포넌트를 이용해 sample.json에서 가져온 데이터를 표시해봅시다. app 폴더 안의 page.tsx를 열고 다음과 같이 내용을 수정하세요.

▼ 코드 6-16

```
"use client";
import JsonItem from './JsonItem';
import useSWR from 'swr';

const url = '/sample.json';
const fetcher = (...args) => fetch(...args)
  .then(res => res.json());

export default function Home() {
  const {data, error, isLoading} = useSWR(url, fetcher);

  const doItem = (value)=>{
    return <JsonItem data={value} />;
  };

  return (
    <main>
      <h1 className="title">Index page</h1>
      <p className="msg font-bold">
        ※SWR로 데이터를 가져옵니다.</p>
      <table>
        <thead>
          <tr>
            <th>name</th>
            <th>mail</th>
            <th>age</th>
          </tr>
        </thead>
        <tbody>
        {data ? data.data.map((value)=>doItem(value))
          : <tr><td>-</td><td>-</td><td>-</td></tr>}
        </tbody>
      </table>
    </main>
  );
}
```

▼ 그림 6-9 시작 페이지에 접속하면 sample.json에서 data의 데이터를 가져와 테이블로 정리해 표시한다

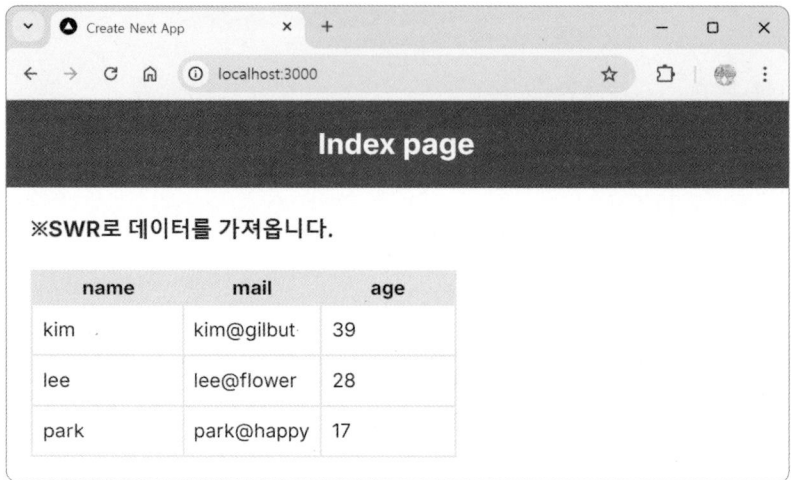

시작 페이지에 접속하면 sample.json의 data에 저장된 데이터가 테이블로 정리되어 표시됩니다. JsonItem 컴포넌트로 테이블에 표시할 데이터를 레이아웃하여 표시하는 것입니다.

처음에는 다음과 같이 JsonItem 컴포넌트를 임포트했습니다.

```
import JsonItem from './JsonItem';
```

export default를 통해 내보내므로 {JsonItem}처럼 작성할 필요는 없습니다. useSWR로 sample.json에서 데이터를 가져오는 부분은 지금까지 만들었던 예제와 완전히 동일합니다. 다른 점은 가져온 데이터를 표시하는 부분뿐입니다.

데이터 표시는 JsonItem 컴포넌트에서 하고 있습니다. 이 컴포넌트를 이용하는 것은 doItem 함수 부분입니다.

```
const doItem = (value)=>{
  return <JsonItem data={value} />;
};
```

인수로 넘어온 value를 data 속성에 지정하여 JsonItem 컴포넌트로 만들어 반환합니다. 컴포넌트에서는 data={value}와 같은 형태로 속성을 지정합니다. HTML이나 페이지용 컴포넌트와 마찬가지로 속성을 사용해 컴포넌트에 값을 전달할 수 있습니다.

data 속성에 설정된 값은 그대로 JsonItem 컴포넌트 함수에 준비한 props의 data 속성으로 전달됩니다.

다음은 doItem 함수를 사용해서 JSX 안에 data 값을 JsonItem 컴포넌트로 포함하는 부분입니다.

```
{data ? data.data.map((value)=>doItem(value))
 : <tr><td>-</td><td>-</td><td>-</td></tr>}
```

이런 코드에 익숙하지 않으면 어떤 동작을 하는지 잘 모를 수도 있습니다. 이 {} 부분은 삼항 연산자를 사용해 다음과 같이 작성되어 있습니다.

```
data ? 값이 있을 때의 내용 : 값이 없을 때의 내용
```

data에 값이 있을 때는 ? 바로 다음 부분이 실행되며, 값이 없을 때는 마지막에 있는 <tr> ~ </tr> 부분이 실행됩니다.

여기에서는 자바스크립트(타입스크립트도 마찬가지) 배열에서 제공하는 map 메서드로 화면에 표시되도록 합니다. map은 배열의 값을 순서대로 꺼내 처리하는 메서드로 다음과 같이 호출합니다.

```
배열.map( 인수 => 내용 )
```

map 메서드의 인수로는 화살표 함수를 지정했습니다. 화살표 함수로 배열에서 가져온 값이 인수로 전달됩니다. 여기서 출력할 내용을 준비하면 배열의 값마다 해당 내용이 출력됩니다.

6.3.5 서버 측에서 SWR 이용하기

클라이언트에서 데이터에 액세스할 경우, 현시점에서는 SWR이 가장 다루기 쉬운 방식이라고 할 수 있습니다. 훅을 이용하므로 데이터 가져오는 것을 잊는다거나 업데이트 누락 등을 걱정할 필요도 없습니다.

그렇다면 서버 사이드에서는 어떨까요? 서버 컴포넌트에서는 SWR을 사용할 수 없습니다. 하지만 SWR의 데이터 액세스나 표시 자동 업데이트 등을 서버 측에서도 사용할 수 있다면 매우 편리할 것입니다.

Next.js에서는 서버 컴포넌트와 클라이언트 컴포넌트를 조합해 사용할 수도 있습니다. 즉, 서버 컴포넌트에 클라이언트 컴포넌트를 삽입하여 사용할 수 있는 것입니다. 다만, 이를 위해서는 약간의 준비가 필요합니다. 조금 내용이 어려우므로 실제 예제를 만들면서 설명하겠습니다.

SWR을 이용해 컴포넌트 만들기

먼저 SWR을 이용한 컴포넌트를 작성합니다. app 폴더에 GetData.tsx 파일을 생성합니다. 그리고 다음과 같이 코드를 작성합니다.

▼ 코드 6-17

```
'use client';
import useSWR from 'swr';

const url = '/sample.json';
const fetcher = (...args) => fetch(...args)
  .then(res => res.json());

export default function GetData() {
  const {data,error,isLoading} = useSWR(url, fetcher);
  return (
    data ?
      <p className="msg border p-2">{data.message}</p>
      : <p className="msg border p-2">nodata</p>
  );
}
```

매우 단순한 컴포넌트입니다. SWR을 사용하여 sample.json에 액세스하고, 데이터를 가져와 message를 표시합니다. 조금 전에 설명한 삼항 연산자를 사용하여 data가 없으면 <p>nodata</p>를 표시하고, 있으면 data.message를 <p>로 표시합니다. 이 부분은 그리 어려운 내용이 아니므로 따로 설명하지 않겠습니다.

프로바이더 컴포넌트 설계

이것으로 SWR을 이용한 클라이언트 컴포넌트가 준비됐습니다. 다음으로 만들 것은 **프로바이더** 컴포넌트입니다. 프로바이더 컴포넌트는 SWR 설정을 구성하기 위한 컴포넌트입니다. 이를 이용하면 컴포넌트 내에 현재 사용 중인 설정과는 다른, 독립적인 설정을 따르는 SWR 컴포넌트를 내장할 수 있습니다.

이 작업은 SWR에서 제공하는 SWRConfig 컴포넌트를 사용해 진행합니다. app 폴더 안에 swr-provider.tsx 파일을 생성하고 다음과 같이 내용을 작성하세요.

▼ **코드 6-18**

```
'use client';
import {SWRConfig} from 'swr';

export const SWRProvider = ({children}) => {
  return <SWRConfig>{children}</SWRConfig>;
}
```

프로바이더 컴포넌트의 구조는 이처럼 매우 단순합니다. 임포트한 SWRConfig 컴포넌트를 사용하고, 그 사이에 children으로 자식 컴포넌트를 삽입하여 표시하는 것뿐이죠.

이렇게 하면 SWRProvider 내부에서 SWR을 새롭게 구성해 동작합니다. 쉽게 말해, SWRProvider를 삽입한 바깥쪽 컴포넌트와 독립적으로 SWRProvider 안쪽 컴포넌트를 동작시킬 수 있다고 생각하면 됩니다.

서버 컴포넌트에 SWR로 만든 컴포넌트 삽입하기

완성한 프로바이더 컴포넌트를 서버 컴포넌트에 넣어봅시다. 이번에도 시작 페이지의 컴포넌트를 사용합니다. app 폴더 내의 page.tsx 파일을 열어 다음과 같이 작성하세요.

▼ 코드 6-19

```
"use server";
import {SWRProvider} from './swr-provider';
import GetData from './GetData';

export default async function Home() {
  return (
    <main>
      <h1 className="title">Index page</h1>
      <p className="msg font-bold">
        ※SWR로 데이터를 가져옵니다.</p>
      <SWRProvider>
        <GetData />
      </SWRProvider>
    </main>
  );
}
```

▼ 그림 6-10 시작 페이지에 sample.json의 message가 표시된다

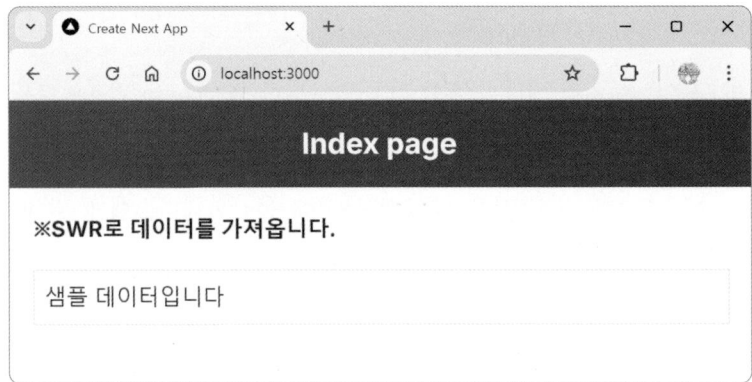

시작 페이지에 접속하면 sample.json의 message 값이 표시됩니다. 자세히 보면 처음 접속할 때 순간적으로 nodata가 표시된 후 message 텍스트가 표시되는 것을 눈치챘을 겁니다. 처음에는 sample.json의 데이터를 아직 가져오지 못해 nodata가 표시되지만, 데이터를 가져온 후에는 제대로 message로 표시됩니다. 데이터를 가져오면 화면이 자동으로 업데이트되므로 SWR의 장점이 제대로 작동하고 있음을 알 수 있습니다.

이 컴포넌트는 "use server"를 지정하여 서버 컴포넌트로 생성했습니다. 즉, 서버 컴포넌트 안에 클라이언트 컴포넌트인 GetData를 삽입해 동작하게 한 것입니다. 여기서는 다음과 같이 컴포넌트를 이용하고 있습니다.

```
<SWRProvider>
  <GetData />
</SWRProvider>
```

SWRProvider가 GetData 컴포넌트를 자식 컴포넌트로서 포함하고 있습니다. 이렇게 함으로써 SWRProvider 내부에서 SWR을 이용하는 클라이언트 컴포넌트가 독립적으로 작동하게 됩니다.

SWR은 클라이언트에서만 작동하지만, 이런 방식으로 프로바이더 컴포넌트를 도입하면 서버 컴포넌트에서도 사용할 수 있습니다.

서버와 클라이언트 각각에 필요한 처리를 구현하고 이를 잘 조합하여 사용하면 '서버라서, 클라이언트라서'와 같은 틀에 얽매이지 않고 개발할 수 있습니다.

CHAPTER 07

API 작성과 이용

웹 애플리케이션에서는 웹 페이지 외에 웹 API라는 것도 사용됩니다. 이는 데이터를 주고 받기 위한 기술로, API를 이용하면 서버와 데이터를 주고받을 수 있습니다. 이 장에서는 페이지 라우터와 앱 라우터에서 각각 API를 작성하는 방법을 설명합니다.

포인트

* 페이지 라우터의 API 작성 방법을 이해한다.
* 앱 라우터의 API 작성 방법을 이해한다.
* API를 이용하여 파일을 조작하는 방법을 학습한다.

7.1 페이지 라우터와 API

7.1.1 웹 액세스와 API

지금까지 만든 Next.js 애플리케이션은 모두 **컴포넌트 기반 페이지** 형태로 구현했습니다. 웹 애플리케이션은 기본적으로 페이지를 표시합니다. 그밖에도 웹 애플리케이션에서는 API 라는 것을 만들 수 있습니다.

API(웹 API)는 웹 애플리케이션의 기능이나 다른 프로그램과 공유하는 서비스 등을 제공하는 인터페이스를 말하며, 웹에서는 다양한 데이터를 이용합니다. 예를 들어 이전 장에서 sample.json이라는 JSON 파일에 직접 액세스하여 데이터를 가져왔습니다. 그 예처럼 JSON을 통해 웹 페이지와 데이터를 주고받는 일은 자주 있습니다.

이를 더 발전시켜 지정한 ID를 파라미터로 보내면 관련 데이터를 얻을 수 있다고 생각해 봅시다. 이런 경우에는 JSON 파일을 배치해 액세스하는 방식이 통하지 않으므로 전송된 정보를 바탕으로 필요한 데이터를 가져와 JSON 데이터로 반환하는 기능이 필요합니다. 이것이 바로 API입니다.

API는 기존의 웹 페이지 컴포넌트처럼 HTML을 이용해 페이지를 작성하지 않습니다. API가 주고받는 것은 필요한 정보를 기술한 텍스트나 JSON/XML과 같은 데이터입니다.

HTML 코드가 아니라 데이터를 그대로 출력하므로 지금까지처럼 컴포넌트로 정의할 수는 없습니다. 그렇다면 어떻게 API를 작성할 수 있을까요?

라우팅 방식에 따라 API는 달라진다

Next.js에는 API 작성을 위한 기능이 잘 갖춰져 있으므로 걱정할 필요는 없습니다. 단, 주의해야 할 것은 **라우팅 방식에 따라 만드는 방법이 조금 다르다**는 점입니다.

Next.js에는 앱 라우터와 페이지 라우터가 있습니다. 어떤 라우터를 사용하느냐에 따라 API를 작성하는 방법이 달라집니다. 따라서 두 라우팅 방식에 대해 각각 API를 작성하는 방법을 배워야 합니다. 이 점을 꼭 기억해둡시다.

7.1.2 api 폴더에 대해서

먼저 페이지 라우터의 API부터 설명하겠습니다. 비주얼 스튜디오 코드에서 sample_next_page 폴더를 열어둡니다. 또 명령 프롬프트에서도 sample_next_page 폴더로 이동한 후 npm run dev를 실행하세요.

sample_next_page의 src 폴더 안에 있는 pages 폴더를 보면, 지금까지 사용한 적이 없는 api 폴더가 있을 것입니다. 이 폴더는 API 코드를 배치하는 전용 폴더입니다. 페이지 라우터에서는 api 폴더에 배치한 코드 파일을 자동으로 API 코드로 인식합니다.

이 폴더에는 hello.ts라는 예제 파일이 기본으로 준비되어 있습니다. .ts 확장자는 타입스크립트 소스 코드 파일을 나타냅니다. API 폴더에는 컴포넌트 파일(.tsx 파일)이 아니라 타입스크립트 소스 코드 파일이 배치됩니다.

▼ **그림 7-1** pages 폴더 아래의 api 폴더가 API 전용 폴더가 된다

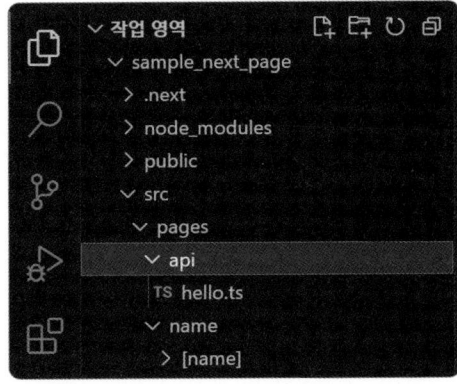

API에 액세스하기

다음으로 API가 어떻게 작동하는지 살펴보겠습니다. http://localhost:3000/api/hello에 액세스해봅시다. api 폴더의 hello.ts에 준비된 API 함수는 /api/hello라는 경로로 액세스할 수 있습니다. API는 모두 /api/○○ 경로로 공개되어 있습니다.

브라우저로 접속하면 {"name":"John Doe"}와 같은 텍스트가 표시됩니다. API는 이렇게 JSON 형식의 텍스트를 반환하는 것이 기본이며, 이밖에도 API로 다양한 기능을 만들 수 있습니다.

▼ 그림 7-2 /api/hello에 액세스하면 {"name":"John Doe"}라는 JSON 데이터가 표시된다

7.1.3 API의 기본 코드

API를 이용하는 코드는 어떻게 되어 있는지 살펴봅시다. hello.ts 파일을 열어 내용을 확인해보겠습니다.

▼ 코드 7-1

```
import type {NextApiRequest, NextApiResponse} from 'next';

type Data = {
  name: string;
};

export default function handler(
  req: NextApiRequest,
  res: NextApiResponse<Data>
) {
  res.status(200).json({name: 'John Doe'});
}
```

이런 코드가 작성되어 있을 것입니다. 보면 알겠지만 컴포넌트 코드와는 많이 다릅니다. 이 코드가 무슨 일을 하는지 순서대로 설명하겠습니다.

API 객체 임포트하기

가장 먼저 보이는 것은 import문입니다. 여기에는 다음과 같이 적혀 있습니다.

```
import type {NextApiRequest, NextApiResponse} from 'next';
```

import문은 Next.js에서 제공하는 API용 객체를 가져오는 것입니다. 이들은 각각 다음과 같은 기능을 합니다.

NextApiRequest	API용 요청 객체입니다. 클라이언트에서 서버로 전송되는 정보 등을 관리합니다.
NextApiResponse	API용 응답 객체입니다. 서버에서 클라이언트로 반환하는 정보 등을 관리합니다.

웹 액세스란 **요청을 보내고 응답을 받는 것**이 기본입니다. 이 두 객체는 액세스의 기본인 요청과 응답 정보를 관리합니다.

객체의 타입 정의

이 코드에서 처음 한 작업은 Data라는 타입(값의 형식)을 정의한 것입니다. 타입 정의 부분은 다음과 같습니다.

```
type Data = {
  name: string;
};
```

{name: string} 객체를 Data라는 이름의 타입으로 정의했습니다. 타입스크립트에서는 type 키워드를 사용해 새로운 타입을 정의할 수 있습니다.

여기서는 클라이언트 측에 응답으로 보낼 JSON 데이터의 타입으로 Data 타입을 정의합니다. 새로 정의한 Data 타입은 나중에 사용합니다.

함수의 정의

그 뒤로 이어지는 export default… 부분이 API 함수입니다. API 함수는 다음과 같은 형태로 정의합니다.

```
export default function handler(
  req: NextApiRequest,
  res: NextApiResponse<Data>
) {
  …실행 내용…
}
```

함수는 반드시 `export default function…` 형식이어야 합니다. 함수 이름은 어떤 것이든 상관없지만, 이해하기 쉽게 일반적으로 `handler`로 지정합니다.

인수로는 `NextApiRequest`와 `NextApiResponse`가 준비되어 있습니다. 이 중 `NextApiResponse`에는 `<Data>`가 붙어 있지요? 이것은 **제네릭 타입**이라고 불리는 것입니다.

타입스크립트에서는 변수 등을 준비할 때 변수의 타입도 지정할 수 있습니다. 예를 들어 여기에 있는 `req: NextApiRequest`는 `NextApiRequest` 타입의 요청 객체가 들어가는 변수 `req`를 나타냅니다.

하지만 객체 중에는 특정 타입의 값을 사용하도록 설계된 것도 있습니다. 예를 들어 배열이라면 `number` 타입의 값만 저장하는 배열을 만들 수도 있겠죠. 이처럼 객체에서 사용할 수 있는 타입을 지정하는 데 사용되는 것이 바로 제네릭입니다.

여기서 `res: NextApiResponse<Data>`는 'Data 타입의 값'을 처리하는 `NextApiResponse` 응답 객체가 들어가는 변수 `res`를 나타냅니다. `NextApiResponse`는 클라이언트에 반환하는 정보를 관리합니다. 즉, Data 타입의 값을 반환하는 `NextApiResponse`를 의미합니다.

JSON 데이터 반환하기

`handler` 함수에서 처리하는 것은 단 한 줄짜리 코드입니다. 이 코드는 구문 하나로 작성되어 있지만, 메서드 두 개를 연속으로 호출합니다.

```
res.status(200).json({name: 'John Doe'});
```

앞서 설명한 것처럼 res는 인수로 전달되는 `NextApiResponse<Data>` 객체입니다. res에서 다음과 같은 메서드를 호출하고 있습니다.

```
status(코드)
```

status는 응답의 상태 코드를 설정하는 메서드입니다. 상태 코드를 이용해 응답을 정상적으로 받았는지 여부를 나타내는데, 여기서는 200을 사용합니다. 이는 요청한 작업이 성공하여 정상적으로 처리됐음을 나타내는 상태 코드이며, 이런 경우 일반적으로 200을 사용합니다.

```
json({name: 'John Doe'})
```

다음으로 호출하는 것은 JSON 데이터를 응답으로 설정하는 메서드입니다. 인수로 타입스크립트 객체를 지정하면 이를 JSON 형식의 텍스트로 변환하여 응답 데이터로 설정합니다.

여기서는 {name: 'John Doe'}로 설정했습니다. 이때 주의할 점은 res에서는 Data 타입의 값만 사용할 수 있다는 것입니다. 앞에서 <Data>라고 제네릭 타입을 지정했었죠. 이로 인해 반환할 수 있는 값으로 Data 타입만 사용할 수 있고 다른 것은 사용할 수 없습니다.

이와 같이 API 함수는 status와 json을 호출하여 상태 코드와 반환할 JSON 데이터를 설정할 수 있습니다. 이것만 확실히 해두면 API 함수로 사용할 수 있습니다.

7.1.4 컴포넌트로 API 이용하기

이제 예제 API를 활용해보겠습니다. 여기서는 시작 페이지의 컴포넌트를 수정하여 API로 데이터를 가져와 표시해보겠습니다. 참고로 여기서는 SWR을 사용할 것이므로 명령 프롬프트에서 `npm install swr`을 실행하여 프로젝트에 SWR을 설치해야 합니다.

SWR을 설치한 후 pages 폴더의 index.tsx를 열어 다음과 같이 코드를 작성하세요.

▼ 코드 7-2

```
'use client';

import {Inter} from 'next/font/google';
import useSWR from 'swr';

const inter = Inter({subsets: ['latin']});

const url = '/api/hello';
const fetcher = (...args) => fetch(...args)
  .then(res => res.json());

export default function Home() {
  const {data, error, isLoading} = useSWR(url, fetcher);
  return (
    <main>
      <h1 className="header">Index page</h1>
      <p>API를 이용하는 예제입니다.</p>
      <p className="border p-3">
        result: {error ? "ERROR!!" : isLoading ? "loading..." : data.name}
      </p>
    </main>
  );
}
```

▼ 그림 7-3 시작 페이지에 접속하면 API에 액세스해서 가져온 데이터를 표시한다

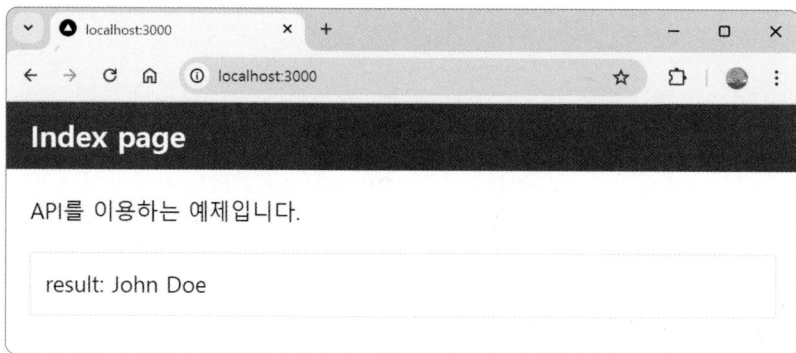

코드를 다 작성했으면 시작 페이지에 접속해 결과를 확인해봅시다. API 액세스에 성공하면 result: John Doe라고 화면에 데이터가 표시됩니다.

여기서는 SWR을 이용합니다. 먼저 액세스할 경로와 fetcher 함수를 다음과 같이 준비합니다.

```
const url = '/api/hello';
const fetcher = (...args) => fetch(...args)
.then(res => res.json());
```

fetcher는 then에 res => res.json() 함수를 지정하여 JSON 객체로 가져오게 합니다. API에서 전송되는 데이터도 JSON을 사용하므로 API의 데이터를 객체로 가져올 수 있습니다.

나머지는 함수 내에서 useSWR 함수로 필요한 데이터를 가져오기만 하면 됩니다.

```
const {data, error, isLoading} = useSWR(url, fetcher);
```

API에서 가져온 객체는 data 변수에 저장됩니다. 여기서 name 값을 가져와 표시하면 됩니다. JSX에서는 다음과 같이 name을 표시합니다.

```
{error ? "ERROR!!" : isLoading ? "loading..." : data.name}
```

useSWR로 얻게 되는 data는 액세스해서 정상적으로 데이터를 가져온 후에만 사용할 수 있습니다. error는 에러가 발생했는지 여부를 나타내고, isLoading은 데이터가 로딩 중임을 나타냅니다. 이 두 값이 모두 false이면 data.name을 표시합니다.

이상으로 API에서 데이터를 가져와 표시하는 예제를 작성해봤습니다. 기본은 **SWR을 사용하여 API에 액세스한다**는 것이며, SWR 사용법만 알고 있다면 누구나 쉽게 API에 액세스할 수 있습니다.

7.1.5 ID 데이터 가져오기

단순히 값만 반환한다면 굳이 API로 설계할 필요가 없을 것입니다. 일반적으로 API는 파라미터 값 등을 기반으로 필요한 값을 추출하는 데 사용됩니다. 이번에는 이와 관련된 예제를 만들어보겠습니다.

예를 들어 ID 값을 파라미터로 전달하면 ID에 해당하는 데이터를 반환하는 API를 생각해 봅시다. api 폴더 안에 data 폴더를 만듭니다.

data 폴더가 준비됐으면 그 안에 새로운 파일을 생성합니다. 파일 이름은 [id].ts로 하겠습니다. 이름에서 알 수 있듯이 이것은 동적 라우팅의 기능을 이용합니다. 물론 API에서도 동적 라우팅을 사용할 수 있습니다.

이제 /api/data/○○ 형태로 액세스할 API 소스 파일이 준비됐습니다. 이제 [id].ts 파일에 코드를 작성해봅시다.

▼ 코드 7-3

```
import type {NextApiRequest, NextApiResponse} from 'next';

type Data = {
  name: string,
  mail: string,
  age: number
};
const data = [
  {"name":"kim","mail":"kim@gilbut","age":"39"},
  {"name":"lee","mail":"lee@flower","age":"28"},
  {"name":"park","mail":"park@happy","age":"17"},
  {"name":"joe","mail":"joe@change","age":"6"}
];

export default function handler(
  req: NextApiRequest,
  res: NextApiResponse<Data>
) {
  var id = +req.query.id;
```

```
    id = id < 0 ? 0 : id >= data.length ? data.length - 1 : id;
    const result = data[id];
    res.status(200).json(result);
}
```

▼ 그림 7-4 /api/data/번호에 액세스하면 지정한 번호의 데이터를 표시한다

실제로 API에 액세스하여 동작을 확인해봅시다. /api/data/0으로 액세스하면 data의 첫 번째 데이터를 볼 수 있습니다. /api/data/1로 액세스하면 두 번째 데이터가 표시될 것입니다. 경로에서 마지막 숫자에 해당하는 데이터를 가져온다는 것을 확인할 수 있습니다.

여기서는 data 상수에 미리 데이터를 준비해두었습니다. 이 데이터는 type에 의해 다음과 같은 구조로 정의되어 있습니다.

```
type Data = {
  name: string,
  mail: string,
  age: number
};
```

data에 저장된 각 데이터가 Data 타입의 형태라는 것을 알 수 있습니다. 그리고 함수에서는 다음과 같이 전송된 파라미터의 값을 가져오고 있습니다.

```
var id = +req.query.id;
```

경로나 쿼리 문자열로 전송된 파라미터는 NextApiRequest의 query라는 속성에 객체로 저장됩니다. 이 안에 각 파라미터의 값이 속성으로 보관되어 있는 것입니다. 여기서는 경로에 id라는 파라미터가 전달되므로 req.query.id로 하면 해당 값을 추출할 수 있습니다.

컴포넌트에서 API 이용하기

작성한 API를 컴포넌트에서 이용해봅시다. 우선 스타일 클래스를 준비합니다. styles 폴더에 있는 global.css를 열어 다음 코드를 추가합니다.

▼ 코드 7-4

```css
input {
  @apply border p-2 m-5 w-20;
}
```

이제 컴포넌트를 만들어 봅시다. 이번에도 역시 시작 페이지 컴포넌트를 수정하기로 합니다. pages 폴더의 index.tsx를 다음과 같이 수정합니다.

▼ 코드 7-5

```tsx
'use client';
import {Inter} from 'next/font/google';
import {useState} from 'react';
import useSWR from 'swr';

const inter = Inter({subsets: ['latin']});

const urlpath = '/api/data/';
const fetcher = (...args) => fetch(...args)
  .then(res => res.json());

export default function Home() {
  const [num, setNum] = useState(0);
  const [url, setUrl] = useState(urlpath + num);
  const {data, mutate, isLoading} = useSWR(url, fetcher);
```

```
  const doChange = (event)=>{
    const val = event.target.value;
    setNum(val);
    setUrl(urlpath + val);
  }
  return (
    <main>
      <h1 className="header">Index page</h1>
      <p>API 이용 예제입니다.</p>
      <div>
        <input type="number" min="0" max="3"
          onChange={doChange} value={num}/>
      </div>
      <p className="border p-3">
        result: {isLoading ? "reading..."
          : JSON.stringify(data)}
      </p>
    </main>
  );
}
```

▼ 그림 7-5 필드의 숫자를 변경하면 표시되는 데이터가 바뀐다

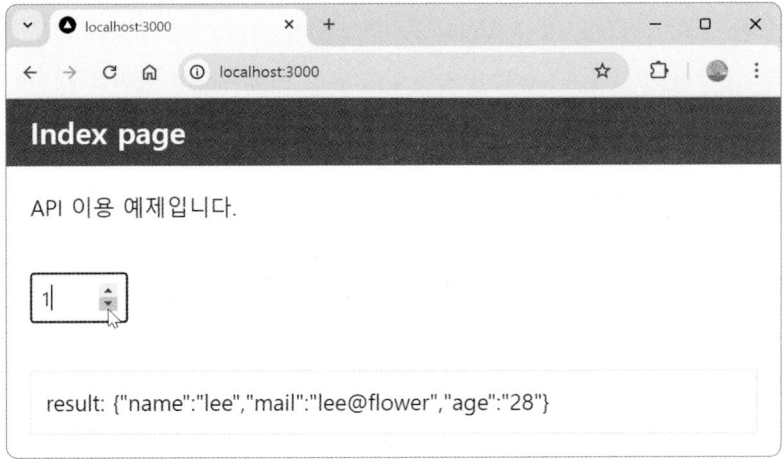

화면에는 숫자를 입력하는 필드가 하나 있습니다. 여기서 숫자를 변경하면 표시되는 데이터가 바뀝니다. 지정한 번호의 데이터가 항상 표시되는 것을 알 수 있습니다.

여기서는 다음과 같은 훅을 준비했습니다.

```
const [num, setNum] = useState(0);
const [url, setUrl] = useState(urlpath + num);
const {data, mutate, isLoading} = useSWR(url, fetcher);
```

num에는 필드 값이 저장되며, url에는 액세스할 API 경로가 저장됩니다. 그리고 data에는 SWR로 가져온 정보가 저장됩니다.

훅을 설정한 다음에는 이벤트를 처리하는 doChange 함수가 등장합니다. 이 함수는 필드 값이 변경될 때 실행됩니다.

```
const doChange = (event)=>{
  const val = event.target.value;
  setNum(val);
  setUrl(urlpath + val);
}
```

event.target.value로 값을 가져온 후 setNum으로 번호를 설정하고 setUrl로 액세스 경로를 변경합니다. 대상이 갱신되면 SWR이 자동으로 다시 액세스하여 화면을 갱신합니다.

SWR로 가져온 데이터는 객체입니다. 여기서는 일단 JSON.stringify(data)를 통해 텍스트로 변환해서 표시했지만, data.name처럼 개별 값을 추출하여 사용할 수도 있습니다.

7.1.6 파일에 액세스하는 API

API는 네트워크 액세스 이외에 데이터 액세스에도 이용됩니다. 파일 액세스를 예로 들면 Node.js에서 제공하는 fs 객체를 사용해 파일에 액세스할 수 있습니다.

파일 액세스를 고려하면 단순히 파일에서 텍스트를 읽어오는 처리뿐만 아니라 텍스트를 전송하여 파일에 추가하는 처리도 필요합니다. 이런 경우, POST 방식으로 데이터를 전송합니다.

그렇다면 API에서 POST 처리는 어떻게 하면 좋을까요? 바로 NextApiRequest의 method 속성을 이용하면 됩니다. method에는 액세스한 방식이 텍스트로 저장되어 있습니다. 이 값이 GET이라면 일반 액세스이고, POST라면 POST 액세스로 판단할 수 있습니다.

파일을 이용하는 API 만들기

실제로 파일에 액세스하는 API를 만들어보겠습니다. api 폴더에 fs.ts 파일을 새로 생성하세요. 그리고 다음과 같이 코드를 작성합니다.

▼ 코드 7-6

```ts
import fs from 'fs';
import type {NextApiRequest, NextApiResponse} from 'next';

type Data = {
  content: string;
}
const path = 'data.txt';

export default function handler(
  req: NextApiRequest,
  res: NextApiResponse<Data>
) {
  var content = '';
  switch(req.method) {
    case 'GET':
      content = fs.readFileSync(path, {flag:'a+'}).toString().trim();
      break;
    case 'POST':
      const body = JSON.parse(req.body);
      fs.appendFileSync(path, body.content + "\n");
      break;
```

```
      default:
        break;
    }
    res.status(200).json({content: content});
  }
```

▼ 그림 7-6 /api/fs에 액세스하면 data.txt의 내용이 표시된다. 이 화면은 텍스트를 추가해서 표시했다

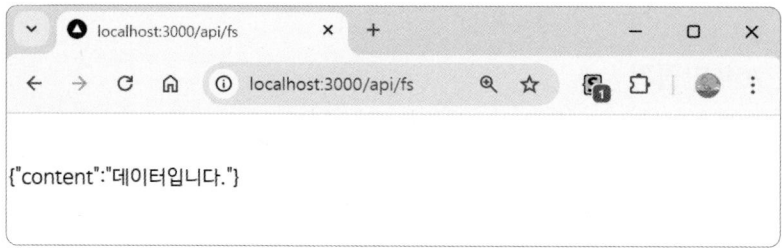

다 작성했으면 실제로 /api/fs에 액세스해봅시다. 아직 아무 파일도 준비하지 않아 {"content":""}로만 표시될 것입니다. 일단 API에 액세스하면 프로젝트 폴더에 data.txt 파일이 생성됩니다(npm run dev 개발 모드로 실행 중인 경우). 이 파일이 바로 우리가 액세스할 파일이 됩니다.

여기서는 handler 함수 내에서 메서드별로 실행할 처리를 switch로 작성했습니다. 어떻게 처리하는지 정리하면 다음과 같습니다.

```
switch(req.method) {
  case 'GET':
  …GET 액세스 처리…
  case 'POST':
  …POST 액세스 처리…
  default:
  …기타 처리…
}
```

req.method 값에 따라 처리를 나누고 있습니다. switch문을 이용하면 GET과 POST 처리를 간편하게 구분하여 작성할 수 있습니다.

파일에서 텍스트를 읽어오기

GET 액세스는 단순히 path에 지정된 파일에서 텍스트를 읽어와서 content에 설정합니다.

```
content = fs.readFileSync(path, {flag:'a+'}).toString().trim();
```

readFileSync로 파일 내용을 읽고 toString을 이용하여 텍스트로 추출합니다. 마지막으로 trim을 호출하여 문자열 앞뒤로 공백(줄바꿈 등)을 제거합니다.

전송된 데이터를 가져와서 저장하기

POST에서는 클라이언트에서 보낸 콘텐츠를 받아 파일에 추가합니다. 먼저 다음과 같은 코드가 나옵니다.

```
const body = JSON.parse(req.body);
```

이 코드는 클라이언트에서 전송된 바디 콘텐츠를 객체로 추출합니다. POST에서는 전달하려는 정보를 바디 콘텐츠로 설정하여 전송합니다. 바디 콘텐츠는 NextApiRequest의 body 속성에 저장되어 있는데, 이를 추출하여 JSON.parse 메서드로 JSON 객체로 변환합니다.

나머지는 변환된 JSON 객체에서 콘텐츠의 텍스트를 추출하여 파일에 추가하기만 하면 됩니다.

```
fs.appendFileSync(path, body.content + "\n");
```

content 값으로 콘텐츠가 전송되는 것을 전제로 처리를 작성했습니다. appendFileSync 메서드에서는 body.content + "\n"으로 콘텐츠에 줄바꿈 문자를 더한 후 path에 지정된 파일에 추가하고 있습니다.

이로써 POST 요청으로 전송된 데이터 처리가 완료됩니다.

7.1.7 API를 이용해 컴포넌트로 파일에 액세스하기

이번엔 새로 만든 API를 사용하는 컴포넌트를 만들어보겠습니다. 먼저 스타일 클래스를 수정합니다. global.css 파일 끝에 다음 코드를 추가하세요.

▼ 코드 7-7

```css
.form {
  @apply p-2 m-5;
}
textarea {
  @apply border w-full;
}
button {
  @apply px-7 py-2 mx-2 bg-blue-800 text-white rounded-lg;
}
pre {
  @apply m-5 p-2;
}
```

이어서 컴포넌트를 작성합니다. 이번에도 시작 페이지의 컴포넌트를 수정하여 사용합니다. pages 폴더의 index.tsx를 열고 다음과 같이 내용을 수정합니다.

▼ 코드 7-8

```
'use client';
import {Inter} from 'next/font/google';
import {useState} from 'react';
import useSWR from 'swr';

const inter = Inter({subsets: ['latin']});

var url = '/api/fs';
const fetcher = (...args) => fetch(...args)
  .then(res => res.json());
```

```
export default function Home() {
  const [input, setInput] = useState('');
  const {data, error, mutate, isLoading} = useSWR(url, fetcher);

  const doChange = (event)=>{
    const val = event.target.value;
    setInput(val);
  }
  const doAction = ()=> {
    const opts = {
      method:'POST',
      body:JSON.stringify({content:input})
    };
    fetch(url,opts)
    .then(resp=>{
      setInput('');
      mutate(url);
    });
  }

  return (
    <main>
      <h1 className="header">Index page</h1>
      <p>API를 이용하는 예제입니다.</p>
      <div className="form">
        <textarea type="text" onChange={doChange}
          value={input} />
        <button onClick={doAction}>Click</button>
      </div>
      <pre className="border p-3">
        {error ? 'ERROR!!' : isLoading ? 'loading...'
          : data ? data.content : ''}
      </pre>
    </main>
  );
}
```

▼ 그림 7-7 텍스트 영역에 텍스트를 입력하고 버튼을 누르면 텍스트가 전송되어 파일에 추가된다

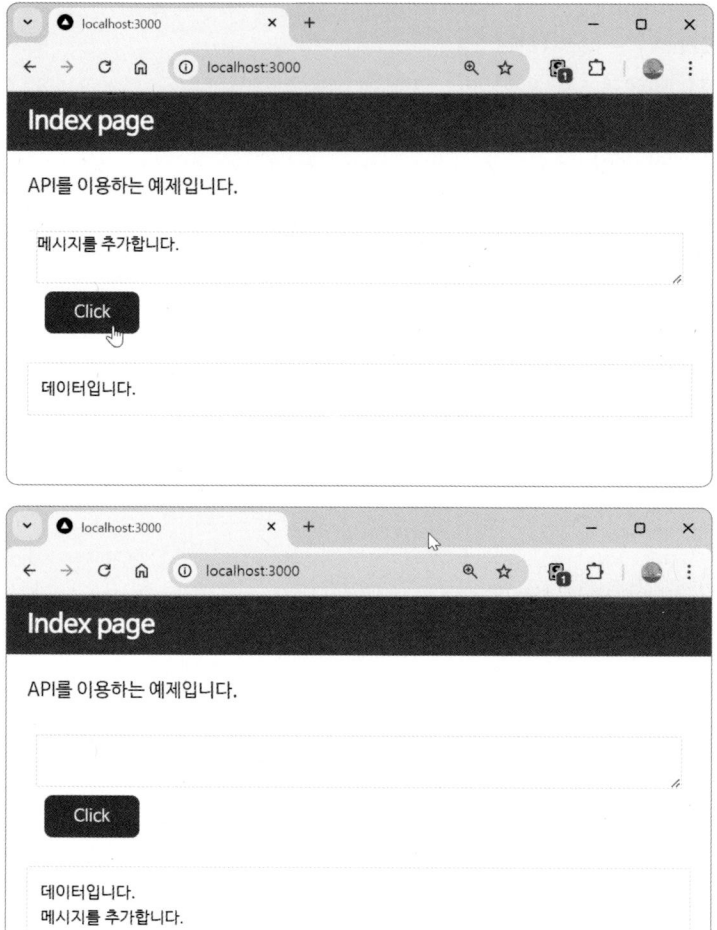

수정했으면 시작 페이지에 접속해 동작을 확인해봅시다. 입력란에 텍스트를 입력하고 버튼을 클릭하세요. 텍스트가 API로 전송되어 파일에 추가될 것입니다. 파일에 텍스트가 추가되면 자동으로 콘텐츠 표시도 업데이트됩니다.

콘텐츠 업데이트는 `mutate(url)`을 호출해 처리합니다. `mutate`를 사용하는 것은 이번이 처음이네요. `mutate`는 데이터를 갱신하기 위해 SWR에서 제공하는 함수로, 다음과 같이 사용합니다.

```
mutate(액세스할 곳);
```

mutate를 이용하면 지정한 곳으로 SWR을 강제로 액세스하게 할 수 있습니다. 초기 설정과 다른 URL로 액세스하거나, 이번 예제처럼 화면 표시를 갱신하는 데도 사용할 수 있습니다. 알아두면 꽤 유용하게 사용할 수 있는 함수이니 기억하기 바랍니다.

7.2 앱 라우터와 라우트 핸들러

7.2.1 앱 라우터의 API와 라우트 핸들러

페이지 라우터에서 API를 이용하는 방법을 어느 정도 이해할 수 있게 됐습니다. 페이지 라우터에서는 기본적으로 api라는 API 전용 공간이 마련되어 있으며, 그곳에 파일을 배치하면 자동으로 API로 인식하도록 되어 있습니다.

그렇다면 앱 라우터에서는 어떨까요? 앱 라우터의 경우, api 폴더와 같은 전용 공간이 없습니다. 기본적으로 app 폴더 내 어느 곳에나 API를 설치할 수 있습니다. 일반 웹 페이지용 컴포넌트와 다른 점은 코드 내용뿐입니다.

앱 라우터에서도 API용 코드는 .ts 확장자로 된 파일(타입스크립트 파일)로 작성되며, 라우트 핸들러(Route Handler)를 이용해 API 처리를 구현합니다.

라우트 핸들러에 대해서

라우트 핸들러는 문자 그대로 클라이언트로부터 오는 요청을 처리하기 위한 것입니다. 이는 전송되는 요청의 HTTP 메서드별로 구현됩니다.

가장 기본적인 GET 메서드의 라우트 핸들러 함수는 다음과 같은 형태입니다.

▼ **GET 라우트 핸들러의 기본형**

```
export async function GET(request: Request) {
    …처리를 준비…
    return 《 Response 》
}
```

GET 메서드용 함수는 그대로 GET이라는 이름으로 정의하고, export async를 통해 비동기 함수로 내보내며, default는 지정하지 않습니다.

인수로 전달되는 Request는 요청에 대한 정보를 가진 객체입니다. 이를 이용해 클라이언트에서 전송된 정보 등을 가져와서 이용할 수 있습니다.

GET은 콘텐츠를 가져오기 위해 사용되는 메서드이므로, 최종적으로 클라이언트에 반환할 콘텐츠를 준비해야 합니다. 이를 Response 객체로 준비하며, Response를 반환하는 것으로 GET 메서드 처리가 완료됩니다.

그런데 Response는 어떻게 만들어야 할까요? 사실은 간단합니다.

▼ **Response 만들기**

```
new Response(콘텐츠, 설정);
```

첫 번째 인수로는 콘텐츠로 반환할 string 값을 지정합니다. 객체를 반환할 경우는 JSON.stringify 등을 사용해 string으로 변환하여 전달합니다.

두 번째 인수로는 전송에 관한 각종 설정 정보를 담은 객체를 지정합니다. 이는 다음과 같은 형태로 준비해야 합니다.

```
{
    status: 코드 번호,
    headers: {…헤더 설정…},
}
```

꼭 필요한 것은 status입니다. 여기에는 상태 코드 번호를 설정합니다. 또 전송할 때 헤더 정보 등이 필요하다면 headers 객체에 설정할 수 있습니다. 헤더 설정에는 키와 값의 쌍을 모은 객체로 설정합니다.

7.2.2 GET 메서드의 라우트 핸들러 만들기

실제로 라우트 핸들러를 만들어보겠습니다. 비주얼 스튜디오 코드에서 sample_next_app을 열고, 명령 프롬프트에서도 해당 폴더로 이동한 후 npm run dev를 실행하세요. app 폴더 안에 rh 폴더를 새로 만들어봅시다. 그리고 이 폴더 안에 route.ts라는 새 파일을 생성합니다.

바로 route.ts 파일이 라우트 핸들러 파일입니다. 라우트 핸들러는 폴더마다 route.ts라는 이름으로 생성합니다. 이렇게 해두고 해당 폴더의 경로로 액세스하면 route.ts의 라우트 핸들러가 실행할 수 있습니다.

여기서는 rh 폴더 안에 배치할 것이므로 /rh 경로로 액세스하면 route.ts의 라우트 핸들러가 호출됩니다.

> **칼럼**
>
> **라우트 핸들러는 컴포넌트보다 우선한다**
>
> 라우트 핸들러를 사용할 때 주의할 점은 다른 컴포넌트와의 충돌입니다. 라우트 핸들러 route.ts는 해당 폴더의 경로에 접근하면 가장 먼저 실행됩니다. 같은 위치에 컴포넌트(page.tsx)가 있어도 해당 컴포넌트는 호출되지 않습니다.
> 따라서 라우트 핸들러를 사용할 때는 이번 예제와 같이 전용 폴더를 준비해서 그 안에 설치해야 합니다.

라우트 핸들러 작성하기

파일이 생성됐으면 이제 소스 코드를 작성해봅시다. 새로 만든 route.ts를 열고 다음과 같이 작성합니다.

▼ 코드 7-9

```
"use server";

export async function GET(request: Request) {
  const res = {content:'Hello, this is API content!'};
  return new Response(JSON.stringify(res), {
    status: 200,
    headers: {'Content-Type': 'application/json'},
  });
}
```

여기서는 클라이언트에 전송할 콘텐츠로 { content:'Hello, this is API content!'}라는 객체를 준비했습니다. 이를 JSON.stringify를 이용해 문자열로 변환하고 new Response에 지정했습니다.

두 번째 인수에는 전송 시 설정 정보로 다음과 같이 지정했습니다.

```
{
  status: 200,
  headers: {'Content-Type': 'application/json'},
}
```

상태 코드 200은 정상적으로 접속에 성공했음을 나타내는 번호입니다. headers에는 'Content-Type' 값을 설정해두었습니다. 이는 콘텐츠의 종류를 나타내는데, 'application/json'으로 설정하면 JSON 데이터가 콘텐츠로 전송된다는 것을 의미합니다.

이제 웹 브라우저로 /rh 경로에 액세스해보면, 전송된 콘텐츠가 텍스트로 표시됩니다.

▼ 그림 7-8 /rh에 액세스하면 콘텐츠를 가져온다

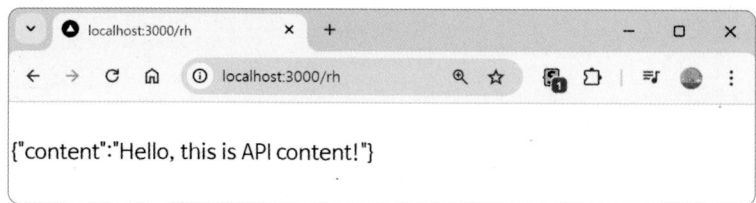

7.2.3 컴포넌트로 API에 액세스하기

완성된 라우트 핸들러를 컴포넌트에서 액세스해봅시다. 시작 페이지의 컴포넌트를 수정해서 사용하겠습니다. app 폴더의 page.tsx를 열고 다음과 같이 코드를 수정하세요.

▼ 코드 7-10

```
"use client";
import useSWR from 'swr';

const url = '/rh';
const fetcher = (...args) => fetch(...args)
  .then(res => res.json());

export default function Home() {
  const {data, error, isLoading} = useSWR(url, fetcher);
  return (
    <main>
      <h1 className="title">Index page</h1>
      <p className="msg font-bold">
        ※SWR로 데이터를 가져옵니다.</p>
      <p className="msg border p-2">
        {error ? 'ERROR!!' : isLoading ?
          'loading...' : data.content}
      </p>
    </main>
  );
}
```

▼ 그림 7-9 시작 페이지에 접속하면 API에서 콘텐츠를 가져와서 표시한다

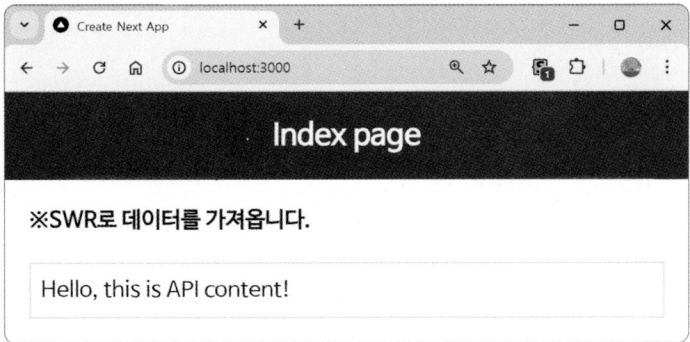

파일을 수정했으면 시작 페이지에 접속해보세요. 화면에 'Hello, this is API content!'라는 텍스트가 표시될 것입니다. 이 텍스트가 바로 /rh에 액세스해서 가져온 콘텐츠입니다.

여기서는 useSWR을 사용해 /rh에서 콘텐츠를 data로 가져오고 있습니다. JSX에서는 data.content로 가져온 JSON 객체에서 content 값을 추출하여 표시합니다. SWR 처리는 이미 여러 번 해봤으니 다시 설명할 필요는 없겠죠.

이제 라우트 핸들러에 의해 **GET 액세스하면 JSON 데이터가 반환되는 API**가 만들어졌고, 컴포넌트에서 사용할 수 있게 됐다는 것을 알 수 있을 것입니다.

7.2.4 ID를 전달해서 액세스하기

기본적인 API 액세스를 이해했다면 좀 더 구체적인 사용법을 생각해봅시다. 먼저 파라미터 사용법을 알아보겠습니다.

라우트 핸들러의 경우, 쿼리 파라미터를 사용하는 것이 가장 간단할 것입니다. Request의 url 속성에는 액세스한 URL의 string 값이 들어 있습니다. 이를 이용해 URL 객체를 생성하고, searchParams 객체를 가져오면 쿼리 파라미터를 사용할 수 있습니다.

그럼, 실제로 간단한 예제를 만들어봅시다. 앱 라우터 프로젝트(sample_next_app)에서는 이전에 sample.json이라는 JSON 파일을 만들어두었습니다. 이 파일에 fetch로 액세스하여 데이터를 가져오고, 쿼리 파라미터로 전달된 ID의 데이터를 반환하는 API를 만들어보겠습니다.

좀 전에 rh 폴더에 배치했던 route.ts 파일을 열고 다음과 같이 수정합니다.

▼ 코드 7-11

```
"use server";

const url = 'http://localhost:3000/sample.json';

export async function GET(request: Request) {
  // sample.json 가져오기
```

```
    const result = await fetch(url, {
      headers: {
        'Content-Type': 'application/json',
      },
    });
    const data = await result.json();

    // 파라미터 가져오기
    const {searchParams} = new URL(request.url);
    var id = +searchParams.get('id');
    id = id < 0 ? 0 : id >= data.data.length ? data.data.length - 1 : id;
    // 데이터 가져오기
    const item = data.data[id];

    return new Response(JSON.stringify(item), {
      status: 200,
      headers: {'Content-Type': 'application/json'},
    });
  }
```

▼ **그림 7-10** /rh?id=1로 액세스하면 인덱스가 1인 데이터를 표시한다

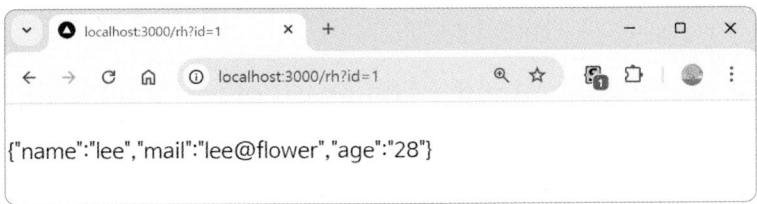

/rh에 액세스해 동작을 확인합니다. 여기서는 id 쿼리 파라미터로 ID 값을 전달하도록 했습니다. /rh?id=1로 설정하면 sample.json의 data 배열에서 인덱스가 1인 데이터를 가져와서 표시합니다. 직접 액세스하여 제대로 표시되는지 확인해봅시다.

데이터를 가져오는 과정

이제 여기서 하는 일을 정리해보겠습니다. 먼저 fetch 함수를 사용하여 url에 액세스하고 있습니다.

```
const result = await fetch(url, {
  headers: {
    'Content-Type': 'application/json',
  },
});

const data = await result.json();
```

fetch 함수는 이미 여러 번 사용해봤으니 어떻게 작동하는지 잘 알고 있을 것입니다. await로 기다렸다가 결과를 받아오면 그 결과에서 json 메서드로 JSON 객체를 추출해 data에 할당합니다. 그 이후는 data에서 필요한 정보를 꺼내어 사용하면 됩니다.

그렇게 하기 위해서는 액세스할 때 전달된 쿼리 파라미터 값이 필요합니다. 쿼리 파라미터 값을 구하기 위해 URL 객체를 생성하고, 거기서 searchParams를 추출합니다.

```
const {searchParams} = new URL(request.url);
```

이제 searchParams에서 get 메서드로 id 파라미터의 값을 가져옵니다.

```
var id = +searchParams.get('id');
id = id < 0 ? 0 : id >= data.data.length ? data.data.length - 1 : id;
```

searchParams는 사실 이전에도 몇 번 등장한 적이 있습니다(사용법은 조금 다르지만, 객체 자체는 동일합니다). searchParams는 get 메서드로 특정 파라미터 값을 가져올 수 있습니다. 여기서는 get('id')로 id 파라미터의 값을 가져와, 0보다 작거나 data.data의 데이터 개수보다 많으면 값을 조정합니다.

이후로는 data 내의 data에서 객체를 꺼내기만 하면 됩니다.

```
const item = data.data[id];
```

남은 작업은 JSON.stringify에서 문자열 값으로 변환한 것을 인수로 지정하여 Response 객체를 생성하고 반환하기만 하면 됩니다.

7.2.5 API를 이용해 지정 ID의 데이터 표시하기

수정한 /rh의 API를 이용하는 예제를 만들어봅시다. 이번에도 시작 페이지의 컴포넌트를 사용합니다. app 폴더 안에 있는 page.tsx를 열고 다음과 같이 코드를 수정하세요.

▼ 코드 7-12

```
"use client";
import {useState} from 'react';
import useSWR from 'swr';

const url = 'http://localhost:3000/rh?id=';
const fetcher = (...args) => fetch(...args)
  .then(res => res.json());

export default function Home() {
  const [input,setInput] = useState(0);
  const {data, error, mutate, isLoading} = useSWR(url + input, fetcher);
  const doChange = (event)=> {
    const val = event.target.value;
    setInput(val);
    mutate(url + val);
  }
  return (
    <main>
      <h1 className="title">Index page</h1>
      <p className="msg font-bold">
        ※SWR로 데이터를 가져옵니다.</p>
      <input type="number" min="0" max="2"
        className="input m-5"
        value={input} onChange={doChange} />
      <p className="msg border p-2">
        {error ? 'ERROR!!' : isLoading ?
```

```
          'loading...' : JSON.stringify(data)}
      </p>
    </main>
  );
}
```

▼ 그림 7-11 필드의 숫자를 변경하면 가져오는 데이터가 변경된다

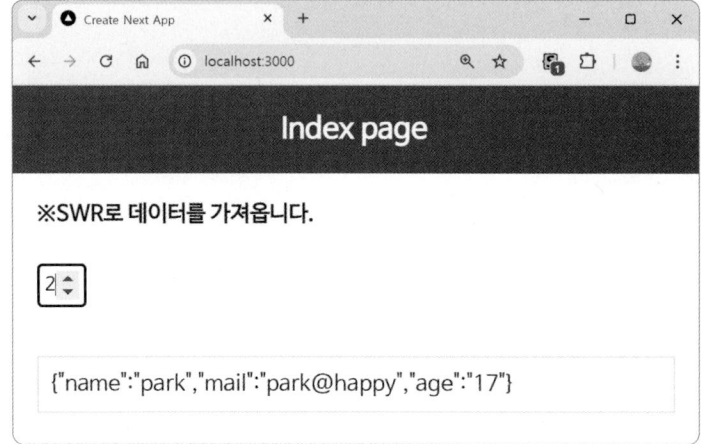

시작 페이지에 숫자를 입력할 수 있는 필드가 추가됐습니다. 이곳에서 숫자를 변경하면 아래에 표시되는 데이터가 바뀝니다. 여기서는 useSWR을 사용해서 지정된 URL에 액세스하여 데이터를 가져오는데, 액세스 경로는 '/rh?id=숫자'로 지정합니다.

데이터를 가져오는 처리는 doChange 함수에서 합니다. 이 함수는 <input>의 값이 변경될 때 실행되는 이벤트 처리 함수로, 입력된 값을 가져와 이를 바탕으로 데이터를 업데이트합니다.

```
const doChange = (event)=> {
  const val = event.target.value;
  setInput(val);
  mutate(url + val);
}
```

doChange 함수 안에서는 `mutate(url + val)`로 데이터를 업데이트하고 있습니다. `mutate`는 SWR에서 제공하는 함수로, SWR이 액세스할 대상이나 콘텐츠를 업데이트합니다. `mutate`를 사용하여 `url + val`이라는 경로에 다시 액세스하고 표시를 업데이트하고 있습니다.

파라미터를 위한 값 입력 등의 처리도 있어 조금 복잡해보이지만, SWR로 API에 액세스하는 기본 원리는 동일합니다. 파라미터를 보내는 방법만 이해하면 의외로 간단하게 필요한 데이터를 주고받을 수 있습니다.

7.2.6 파일 액세스와 POST 전송

데이터를 API로 보내는 POST 전송에 대해서도 예제로 확인해보겠습니다. 페이지 라우터에서는 파일에 텍스트를 추가하는 예제를 만들었습니다. 여기서도 마찬가지로 파일에 텍스트를 추가하는 API를 작성하고 컴포넌트에서 액세스해보겠습니다.

POST 전송 처리는 라우트 핸들러에 POST라는 이름의 함수로 준비합니다. 이 함수는 GET 메서드의 이름만 바뀌었을 뿐이고, 인수도 Request가 전달되며 반환값도 Response를 반환합니다. 같은 파일에 GET과 POST를 작성해두면 두 메서드에 대응하는 API를 만들 수도 있습니다.

실제 코드를 작성해봅시다. rh 폴더 안에 있는 route.ts를 열고 내용을 다음과 같이 수정합니다.

▼ 코드 7-13

```
"use server";
import fs from 'fs';

const path = './data.txt';

export async function GET(request: Request) {
  // 파일 읽기
  const content = fs.readFileSync(path, {flag:'a+'})
```

```
      .toString().trim();
    // 읽어온 콘텐츠를 반환한다
    return new Response(JSON.stringify({content:content}), {
      status: 200,
      headers: {'Content-Type': 'application/json'},
    });
}

export async function POST(request: Request) {
  // 바디를 JSON 객체로 가져온다
  const body = await request.json();
  // 파일에 추가
  fs.appendFileSync(path, body.content + "\n");
  // Response를 반환한다
  return new Response(
    JSON.stringify({content:'ok'}),
    {
      status: 200,
      headers: {'Content-Type': 'application/json'},
    });
}
```

▼ 그림 7-12 /rh에 액세스하면 data.txt의 콘텐츠가 표시된다

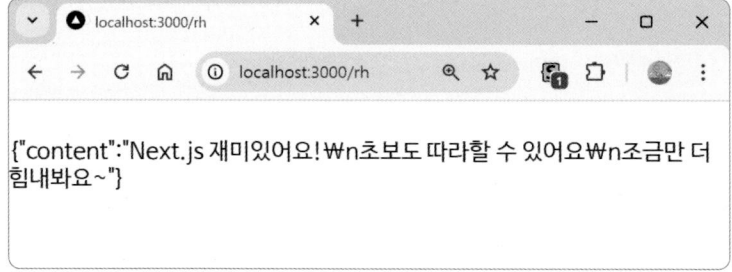

실제로 /rh에 접근해보세요. data.txt 파일을 읽어와서 텍스트를 표시합니다. GET 함수의 동작만 알 수 있지만, 일단 파일에 접근할 수 있다는 점은 이를 통해 확인할 수 있을 것입니다.

컴포넌트에서 POST하기

이제 API를 사용하도록 컴포넌트를 수정해봅시다. app 폴더의 page.tsx를 열고 다음과 같이 내용을 수정합니다.

▼ 코드 7-14

```
"use client";
import {useState} from 'react';
import useSWR from 'swr';

const url = 'http://localhost:3000/rh';
const fetcher = (...args) => fetch(...args)
  .then(res => res.json());

export default function Home() {
  const [input, setInput] = useState('');
  const {data, error, mutate, isLoading} = useSWR(url, fetcher);
  const doChange = (event)=> {
    const val = event.target.value;
    setInput(val);
    mutate(url);
  }
  const doAction = ()=> {
    const opts = {
      method:'POST',
      body:JSON.stringify({content:input})
    };
    fetch(url, opts).then(resp=>{
      setInput('');
      mutate(url);
    });
  }
  return (
    <main>
      <h1 className="title">Index page</h1>
      <p className="msg font-bold">
        ※SWR로 데이터를 가져옵니다.</p>
      <input type="text" className="input m-5"
        value={input} onChange={doChange} />
```

```
      <button onClick={doAction} className="btn">
        Click</button>
      <pre className="msg border p-2">
        {error ? 'ERROR!!' : isLoading ?
          'loading...' : data.content}
      </pre>
    </main>
  );
}
```

▼ **그림 7-13** 콘텐츠를 필드에 작성하고 Click 버튼을 누르면 파일에 추가된다

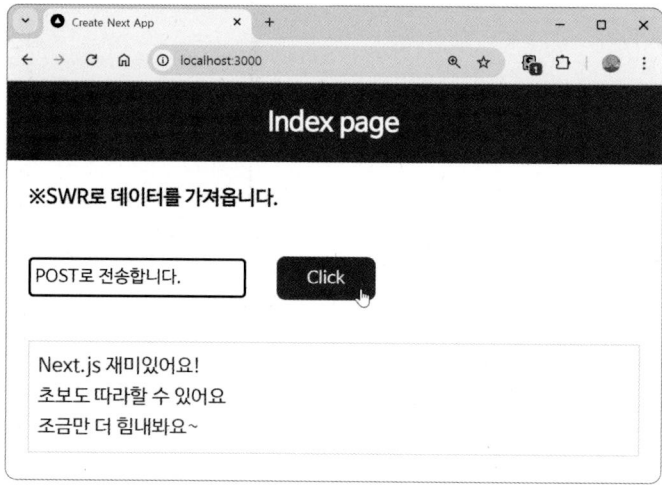

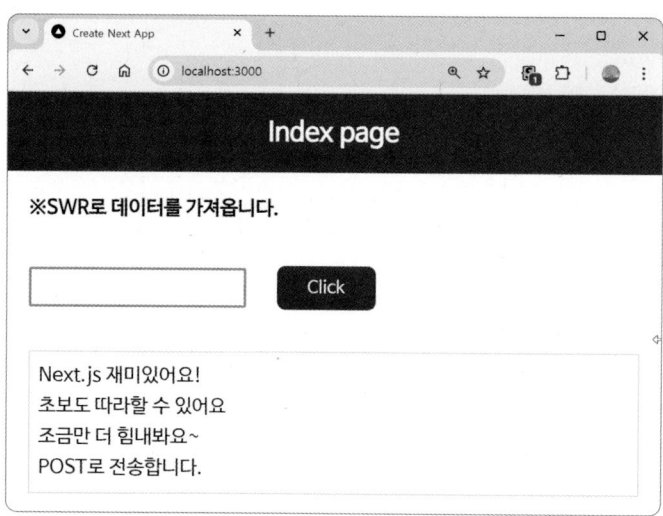

시작 페이지에 접속하면 필드 아래에 API에서 가져온 data.txt의 텍스트가 표시됩니다. 필드에 텍스트를 입력하고 버튼을 클릭하면 전송된 텍스트가 data.txt에 추가되고 표시가 업데이트됩니다.

API에서 데이터를 가져오는 처리는 지금까지와 같이 SWR을 사용합니다. 필드의 POST 전송은 doAction 함수에서 처리합니다.

doAction에서는 우선 전송 시 사용할 설정 정보를 객체로 모아서 준비해둡니다.

```
const opts = {
  method:'POST',
  body:JSON.stringify({content:input})
}
```

여기서 method:'POST'로 지정하면 fetch로 POST 전송을 합니다. 또한 body에는 전송할 콘텐츠를 string 값으로 변환하여 지정해둡니다.

이제 이를 인수로 설정하여 fetch를 실행하면 됩니다.

```
fetch(url,opts).then(resp=>{
  setInput('')
  mutate(url) }
```

실행 후에는 setInput으로 필드를 비우고, mutate로 SWR을 업데이트합니다. 이렇게 하면 표시가 업데이트되어 추가한 텍스트도 표시할 수 있습니다.

fetch로 POST 요청을 하는 경우, method: 'POST'를 지정하는 것과 body에 전송할 내용을 지정하는 것, 이 두 가지를 잊지 마세요.

7.2.7 API를 사용해 폼 전송하기

기본적인 API 사용법을 어느 정도 이해했으리라 생각합니다. 마지막으로 API를 이용하여 폼을 전송하는 방법도 소개하겠습니다.

Next.js에서는 폼 전송이 조금 번거롭습니다. 일반적인 폼 전송 방식을 사용할 수 없어, 필드 값을 일일이 취합하여 서버 액션 등으로 처리해야 합니다. 하지만 폼의 데이터를 통째로 API로 처리할 수 있다면 훨씬 간편할 것입니다.

그럼, 폼에서 전송된 값을 파일에 저장하고, 표시하는 간단한 예제를 만들어보겠습니다. 먼저 API를 준비합니다. 이번에도 rh 폴더의 route.ts를 사용하겠습니다. 다음과 같이 코드를 수정하세요.

▼ 코드 7-15

```typescript
"use server";
import fs from 'fs';

const path = './form.txt';

export async function GET(request: Request) {
  const content = fs.readFileSync(path, {flag:'a+'})
    .toString().trim();
  return new Response(JSON.stringify({content:content.toString()}), {
    status: 200,
    headers: {'Content-Type': 'application/json'},
  });
}

export async function POST(request: Request) {
  void request;
  const formData = await request.formData();
  const name = formData.get('name');
  const pass = formData.get('pass');
  const content = "NAME: " + name + "\n" +
    "PASS: " + pass;
  fs.writeFileSync(path, content );
  return new Response({status:'ok'});
}
```

GET은 파일에서 읽어온 텍스트를 반환하는 기존과 동일한 함수입니다. 수정한 것은 POST 함수입니다. 여기서는 먼저 Request에서 폼 정보를 가져옵니다.

```
const formData = await request.formData();
```

폼에서 전송된 데이터는 formData 메서드를 통해 통째로 가져올 수 있습니다. 이렇게 얻은 값은 FormData 객체로 되어 있습니다. 이 객체에서 get 메서드를 통해 개별 값을 가져옵니다.

```
const name = formData.get('name');
const pass = formData.get('pass');
```

그리고 name과 pass 두 항목의 값을 가져와 문자열을 결합한 후 fs.writeFileSync 메서드로 파일에 기록하고 있습니다. 이제 전송된 폼을 어떻게 다루는지 이해했을 거라 생각합니다.

로그인 페이지 만들기

이제 이 API를 이용하는 예제를 만들어봅시다. 여기서는 간단한 로그인 페이지를 만들어보겠습니다.

app 폴더 안에 login 폴더를 새로 만듭니다. 그리고 이 안에 page.tsx 파일을 만듭니다. 이 파일의 내용을 다음과 같이 작성하세요.

▼ 코드 7-16

```
"use client";
import {useState} from 'react';
import useSWR from 'swr';

const url = 'http://localhost:3000/rh';
const fetcher = (...args) => fetch(...args)
  .then(res => res.json());
```

```
export default function Home() {
  const [name, setName] = useState('');
  const [pass, setPass] = useState('');
  const {data, error, mutate, isLoading} = useSWR(url, fetcher);
  const doName = (event)=> {
    const val = event.target.value;
    setName(val);
  }
  const doPass = (event)=> {
    const val = event.target.value;
    setPass(val);
  }
  async function login(formData: FormData) {
    fetch('/rh', {
      method: 'POST',
      body: formData
    }).then(response => {
      void response;
      setName('');
      setPass('');
      mutate();
    })
    .catch(error => {
      console.log(error);
    });
  }
  return (
    <main>
      <h1 className="title">Login page</h1>
      <p className="msg font-bold">
        ※이름과 패스워드를 입력 : </p>
      <form action={login}>
      <div><input type="text" className="input mx-5 my-1"
        name="name" value={name} onChange={doName} /></div>
      <div><input type="password" className="input mx-5 my-1"
        name="pass" value={pass} onChange={doPass} /></div>
      <div className="mx-3"><button className="btn my-1">
```

```
          Click</button></div>
      </form>
      <pre className="msg border p-2">
        {error ? 'ERROR!!' : isLoading ?
          'loading...' : data.content}
      </pre>
    </main>
  );
}
```

▼ 그림 7-14 /login에 액세스 후 이름과 패스워드를 입력하고 Click 버튼을 누르면 파일에 저장된다

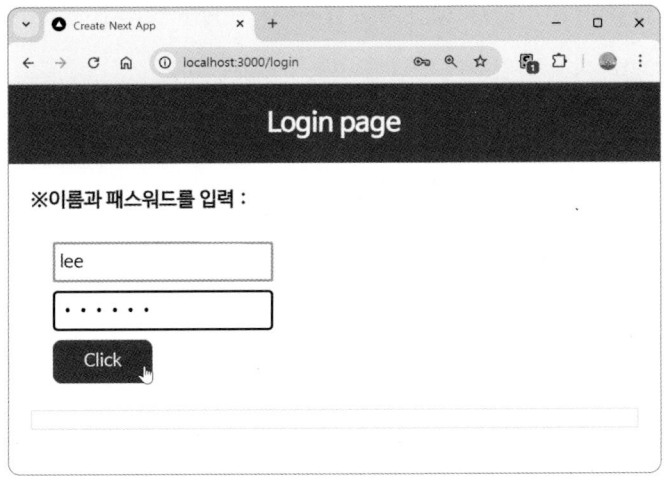

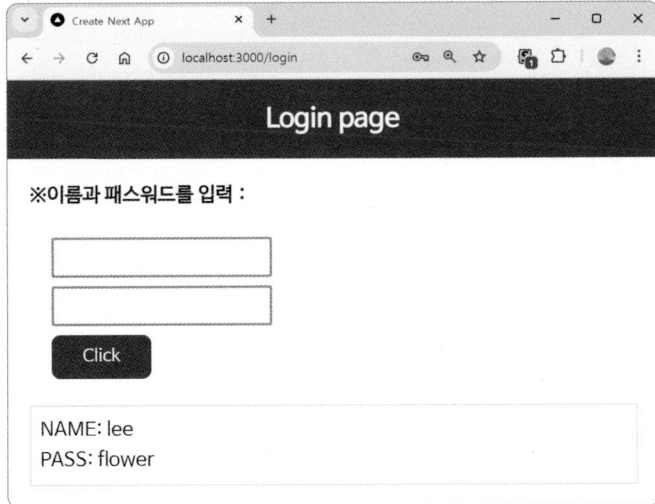

chapter 07 API 작성과 이용 311

코드 작성을 마쳤으면, /login에 액세스하여 동작을 확인해봅시다. 두 필드에 각각 이름과 비밀번호를 입력하여 전송하면 아래에 그 내용이 표시됩니다. 이 예제에선 폼을 API에 POST로 전송해 파일에 저장하고, 이를 GET으로 불러와서 표시합니다. 이때 useSWR(url, fetcher)에서 GET 요청을 수행합니다.

<form>을 보면 action={login}이라고 지정된 것을 알 수 있습니다. login 함수에서 전송 처리를 하며, login 함수는 다음과 같이 정의되어 있습니다.

```
async function login(formData: FormData) {……
```

인수로는 FormData 객체를 지정합니다. <form> 태그의 action에서 login 함수를 호출하면 폼의 정보가 자동으로 FormData 객체로 인수에 전달됩니다.

나머지는 이를 그대로 body에 설정하고 API에 fetch로 요청하면 됩니다.

```
fetch('/rh', {
  method: 'POST',
  body: formData
})
```

이제 formData는 그대로 /rh에 POST 전송됩니다. 이후로는 /rh 쪽에서 FormData를 받아서 처리합니다. 이처럼 FormData를 이용하면 폼을 매우 간단하게 처리할 수 있습니다. API 사용법을 배우는 김에 폼 사용법도 함께 익혀두면 좋을 것입니다.

CHAPTER

08

OpenAI API 이용하기

웹에서는 다양한 API를 사용합니다. 이러한 API를 Next.js에서 사용할 수 있다면 만들 수 있는 프로그램의 폭이 넓어질 것입니다. 여기서는 Next.js에서 OpenAI가 제공하는 API에 접근하는 방법을 예로 들어보겠습니다. fetch를 사용해 HTTP로 접근하는 방법과 전용 패키지를 사용하는 방법을 설명합니다.

포인트

* OpenAI의 API에 fetch로 액세스하는 방법을 학습한다.
* 채팅 기능과 이미지 생성 기능에 fetch로 액세스해본다.
* 전용 패키지를 사용하여 똑같이 액세스해본다.

8.1 OpenAI API 준비하기

8.1.1 API 이용과 OpenAI

Next.js는 단독으로 사용할 수 있을 뿐만 아니라 다른 서비스 등과 연계하여 더욱 강력한 기능을 구현할 수도 있습니다.

앞에서는 API를 이용하여 서버와 통신하는 방법을 설명했습니다. 웹 기반 서비스를 제공하는 기업은 대부분 API 형태로 다양한 정보를 제공합니다. 이러한 API를 Next.js에서 활용하면 외부 서비스를 이용한 고유의 기능을 구현할 수 있습니다.

여기서는 OpenAI의 API를 이용하는 방법을 예로 들어 설명하겠습니다.

OpenAI는 생성형 AI 서비스 ChatGPT를 제공하는 기업입니다. 생성형 AI는 현재 가장 주목받고 있는 기술이라서 웹 애플리케이션을 만드는 곳이라면 대부분 '자신의 앱에 생성형 AI를 도입하고 싶다'는 생각을 할 것입니다.

OpenAI는 ChatGPT에서 사용되는 GPT라는 생성형 AI 모델을 외부에서 이용할 수 있도록 API를 공개하고 있습니다. 이를 이용하면 Next.js 앱 내에서 OpenAI의 기능을 이용할 수 있습니다.

OpenAI API는 필요에 따라 크레딧을 구매하는 형태로 이용하는데, 수백에서 수천 번 AI 모델에 액세스해도 몇 달러 정도이므로 일단 시험해보는 정도라면 많은 비용이 들지 않을 것입니다.

OpenAI API는 다음 URL로 접속해 이용할 수 있습니다.

URL https://platform.openai.com

▼ 그림 8-1 OpenAI Platform 페이지

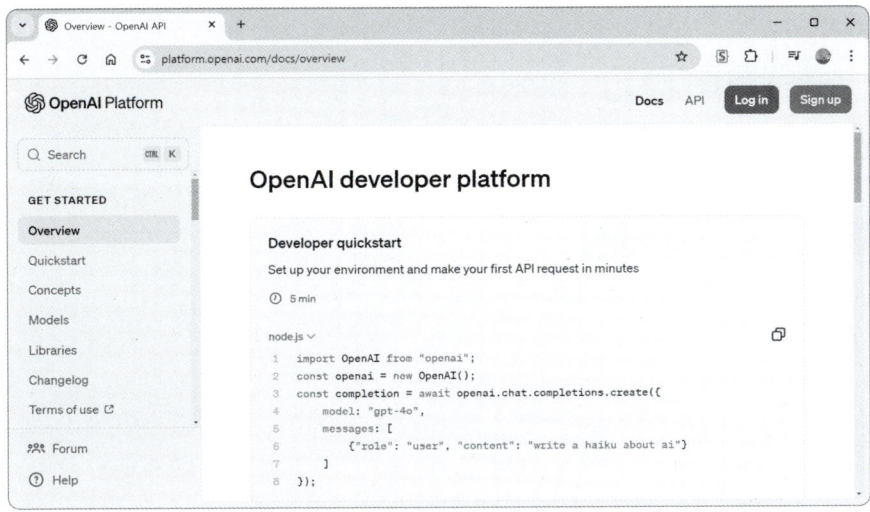

8.1.2 OpenAI 계정 등록하기

OpenAI API를 이용하기 위해 먼저 해야 할 일은 계정을 등록하는 것입니다. 계정 등록은 이메일 주소 또는 구글 계정이나 마이크로소프트 계정 등을 이용해 등록할 수 있습니다.

접속한 웹 페이지에는 **Log in**, **Sing up** 버튼이 있습니다. 계정이 없으면 **Sign up** 버튼을 클릭해 다음 절차에 따라 진행하면 계정을 등록할 수 있습니다. 참고로 웹 기반 서비스이므로 접속한 페이지의 화면 표시 등은 변경될 수 있습니다.

계정 등록 방식을 선택합니다. 이메일 주소를 입력해 등록할 수도 있지만, 구글, 마이크로소프트, 애플 계정을 이용해 등록하는 것을 추천합니다. 원하는 계정의 버튼을 클릭하여 계정 연동을 진행합니다.

▼ 그림 8-2 계정 등록. 소셜 미디어 계정을 선택해 계정을 연동한다

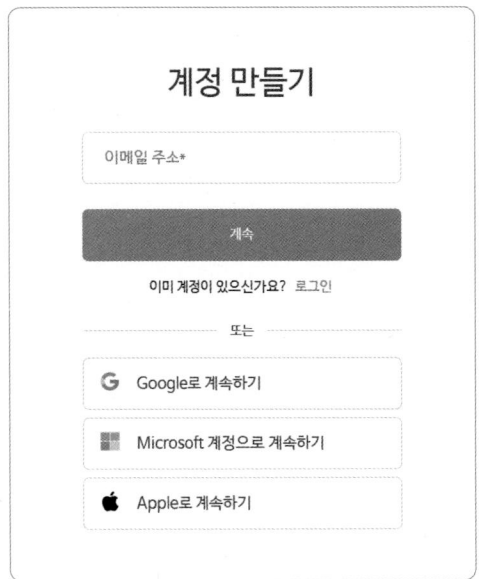

소셜 계정 연동이 완료되면 등록할 사용자의 정보를 입력하는 화면이 나타납니다. 여기서 이름과 생년월일을 입력합니다. 조직 이름은 선택 사항이므로 입력하지 않아도 됩니다.

▼ 그림 8-3 이름과 생년월일을 입력한다

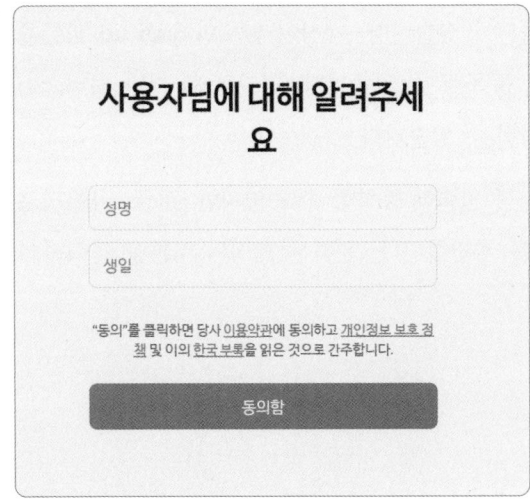

8.1.3 OpenAI 플랫폼 이용하기

계정을 등록하면 OpenAI developer platform 페이지가 나타납니다. 이곳이 OpenAI의 API 홈입니다. 다양한 정보에 대한 링크가 정리되어 있습니다.

▼ 그림 8-4 OpenAI 플랫폼 화면

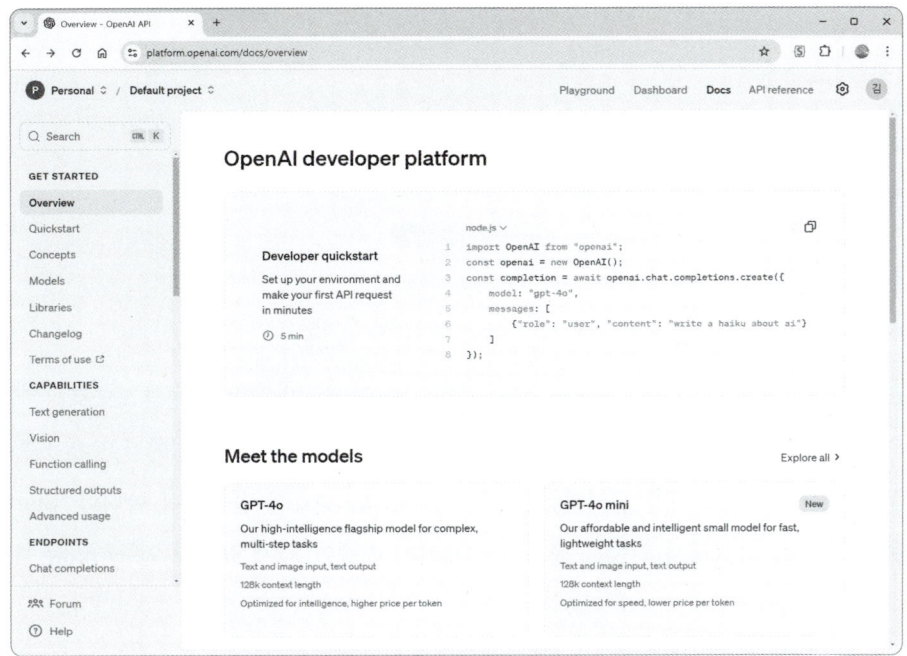

API 키 등록하기

계정을 등록하고 로그인한 후에 반드시 해야 할 일은 **API 키** 등록입니다.

API는 프로그램에서 액세스하여 사용됩니다. 접근 횟수에 따라 요금이 계산되는 종량제입니다. 따라서 이용할 때 **누가 API에 액세스하는 것인지**를 알아야만 합니다.

액세스할 때 사용하는 계정을 식별하기 위해 제공되는 것이 API 키이며, 48자리의 영어와 숫자가 무작위로 구성됩니다. API 키를 계정에 등록하고 프로그램에 설정함으로써 그 프로그램이 어느 계정의 API에 접근하는지 식별할 수 있습니다.

API 키를 생성하려면 화면 상단에서 **Dashboard**를 클릭하고 왼쪽 메뉴에서 자물쇠 모양 아이콘으로 된 **API Keys**를 선택하세요.

▼ **그림 8-5** 대시보드 탭의 왼쪽 메뉴에서 API Keys를 선택한다

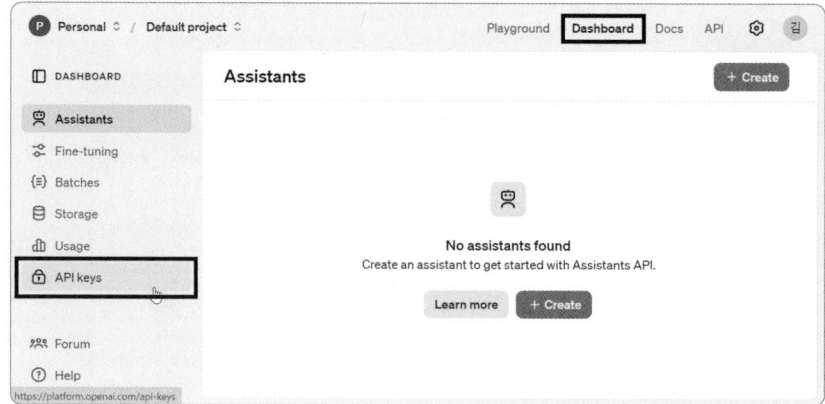

API Keys 화면으로 이동하면 이곳에서 API 키를 관리할 수 있습니다. 기본적으로는 아직 API 키가 없지만, 여기에서 필요에 따라 키를 생성하거나 더 이상 필요하지 않은 키를 삭제할 수 있습니다. API 키를 생성하려면 먼저 휴대전화 번호를 인증해야 합니다. **Start Verification** 버튼을 클릭해서 인증을 진행하세요(이미 인증이 되어 있다면 인증하라는 메시지가 표시되지 않습니다).

▼ **그림 8-6** API 키를 생성하려면 휴대전화 번호를 인증해야 한다

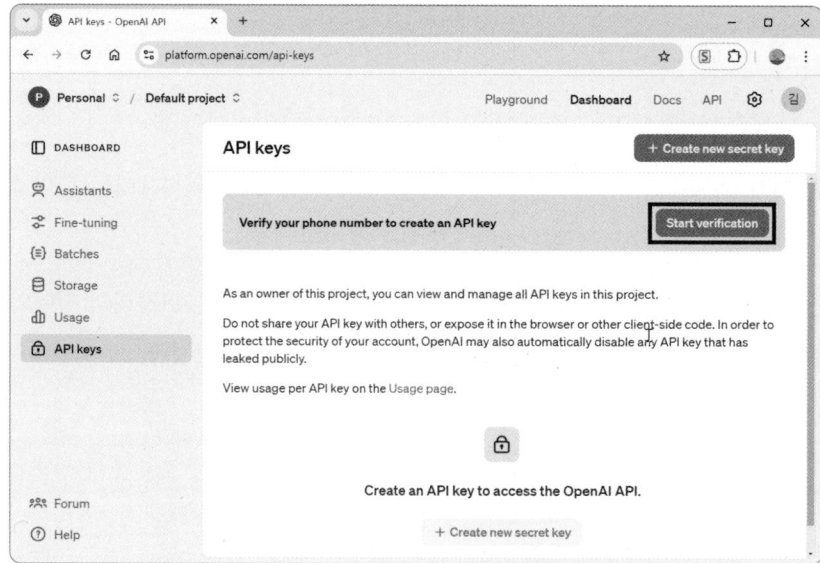

휴대전화 번호를 이용한 본인 확인 화면이 나타납니다. **국가명**을 선택하고 **휴대전화 번호**를 입력한 후 **Send code** 버튼을 누르세요. 코드 번호가 문자 메시지로 전송됩니다.

▼ 그림 8-7 전화번호를 입력하고 Send code 버튼을 누른다

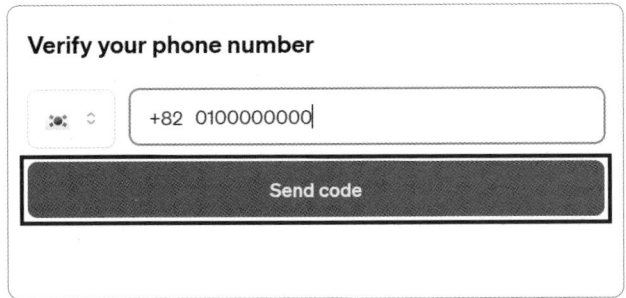

입력한 휴대전화 번호로 메시지가 전송될 것입니다. 메시지에 적힌 인증 코드를 입력하세요. 올바른 번호를 입력하면 본인 확인이 완료됩니다.

▼ 그림 8-8 전송된 인증 코드를 입력한다

API 키 생성하기

이제 API 키를 생성해봅시다. 화면에 있는 **Create new secret key** 버튼을 클릭하면 키 생성 패널이 화면에 나타납니다. API 키에 붙일 **이름**을 입력하고 **Create secret key** 버튼을 클릭하세요.

▼ **그림 8-9** Create new secret key 버튼을 클릭하고 이름을 붙여서 API 키를 생성한다

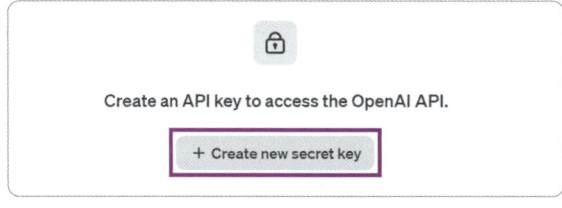

생성된 API 키가 필드에 표시됩니다. 필드 오른쪽에 있는 **Copy** 버튼을 클릭하면 생성된 API 키를 복사할 수 있습니다.

이 API 키를 복사해서 어딘가에 보관하세요. 이 패널을 닫으면 다시는 이 키의 값을 볼 수 없으니, 이 단계에서 잊지 말고 반드시 값을 따로 보관해둡시다.

▼ **그림 8-10** API 키가 표시되면 반드시 복사해 보관한다

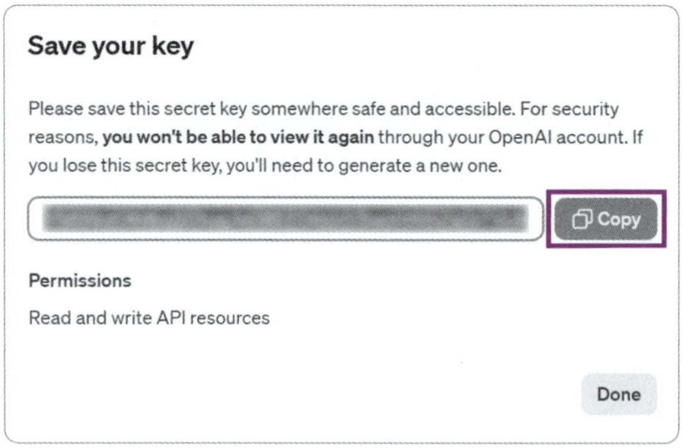

패널을 닫으면 생성된 API 키가 테이블로 정리되어 표시되는데, 여기서는 키의 일부만 볼 수 있습니다. 또한 오른쪽의 아이콘을 사용하여 이름을 편집할 수 있지만, 키 자체에는 접근할 수 없습니다. 휴지통 아이콘을 클릭하여 키 삭제만 가능합니다.

▼ 그림 8-11 생성된 API 키가 테이블에 표시된다

NAME	SECRET KEY	CREATED BY	PERMISSIONS		
My Sample Key			All	✏️	🗑️

8.1.4 크레딧 구입하기

2023년 11월부터 API는 무료 요금제가 없어지고, 처음부터 크레딧을 구매해야만 사용할 수 있게 됐습니다. 크레딧 사용 현황은 Dashboard에서 **Usage** 메뉴를 선택하면 확인할 수 있습니다. 여기서 크레딧이 얼마나 남았는지, 또 얼마나 소비했는지를 확인할 수 있습니다.

▼ 그림 8-12 Usage에서 API 이용량을 파악할 수 있다

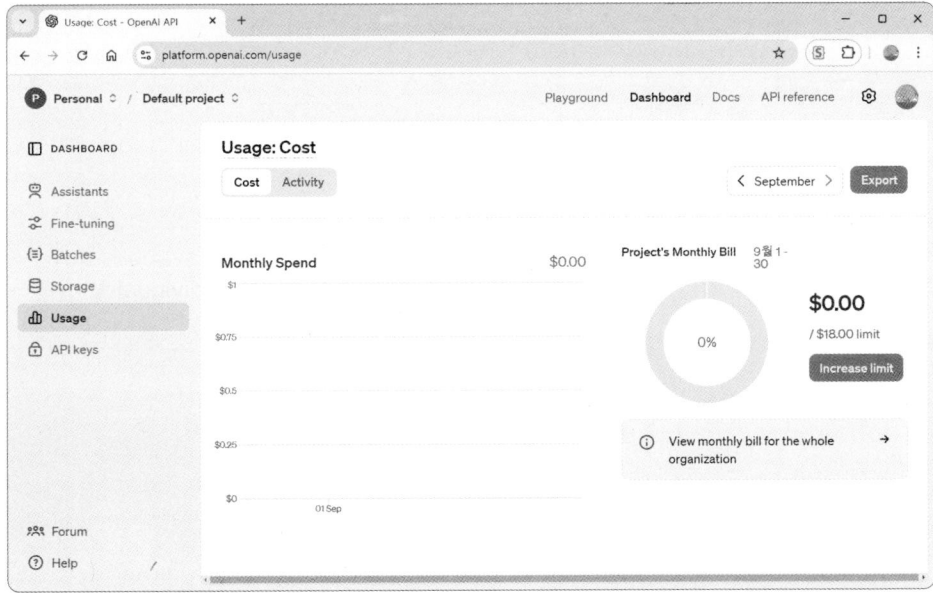

크레딧을 구매하려면 우측 상단 아이콘 바에서 톱니바퀴 모양의 **Settings**를 선택합니다. 그러면 왼쪽 패널에 몇 가지 메뉴 항목이 표시되는데, 이 중에서 **Billing**을 선택하면 결제 설정 화면이 나타납니다.

이 화면에서 **Add payment details** 버튼을 클릭한 후 다음 절차에 따라 크레딧을 구매합니다.

▼ **그림 8-13** Billing 화면

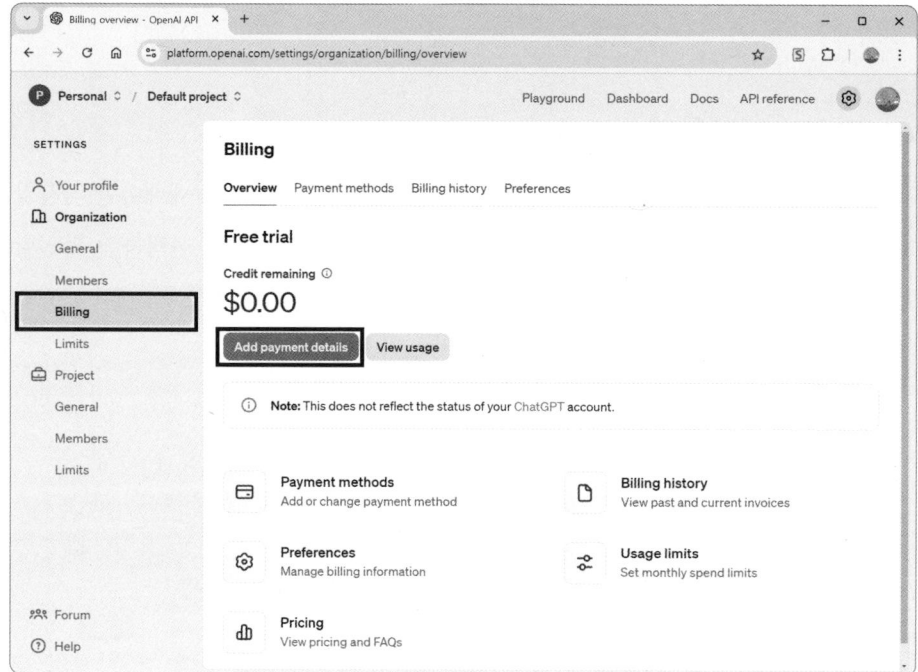

처음에 개인 이용인지 기업 이용인지 선택합니다. 개인 이용이라면 **Individual**을 선택하세요.

▼ 그림 8-14 'What best describes you?'를 묻는다면 개인 또는 기업을 선택한다

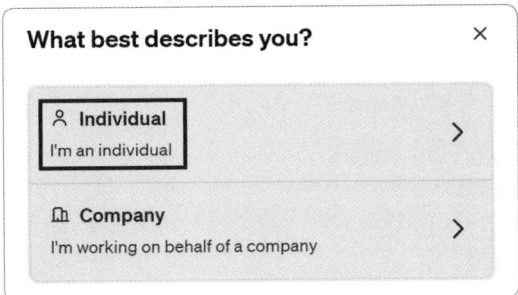

결제에 사용할 신용카드 정보와 청구서 주소를 입력합니다. 모두 입력했으면 **Continue** 버튼을 눌러 다음 단계로 진행합니다.

▼ 그림 8-15 카드 정보와 주소를 입력한다

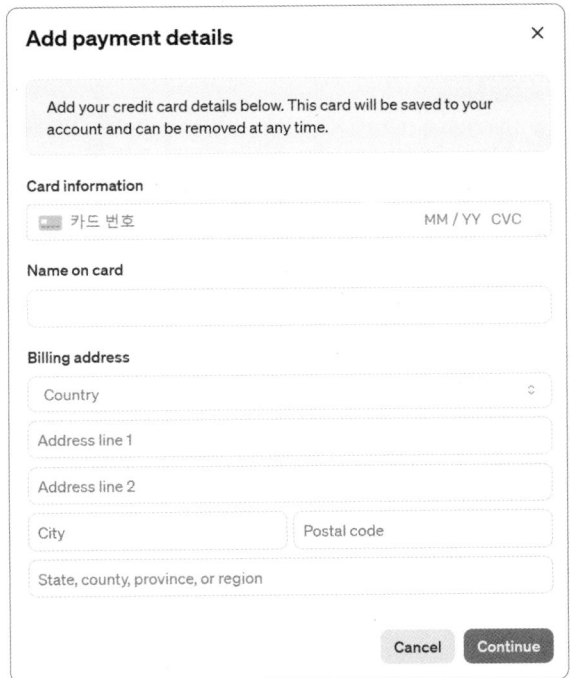

구매할 크레딧 금액을 입력하세요. 기본값은 10달러로 설정되어 있으며, 이 정도면 당분간 API를 사용할 수 있을 것입니다. 원하는 금액으로 설정한 후 다음 단계로 진행하여 필요한 크레딧을 구매합니다.

▼ **그림 8-16** 금액을 입력하고 크레딧을 구매한다

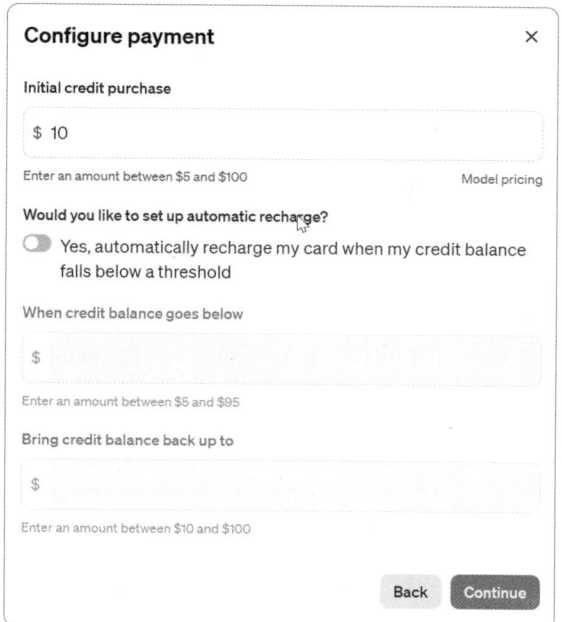

8.2 Next.js에서 채팅 기능 이용하기

8.2.1 Next.js에서 API 이용하기

API를 이용하는 프로그램을 만들어봅시다. 여기서는 앱 라우터 프로젝트를 사용하겠습니다. sample_next_app을 비주얼 스튜디오 코드로 열고, 명령 프롬프트에서도 sample_next_app 폴더로 이동합니다.

Next.js에서 OpenAI API를 이용하는 방법은 몇 가지 있습니다. 아마 누구나 떠올릴 수 있는 방법은 **fetch 함수로 API에 직접 액세스하는 방법**일 것입니다.

OpenAI API는 특정 URL에서 AI 모델의 각종 기능을 제공하고 있습니다. 지정된 URL에 fetch로 액세스하면 AI 모델을 이용할 수 있습니다. 단, 이를 위해서는 필요한 정보를 올바른 형식에 맞게 준비하여 전달해야 합니다.

fetch 함수에서는 첫 번째 인수에 접근할 URL을, 두 번째 인수에 옵션 설정 정보를 지정합니다. 여기서 두 번째 인수가 OpenAI API를 이용할 때 핵심이 됩니다.

이 두 번째 인수는 다음과 같은 형태로 필요한 값을 준비합니다.

▼ fetch의 옵션 정보

```
{
  method: "POST",
  headers: {
    "Content-Type": "application/json",
    "Authorization": "Bearer " + 《 API 키 》
  },
  body: 바디 콘텐츠
}
```

액세스 방식은 반드시 POST를 사용해야 하고, GET을 사용할 수는 없습니다. header에는 Authorization 값을 지정합니다. 이것은 인증에 필요한 값인데, 여기에 "Bearer ○○"라는 형태로 API 키를 지정합니다. 앞에 붙는 Bearer는 OAuth 2.0의 액세스 토큰을 나타내는 것으로, 이를 잊어버리면 API 키를 제대로 인식하지 못하므로 주의해야 합니다.

8.2.2 바디 콘텐츠에 대해서

문제는 body에 준비할 바디 콘텐츠입니다. 바디 콘텐츠는 이용하는 API에 따라 내용이 달라집니다.

여기서는 API의 채팅 기능을 이용한다는 전제로 값을 준비하겠습니다. 채팅은 복수의 메시지를 주고받는 기능입니다. 이를 이용할 경우 다음과 같은 형태로 바디 콘텐츠를 준비합니다.

▼ 채팅 이용 시 바디 콘텐츠

```
{
  "model": "gpt-3.5-turbo",
  "messages": [메시지]
}
```

model에는 사용할 AI 모델의 이름을 지정합니다. 여기서는 gpt-3.5-turbo라는 모델을 지정했습니다. 이는 2023년 12월 집필 시점에서 가장 일반적으로 사용되는 모델입니다. 이보다 더 새로운 gpt-4, gpt-4-turbo 등의 모델도 있지만, 이 모델들은 가격이 조금 더 비쌉니다. 시험 삼아 사용하기에는 gpt-3.5-turbo로 충분합니다.

메시지 값 만들기

messages에는 전송할 메시지를 준비합니다. 다음과 같은 객체를 배열로 묶어서 메시지를 만듭니다.

▼ 메시지 값

```
{
  "role": 롤,
  "content": 콘텐츠
}
```

role은 해당 메시지를 누가 작성했는지 나타냅니다. 다음 세 가지 중 하나를 지정합니다.

system	시스템 설정 메시지
user	사용자 메시지
assistant	AI 어시스턴트의 응답 메시지

채팅은 사용자와 AI(어시스턴트) 간에 주고받은 대화를 의미합니다. messages에 지금까지의 대화 내용을 설정해두면 이어지는 응답을 생성할 수 있습니다. system 메시지는 AI를 이용할 때 대화의 전제가 되는 설정이나 역할 등을 정의하는 데 사용합니다.

바디 콘텐츠가 준비됐으면 이를 조합해서 옵션 정보 객체를 생성하고 fetch를 실행합니다. 이후에는 획득한 데이터를 JSON 객체로 추출해 필요한 값을 얻기만 하면 됩니다.

8.2.3 반환값에 대해서

fetch 함수는 API에서 JSON 형식 텍스트로 값을 가져옵니다. 이때 json 메서드를 사용하여 객체로 추출해서 이용하는데, 이를 위해서는 객체에 어떤 값이 저장되어 있는지 알아야 합니다.

OpenAI의 채팅 기능에 액세스했을 때 반환되는 값은 다음과 같은 형식으로 되어 있습니다.

▼ 채팅 기능의 반환값

```
{
  "id": "ID 값",
  "object": "chat.completion",
  "created": 타임스탬프,
  "model": "모델명",
  "choices": [응답 메시지],
  "usage": {
     "prompt_tokens": 프롬프트 토큰 수 ,
     "completion_tokens": 응답 토큰 수 ,
     "total_tokens": 전체 토큰 수
  }
}
```

많은 정보가 담겨 있는데 **AI의 응답**을 고려했을 때 중요한 것은 choices 값뿐입니다. 여기에 AI에서 전송된 응답이 배열로 반환됩니다.

▼ 메시지 값

```
{
  "index": 번호,
  "message": {
    "role": "assistant",
    "content": "콘텐츠"
  },
  "finish_reason": "정지 이유"
}
```

응답 메시지는 이 중 message라는 부분에 있습니다. 여기에 메시지의 역할과 내용이 저장되어 있습니다. AI의 응답인 경우, 역할은 반드시 assistant가 될 것입니다.

이로써 전송한 후 값을 받아 그로부터 응답 메시지를 추출하기 위한 값의 교환 방법을 알게 되었습니다. 다음으로 fetch를 사용하여 접근해보겠습니다.

8.2.4 API에 액세스하는 컴포넌트

이제 구성 요소를 만들어보죠. 먼저 보기에 사용할 스타일 클래스를 추가로 기록합니다. global.css에 다음 코드를 추가해주세요.

▼ 코드 8-1

```
.prompt {
  @apply text-lg mx-5 my-2 text-gray-900 p-2 border;
}
```

다음은 컴포넌트 만들기입니다. 이번에는 홈페이지의 컴포넌트를 다시 수정하여 사용하겠습니다. app 폴더에 있는 page.tsx를 열고 그 내용을 다음과 같이 수정합니다. 《API 키》에는 각자 생성한 API 키의 값을 설정해주세요.

▼ 코드 8-2

```
"use client";
import {useState} from 'react';

const url = 'https://api.openai.com/v1/chat/completions';
const api_key = '《API 키》';

export default function Home() {
  const [input, setInput] = useState('');
  const [prompt, setPrompt] = useState('');
  const [assistant, setAssistant] = useState('');

  const doChange = (event)=> {
    setInput(event.target.value);
  };
  const doAction = ()=> {
    setPrompt(input);
    setAssistant('wait...');
    const body_content = {
      "model": "gpt-3.5-turbo",
      "messages": [
        {
          "role": "system",
          "content": "한국어로 100글자 이내로 응답하세요."
        },
        {
          "role": "user",
          "content": input
        }
      ]
    };
    const opts = {
      method: "POST",
      headers: {
        "Content-Type": "application/json",
        "Authorization": "Bearer " + api_key
```

```
      },
      body: JSON.stringify(body_content)
    };
    fetch(url, opts)
      .then(response => response.json())
      .then(json_data => {
        const result = json_data.choices[0]
          .message.content.trim();
        setInput('');
        setAssistant(result);
      }
    );
  }

  return (
    <main>
      <h1 className="title">Index page</h1>
      <p className="msg font-bold">
        프롬프트를 입력 : </p>
      <div className="mx-5">
        <input type="text" className="input"
          value={input} onChange={doChange}/>
        <button className="btn" onClick={doAction}>
          Send</button>
      </div>
      <div className="prompt">
      <p className="">PROMPT: {prompt}</p>
      <p className="">ASSISTANT: {assistant}</p>
      </div>
    </main>
  );
}
```

▼ 그림 8-17 프롬프트를 작성하고 버튼을 누르면 OpenAI API에 액세스하여 응답을 표시한다

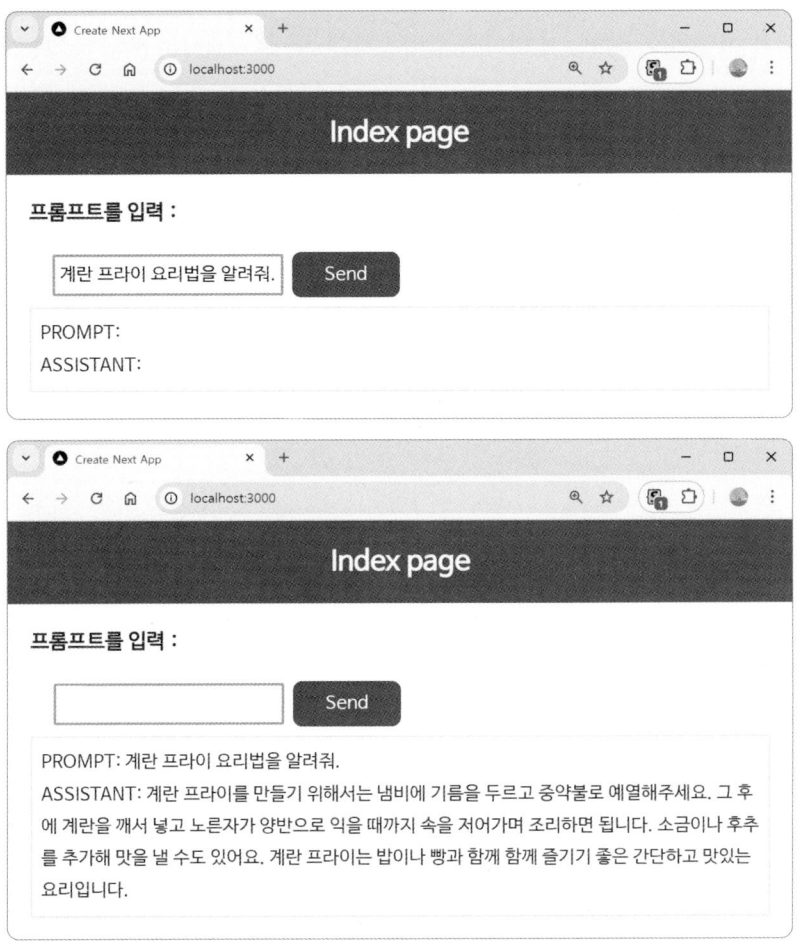

수정이 완료되면 시작 페이지에 접속해봅시다. 여기에는 프롬프트(AI 모델에 보낼 메시지)를 입력하는 필드와 전송 버튼이 준비되어 있습니다. 프롬프트를 작성하고 버튼을 클릭하면 API에 접속하여 응답을 표시합니다. 참고로 fetch로 API에 전송하고, 거기서 응답을 생성하여 다시 반환하기 때문에 응답이 돌아오기까지 꽤 시간이 걸립니다. 당황하지 말고 기다려봅시다.

바디 콘텐츠 작성하기

이제 OpenAI API를 어떻게 이용하는지 하나씩 알아봅시다. 이 코드에서는 3개의 스테이트 input, prompt, assistant를 준비했습니다. 각각 '입력한 텍스트', '전송할 프롬프트', '수신한 응답'을 다루는 스테이트입니다.

```
const [input, setInput] = useState('');
const [prompt, setPrompt] = useState('');
const [assistant, setAssistant] = useState('');
```

다음은 doAction 함수로 버튼을 클릭했을 때의 처리입니다. 먼저 바디 콘텐츠 값을 다음과 같이 작성했습니다.

```
const body_content = {
  "model": "gpt-3.5-turbo",
  "messages": [
    {
      "role": "system",
      "content": "한국어로 100글자 이내로 응답하세요."
    },
    {
      "role": "user",
      "content": input
    }
  ]
};
```

message에는 두 가지 메시지가 있는데, 첫 번째로 지정한 것은 system 롤 메시지이며, 100자 이내로 응답하도록 지정했습니다. 그리고 두 번째는 사용자가 입력한 메시지입니다.

전송용 옵션 정보 준비하기

바디 콘텐츠가 생성되면 이를 이용하여 fetch의 옵션 정보 객체를 생성합니다.

```
const opts = {
  method: "POST",
  headers: {
    "Content-Type": "application/json",
    "Authorization": "Bearer " + api_key
  },
  body: JSON.stringify(body_content)
};
```

method와 headers는 앞에서 이미 설명했습니다. body에는 조금 전에 작성한 body_content의 값을 텍스트로 변환하여 설정합니다. 이것으로 fetch를 실행할 준비가 완료됐습니다.

fetch로 API로부터 응답 받기

그럼 fetch를 실행하는 부분을 살펴봅시다. 여기서는 fetch를 실행 후 반환값에서 다시 json 메서드를 호출하고 있습니다.

```
fetch(url, opts)
  .then(response => response.json())
  .then(json_data => {……
```

첫 번째 인수에는 액세스할 URL을 지정했습니다. OpenAI API 채팅 기능은 다음 URL에 공개되어 있습니다.

URL https://api.openai.com/v1/chat/completions

URL은 제공되는 기능별로 고정되어 있습니다. 따라서 채팅을 이용할 때는 항상 이 URL을 사용합니다.

액세스한 후의 콜백 처리는 첫 번째 then에서 준비했고, 그 안에서 json 메서드를 호출한 후의 콜백 처리를 다시 두 번째 then에서 준비했습니다. 두 번째 then에서 드디어 API에서 반환된 값을 인수로 얻게 됩니다.

여기서 다음과 같이 응답 메시지를 result로 추출하고 있습니다.

```
const result = json_data.choices[0].message.content.trim();
```

choices의 첫 번째 요소에서 message 속성의 content를 추출하고, 마지막에 trim을 호출하여 콘텐츠 앞뒤에 있는 공백을 제거합니다.

이것으로 콘텐츠를 얻을 수 있습니다. 값의 구조를 알지 못하면 제대로 추출할 수 없을 것입니다. fetch에서는 주고받는 값의 구조가 무엇보다도 중요합니다.

> **칼럼**
>
> **왜 SWR로 OpenAI API에 접근하지 않을까요?**
>
> 지금까지 API에 액세스할 때 SWR을 이용해왔습니다. 그런데 왜 OpenAI의 API에는 SWR을 이용하지 않고 직접 fetch를 호출하는지 의문을 품은 사람도 있을 것입니다.
>
> 그 이유는 **속도와 비용** 때문입니다. OpenAI의 API는 액세스하면 즉시 응답이 돌아오지 않고, 응답이 돌아올 때까지 꽤 기다려야 합니다. SWR은 뭔가 갱신되면 바로 액세스하므로 데이터를 가져올 때 시간이 오래 걸리는 용도에는 적합하지 않습니다.
>
> 그리고 그보다 더 중요한 것은 비용입니다. OpenAI API는 액세스 양에 따라 과금되므로, 무슨 일이 있을 때마다 빈번하게 액세스하여 페이지를 갱신하는 SWR을 사용하면 순식간에 많은 비용을 쓸 수 있습니다. 필요한 만큼만 최소한으로 액세스하도록 일부러 SWR을 사용하지 않았습니다.

8.3 Next.js에서 이미지 생성하기

8.3.1 DALL·E를 이용한 이미지 생성

OpenAI가 제공하는 생성형 AI는 텍스트 생성 모델만 있는 것이 아니라 DALL·E라는 이미지 생성 모델도 있습니다. 이미지 생성 모델에도 API가 지정되어 있어 외부에서 액세스하여 이미지를 생성할 수 있습니다.

이미지 생성 API도 기본적인 사용법은 텍스트 생성 AI와 동일합니다. 지정된 URL에 POST

로 액세스하여 이미지를 생성할 수 있습니다.

이미지 생성 API의 URL

DALL·E를 이용한 이미지 생성 API는 다음 URL에 공개되어 있습니다. 여기에 POST로 액세스하여 API를 실행합니다.

URL https://api.openai.com/v1/images/generations

그렇다면 POST로 전송할 데이터에는 어떤 정보를 포함해야 할까요? 사실은 텍스트 생성 AI를 사용할 때와 동일하며, 다음과 같은 정보를 전송하면 됩니다.

▼ 이미지 생성 API에 전송하는 옵션 정보

```
{
  method: "POST",
  headers: {
    "Content-Type": "application/json",
    "Authorization": "Bearer " + 《 API 키 》
  },
  body: 바디 콘텐츠
}
```

method: "POST"를 지정하고, headers에는 Content-Type과 Authorization을 준비합니다. Authorization에는 "Bearer ○○" 형식으로 API 키를 지정합니다.

문제는 바디 콘텐츠입니다. 이미지 생성 AI를 이용하는 경우, 바디 콘텐츠는 다음과 같이 지정합니다.

▼ 이미지 생성 API에 전송하는 옵션 정보

```
{
  "model": 모델 이름,
  "prompt": 프롬프트,
  "n": 정수,
  "size": 크기
}
```

model에는 사용할 모델 이름을 지정합니다. 모델은 dall-e-2와 dall-e-3를 사용할 수 있으며, 생략하면 dall-e-2로 지정됩니다(2024년 10월 기준).

prompt로 전송할 프롬프트를 지정하는 것은 동일하네요. n에는 한 번에 생성할 이미지 개수를 지정합니다. 기본값은 1이고 최대 10까지 지정할 수 있습니다(dall-e-2).

Size는 이미지 크기를 나타내는 string 값을 지정합니다. 모델에 따라 지정할 수 있는 크기와 생성할 수 있는 개수가 다르니 주의하세요. 사용할 수 있는 값은 다음 세 가지이며, 두 모델 다 기본값은 "1024×1024"입니다.

- **세 가지 이미지 크기**
    - DALL·E-2: "256x256", "512x512", "1024x1024"
    - DALL·E-3: "1024x1024", "1024x1792", "1792x1024"

이렇게 옵션 정보를 지정해 호출하면 API에 액세스할 수 있습니다. 참고로 생성되는 이미지가 클수록 비용도 많이 든다는 점은 알아두세요.

> **칼럼**
>
> **model 지정에 주의하자!**
>
> OpenAI는 2023년 11월에 대대적인 기능 업데이트를 진행했습니다. 이때 이미지 생성에 사용할 모델을 지정할 수 있는 model 옵션도 새롭게 추가됐습니다. 사용하는 모델에 따라 생성할 수 있는 이미지 크기가 달라지니 주의하세요. 예를 들어, 256×256 크기의 이미지를 생성할 때 dall-e-3 모델을 지정하면 오류가 발생합니다. dall-e-3 모델을 사용하고 싶다면 크기를 "1024×1024", "1024×1792", "1792×1024" 중 하나로 지정해야 합니다.

이미지 생성 AI의 반환값

이미지 생성 AI에서는 다음과 같은 객체가 JSON 포맷의 텍스트로 반환됩니다.

▼ 이미지 생성 AI에서 반환되는 값

```
{
  "created": 타임스탬프,
  "data": [
```

```
      {
        "url": "https://oaidalleapiprodscus.blob.core.windows.net/private/…"
      },
      {
        "url": "https://oaidalleapiprodscus.blob.core.windows.net/private/…"
      },
      …생략…
   ]
}
```

생성된 이미지에 관한 정보는 배열로 data에 저장됩니다. 그 안에 각 이미지의 정보를 담은 객체가 저장됩니다.

이 객체에는 일반적으로 url 값이 제공됩니다. 이 값은 생성된 이미지가 업로드된 URL입니다. 이 URL에 접속하면 생성된 이미지를 얻을 수 있습니다.

이미지 데이터를 직접 받으려면 바디 콘텐츠에 다음의 값을 추가해야 합니다.

```
response_format: "b64_json"
```

이렇게 하면 반환값인 data에 저장되는 객체에는 URL이 아니라 b64_json라는 값이 저장됩니다. 여기에는 Base64로 인코딩된 이미지 데이터가 설정되어 있습니다. 이 데이터를 추출하여 파일로 저장하거나 원하는 방식으로 이용하면 됩니다.

8.3.2 이미지를 생성하는 컴포넌트

실제로 컴포넌트에서 이미지 생성 AI를 이용해봅시다. 우선 사전 준비로 이미지가 없을 때 표시할 이미지를 준비해두겠습니다.

여기서는 가장 작은 256×256 크기의 이미지를 생성합니다. 처음에 보여주는 이미지도 같은 크기로 해주세요. noimage.png라는 이름으로 저장하고, 프로젝트의 public 폴더에 드래그 앤 드롭해 넣어둡니다.

▼ **그림 8-18** 표시할 이미지가 없는 상태를 나타내는 이미지

컴포넌트 작성하기

이어서 컴포넌트를 만들어봅시다. 이번에도 시작 페이지의 컴포넌트를 수정하여 사용합니다. app 폴더의 page.tsx를 열고 다음과 같이 코드를 수정합니다.

▼ **코드 8-3**

```
"use client";
import {useState} from 'react';

const url = 'https://api.openai.com/v1/images/generations';
const api_key = '《API 키》';

export default function Home() {
  const [input, setInput] = useState('');
  const [prompt, setPrompt] = useState('');
  const [src, setSrc] = useState('/noimage.png');

  const doChange = (event)=> {
    setInput(event.target.value);
  };
  const doAction = ()=> {
```

```jsx
    const opts = {
      method: "POST",
      headers: {
        "Content-Type": "application/json",
        "Authorization": "Bearer " + api_key
      },
      body: JSON.stringify({
        "model": "dall-e-2",
        "prompt": input,
        "n": 1,
        "size": "256x256"
      })
    };
    fetch(url, opts)
      .then(response => response.json())
      .then(data => {
        setPrompt(input);
        setInput('');
        setSrc(data.data[0].url);
      });
  }

  return (
    <main>
      <h1 className="title">Index page</h1>
      <p className="msg font-bold">
        프롬프트를 입력 : </p>
      <div className="mx-5">
        <input type="text" className="input"
          value={input} onChange={doChange}/>
        <button className="btn" onClick={doAction}>
          Send</button>
      </div>
      <div className="prompt">
      <div>PROMPT: {prompt}</div>
        <div>
          <a href={src} target="_blank">
```

```
            <img className="my-0" width="256" height="256" src={src} />
          </a>
        </div>
      </div>
    </main>
  );
}
```

▼ 그림 8-19 프롬프트를 작성해서 전송하면 이미지가 생성되어 나타난다

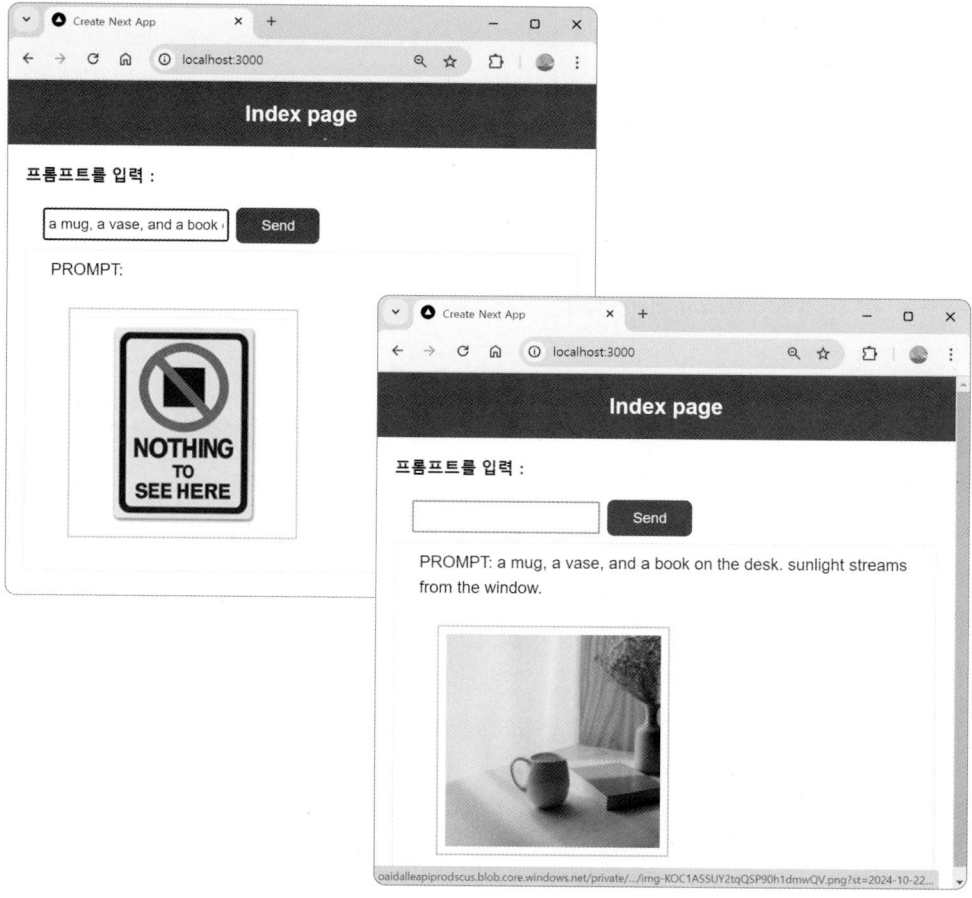

수정을 마쳤으면 시작 페이지에 접속하여 동작을 확인해봅시다. 필드에 프롬프트를 작성하고 버튼을 클릭하세요. 잠시 기다리면 그 아래에 생성된 이미지가 표시됩니다. 이미지

는 링크로 되어 있으며, 클릭하면 새 탭에서 이미지가 열립니다. 이미지 다운로드 등은 새로 열린 탭에서 할 수 있습니다.

단, DALL·E-2 모델은 한국어 프롬프트를 제대로 해석하지 못합니다. DALL·E-2 모델을 사용할 경우에는 프롬프트를 영어로 입력하세요. 지금까지 배운 API 지식을 활용하면 한국어를 영어로 번역해서 프롬프트로 전달하는 처리도 도전해볼 수 있을 것입니다. DALL·E-3 모델에서는 별다른 처리 없이 한국어 프롬프트가 잘 작동합니다.

▼ **그림 8-20** 이미지를 클릭하면 이미지만 새 탭에서 열린다

8.3.3 주요 코드 확인하기

중요한 코드를 다시 한 번 확인해봅시다. 이 컴포넌트도 텍스트 생성 AI를 이용하는 컴포넌트와 거의 동일한 구조로 되어 있습니다. 먼저 필요한 값들을 관리하기 위한 스테이트를 다음과 같이 설정했습니다.

```
const [input, setInput] = useState('');
const [prompt, setPrompt] = useState('');
const [src, setSrc] = useState('/noimage.png');
```

input은 필드 입력을, prompt는 전송할 프롬프트를, src는 <img>의 src 속성에 설정할 값을 각각 관리합니다. src에는 초깃값으로 '/noimage.png'를 지정하여 noimage.png가 <img>에 표시되게 했습니다.

fetch를 이용한 전송 처리

핵심인 API 액세스는 doAction 함수를 통해 이루어집니다. 다음과 같이 fetch에서 사용할 옵션 정보 객체를 작성합니다.

```
const opts = {
  method: "POST",
  headers: {
    "Content-Type": "application/json",
    "Authorization": "Bearer " + api_key
  },
  body: JSON.stringify({
    "prompt": input,
    "n": 1,
    "size": "256x256"
  })
};
```

method와 headers는 앞에서 충분히 설명했습니다. 가장 중요한 포인트는 body인데, 여기서는 prompt, n, size 값을 모은 객체를 JSON.stringify로 문자열로 변환하여 설정하고 있습니다. 이 방법도 이미 친숙할 것입니다.

나머지는 이 객체를 인수로 지정하여 fetch를 호출하고, 받아온 결과에서 이미지의 URL을 추출해 src 스테이트에 설정만 하면 됩니다.

```
fetch(url, opts)
  .then(response => response.json())
  .then(data => {
    setPrompt(input);
    setInput('');
    setSrc(data.data[0].url);
  });
```

fetch한 결과에서 json 메서드를 호출하고, 그 결과에서 data.data[0].url 형태로 생성한 이미지의 URL을 가져옵니다. 생성한 이미지 개수는 1이므로 data.data[0]의 url 값을 가져오면 됩니다. 이미지를 여러 개 생성한 경우, 반복문 등을 이용하여 data.data[n]에서 순차적으로 값을 가져와서 처리하세요.

8.4 OpenAI 패키지 이용하기

8.4.1 OpenAI의 Node.js 패키지

주고받는 데이터의 구조만 잘 파악하면 어떤 환경에서도 fetch를 사용할 수 있습니다. 다만, fetch를 이용하므로 코드가 복잡해지기 쉽고, 익숙하지 않은 사람에게는 꽤 이해하기 어려울 수도 있습니다.

OpenAI API를 더욱 간단하게 사용할 수 있게 OpenAI 자체에서 Node.js용 패키지를 제공합니다. 이 패키지를 사용하면 fetch 함수를 이용하는 것보다 OpenAI API에 더 쉽게 액세스할 수 있습니다. 단, 이 패키지는 서버에서만 작동하며, 클라이언트 컴포넌트에서는 사용할 수 없습니다. 이 점을 주의해야 합니다.

그렇다면 프로젝트에 OpenAI 패키지를 설치해봅시다. 명령 프롬프트에서 프로젝트 폴더로 이동한 후 다음 명령을 실행합니다. 그러면 패키지가 프로젝트에 설치됩니다.

▼ 프롬프트

```
npm install openai
```

▼ 그림 8-21 npm install 명령으로 openai 패키지를 설치한다

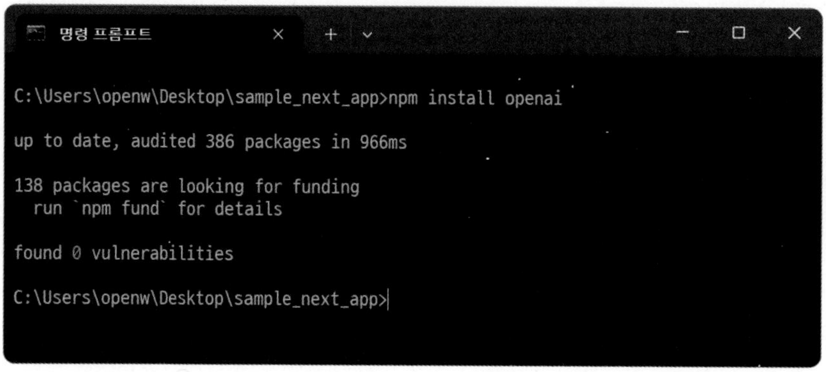

```
C:\Users\openw\Desktop\sample_next_app>npm install openai
up to date, audited 386 packages in 966ms

138 packages are looking for funding
  run `npm fund` for details

found 0 vulnerabilities

C:\Users\openw\Desktop\sample_next_app>
```

8.4.2 OpenAI 객체로 채팅 이용하기

OpenAI의 모듈을 이용하여 채팅 기능을 구현하는 방법을 설명하겠습니다. OpenAI 모듈을 이용하려면 다음과 같은 import문을 준비해야 합니다.

```
import OpenAI from "openai";
```

OpenAI 객체를 이용하려면 먼저 new로 객체를 생성해야 합니다. OpenAI 객체를 생성하면 OpenAI API를 사용하는 모든 작업은 이 객체를 통해 이루어집니다.

▼ OpenAI 객체 준비

```
변수 = new OpenAI({apiKey: 《API 키》});
```

인수로는 설정 정보를 담은 객체를 지정합니다. 여기서는 반드시 apiKey라는 속성을 준비하고, 발급받은 API 키를 string 값으로 지정합니다.

채팅 기능 호출하기

객체가 준비됐으면 이제 메서드를 호출하여 채팅을 실행하면 됩니다. 실행 방법은 다음과 같습니다.

▼ 채팅 이용하기

```
openai.chat.completions.create({
  messages: 메시지,
  model: 모델명,
}
```

model에는 모델명을 지정합니다. 여기서는 "gpt-3.5-turbo"를 지정했습니다. messages에는 주고받을 메시지 정보를 설정합니다. 메시지 정보의 형식은 다음과 같습니다.

```
[
  {
    role: 롤,
    content: 콘텐츠
  },
  …생략…
]
```

앞서 fetch로 전송할 때와 마찬가지로 role과 content 속성 값을 가진 객체 배열을 만들면 되는 것입니다.

반환값 이용하기

openai.chat.completions.create 메서드는 비동기로 실행됩니다. 따라서 await를 지정하거나 then 메서드를 호출하여 콜백 함수를 설정하는 등의 방법으로 반환값을 받아야 합니다.

반환값(Response 객체)에는 choices라는 속성이 있으며, 여기에 생성된 메시지 배열이 저장되어 있습니다. 각 메시지는 객체로 되어 있으며, message 속성에 메시지가 설정되어 있습니다. 여기서 다시 content 값을 추출하면 AI가 생성한 콘텐츠를 가져올 수 있습니다. 정리하면 다음과 같은 형태로 콘텐츠를 가져옵니다.

> 《 Response 》.choices[0].message.content

이상으로 메서드를 호출하고 결과를 받기까지의 흐름을 대략적으로 알아봤습니다. create 메서드를 호출하고 결과에서 값을 가져오기만 하면 되므로 fetch보다 훨씬 쉽게 사용할 수 있다는 것을 알 수 있습니다.

8.4.3 OpenAI를 이용하는 API 만들기

이제 OpenAI 패키지를 이용한 처리를 만들어봅시다. 우선 OpenAI API에 액세스하는 처리를 만듭니다. 이 패키지는 서버 측에서만 사용할 수 있으므로 먼저 OpenAI에 액세스하는 API부터 만들어봅시다.

앞에서 rh 폴더에 API 예제를 만들었습니다. 이번에는 그 파일을 수정하여 사용하겠습니다. rh 폴더 안에 있는 route.ts 파일을 열고 다음과 같이 수정합니다. 참고로, 《 APIKey 》 부분은 각자 발급받은 API 키로 교체하세요.

▼ 코드 8-4

```
"use server";
import OpenAI from "openai";

const api_key = '《 APIKey 》';
const openai = new OpenAI({apiKey: api_key});

export async function GET(request: Request) {
  return new Response(JSON.stringify({content:'nodata.'}), {
    status: 200,
    headers: {'Content-Type': 'application/json'},
  });
}
```

```
export async function POST(request: Request) {
  const input = await request.json()  ;
  const messages = [
    {
      role: "user",
      content: input.prompt
    }
  ];
  const resp = await openai.chat.completions.create({
    messages: messages,
    model: "gpt-3.5-turbo",
  });
  const message = resp.choices[0].message;
  const res = {content:message.content.trim()};
  return  new Response(JSON.stringify(res), {
    status: 200,
    headers: { 'Content-Type': 'application/json' },
  });
}
```

▼ 그림 8-22 /rh에 액세스하여 동작하는지 확인한다

여기서는 GET과 POST 함수를 준비했는데, GET은 그냥 {content:'nodata.'}라고 표시하는 것뿐이지만, 코드가 제대로 동작하는지 확인하는 데도 도움이 됩니다.

POST 처리의 흐름

POST에서는 OpenAI API에 액세스하는 처리를 합니다. 그럼, 처리 과정을 살펴보겠습니다. 전송된 바디 콘텐츠를 JSON 객체로 가져옵니다.

```
const input = await request.json();
```

인수로 전달된 Request 객체의 json을 호출하면 전송된 JSON 데이터의 바디 콘텐츠를 객체로 가져올 수 있습니다. 이 값을 바탕으로 메시지 정보를 작성합니다.

```
const messages = [
  {
    role: "user",
    content: input.prompt
  }
];
```

role에는 user를 지정하고, json으로 가져온 input 객체의 prompt 속성 값을 content에 지정합니다. 즉, API에 액세스하는 쪽에서 prompt라는 속성으로 프롬프트를 전달하면 되는 것입니다.

이제 create 메서드를 호출하면 됩니다.

```
const resp = await openai.chat.completions.create({
  messages: messages,
  model: "gpt-3.5-turbo",
});
```

이 부분에서 응답 객체가 resp 변수에 저장됩니다. 여기서 생성된 응답 텍스트를 가져옵니다.

```
const message = resp.choices[0].message;
const res = {content:message.content.trim()};
```

message의 content에서 trim을 추가로 호출해 공백을 제거한 후 응답의 바디에 설정하고 Response를 생성하여 반환합니다.

```
return new Response(JSON.stringify(res), {
  status: 200,
  headers: {'Content-Type': 'application/json'},
});
```

이것으로 API에 액세스하여 응답을 받고, 이를 Response로 반환하는 일련의 처리가 완료됐습니다. 이제 이 API를 컴포넌트에서 호출만 하면 됩니다.

8.4.4 API에 액세스하는 컴포넌트 만들기

앞에서 만든 API를 컴포넌트에서 이용해보겠습니다. 이번에도 시작 페이지를 수정하겠습니다. app 폴더 안에 있는 page.tsx를 열고 다음처럼 수정하세요.

▼ 코드 8-5

```
"use client";
import {useState} from 'react';

export default function Home() {
  const [input, setInput] = useState('');
  const [prompt, setPrompt] = useState('');
  const [assistant, setAssistant] = useState('');

  const doChange = (event)=> {
    setInput(event.target.value);
  };
```

```jsx
    async function doAction() {
      setAssistant('wait...');
      fetch('/rh', {
        method: 'POST',
        body: JSON.stringify({prompt:input})
      })
        .then(resp => resp.json())
        .then((value)=> {
          setPrompt(input);
          setInput('');
          setAssistant(value.content);
        })
        .catch(error => {
          console.log(error);
        });
    }

    return (
      <main>
        <h1 className="title">Index page</h1>
        <p className="msg font-bold">
          프롬프트를 입력 : </p>
        <div className="m-5">
          <input type="text" className="input" name="input"
            onChange={doChange} value={input} />
          <button className="btn" onClick={doAction}>Send</button>
        </div>
        <div className="prompt">
        <p className="">PROMPT: {prompt}</p>
        <p className="">ASSISTANT: {assistant}</p>
        </div>
      </main>
    );
}
```

▼ **그림 8-23** 프롬프트를 작성하여 전송하면 결과가 나온다

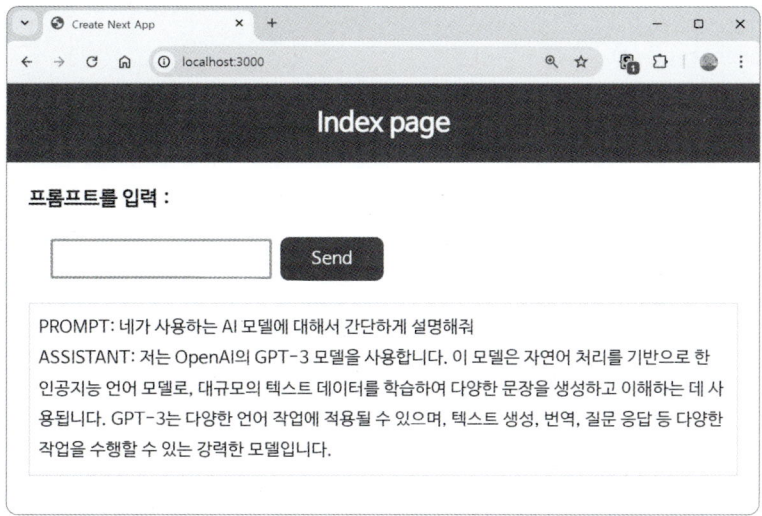

다 수정했으면 시작 페이지에 접속해 프롬프트를 작성하고 전송해보세요. OpenAI에 액세스하여 반환된 응답이 표시될 것입니다.

코드를 보면 알 수 있지만, fetch를 사용하여 /rh에 액세스하고 결과를 받아오고 있습니다. 'OpenAI 패키지를 사용하면 fetch보다 더 간단해진다더니, 결국 fetch를 사용하네?'라고 생각할 수도 있습니다.

그러나 여기서 사용한 fetch는 /rh에 액세스하기 위한 것입니다. 독자적으로 정의한 API이므로 자신이 만든 어떤 컴포넌트에서도 자유롭게 접근하여 OpenAI의 기능을 사용할 수 있습니다. **OpenAI의 기능을 자유롭게 이용할 수 있게 된다**는 점을 고려하면 **OpenAI API에 액세스하는 별도의 API**를 정의해두는 것은 매우 좋은 방법이 될 것입니다.

8.4.5 이미지 생성 API 이용하기

기본적인 방법을 이해했다면 이미지 생성을 사용해봅시다. 이미지 생성도 OpenAI 객체에 메서드로 제공됩니다. 2023년 11월 시점에서는 기존 방식과 새로운 방식이 혼재되어 있습니다.

▼ 기존 이미지 생성 방식

```
openai.images.generate(옵션)
```

▼ 새로운 이미지 생성 방식

```
openai.createImage(옵션)
```

인수로는 전송할 옵션 정보의 객체를 지정합니다. 인수의 옵션 정보는 다음과 같이 구성되어 있습니다.

▼ 인수의 옵션 정보

```
{
  model: 사용할 모델,
  prompt: 프롬프트,
  n: 개수,
  size: 크기
}
```

앞서 fetch로 이미지를 생성할 때 사용했던 값들이기 때문에 다시 설명할 필요는 없을 것 같습니다. 주의할 것은 이미지 생성 메서드도 비동기 메서드이므로 await를 사용하거나 then으로 콜백 함수를 지정해 결과를 받아와야 한다는 점입니다.

받아오는 값은 fetch로 이미지 생성 API에 액세스했을 때와 같으며, data 속성에 배열로 정보가 저장됩니다. 이 배열에 있는 객체에서 url 속성을 가져오면 생성된 이미지의 URL을 얻을 수 있습니다.

> **칼럼**
>
> **이미지를 생성하는 기존 메서드와 새 메서드에 대해서**
>
> OpenAI는 2023년 11월에 대규모 기능 변경이 있었는데, 이미지 생성 라이브러리도 그 영향을 받았습니다. 원래 이미지 생성은 `openai.images.generate` 메서드를 이용했는데, 새로 `openai.createImage` 메서드가 추가됐습니다. 앞으로 이 메서드를 사용할 것 같습니다.
>
> 이 책 집필 당시에는 새 메서드가 아직 동작하지 않아 여기서는 `openai.images.generate`를 사용한 코드를 게시했습니다. 두 메서드 모두 호출 시 옵션이나 반환값은 동일하므로 실제로 메서드가 추가되면 `openai.images.generate`를 `openai.createImage`로 바꾸기만 하면 문제없이 동작할 것입니다.

이미지 생성 API 준비하기

이미지 생성 API를 사용해봅시다. 이번에는 dall-e-3 모델을 사용해보겠습니다. 모델이 변경되었으니 이미지 크기도 '1024×1024'로 변경합니다. 앞서 rh 폴더에 있는 route.ts를 열고 POST 함수를 다음과 같이 수정합니다.

▼ 코드 8-6

```
export async function POST(request: Request) {
  const input = await request.json();
  const opts = {
    model: 'dall-e-3',
    prompt: input.prompt,
    n: 1,
    size: '1024x1024'
  };
  const image = await openai.images.generate(opts);
  const url = image.data[0].url;
  return new Response(JSON.stringify({url:url}), {
    status: 200,
    headers: {'Content-Type': 'application/json'},
  });
}
```

이미지 생성 API에 접근하는 처리가 완료되었습니다. 이번에는 채팅을 구현할 때보다 훨씬 간단합니다. Request의 json 메서드를 사용하여 바디 콘텐츠 내용을 추출하고 prompt 값을 이용해 옵션 정보 객체를 만듭니다.

```
const input = await request.json();
const opts = {
  model: 'dall-e-3',
  prompt: input.prompt,
  n: 1,
  size: '1024x1024'
};
```

이것으로 옵션 객체가 만들어졌습니다. 이를 인수로 사용하여 openai.images의 generate 메서드를 호출합니다.

```
const image = await openai.images.generate(opts);
```

비동기 메서드이므로 await로 기다려서 결과를 받아오게 했습니다. 받아온 객체에서 이미지의 URL을 변수로 가져옵니다.

```
const url = image.data[0].url;
```

이제 이것을 반환할 Response 객체를 만들어 return만 하면 됩니다.

```
return new Response(JSON.stringify({url:url}), {
  status: 200,
  headers: {'Content-Type': 'application/json'},
});
```

이렇게 해서 생성된 이미지의 URL이 호출한 곳으로 반환되었습니다. 이제 남은 일은 이 API에 접근하는 컴포넌트를 준비하는 것뿐입니다.

컴포넌트 만들기

이번에도 시작 페이지 컴포넌트를 수정해봅시다. app 폴더의 page.tsx를 열고 내용을 다음과 같이 변경하세요.

▼ 코드 8-7

```
"use client";
import {useState} from 'react';

export default function Home() {
  const [input, setInput] = useState('');
  const [prompt, setPrompt] = useState('');
  const [src, setSrc] = useState('/noimage.png');

  const doChange = (event)=> {
    setInput(event.target.value);
  };

  async function doAction() {
    setPrompt('wait...');
    fetch('/rh', {
      method: 'POST',
      body: JSON.stringify({prompt:input})
    })
      .then(resp => resp.json())
      .then((value)=> {
        setPrompt(input)
        setInput('')
        setSrc(value.url)
      })
      .catch(error => {
        console.log(error)
      });
  };

  return (
    <main>
      <h1 className="title">Index page</h1>
      <p className="msg font-bold">
```

```
          프롬프트를 입력 : </p>
        <div className="mx-5">
          <input type="text" className="input"
            value={input} onChange={doChange}/>
          <button className="btn" onClick={doAction}>
            Send</button>
        </div>
        <div className="prompt">
        <div>PROMPT: {prompt}</div>
          <div>
            <a href={src} target="_blank">
              <img className="my-0" width="256" height="256" src={src} />
            </a>
          </div>
        </div>
      </main>
  );
}
```

▼ 그림 8-24 프롬프트를 작성하여 전송하면 이미지를 생성해서 표시한다

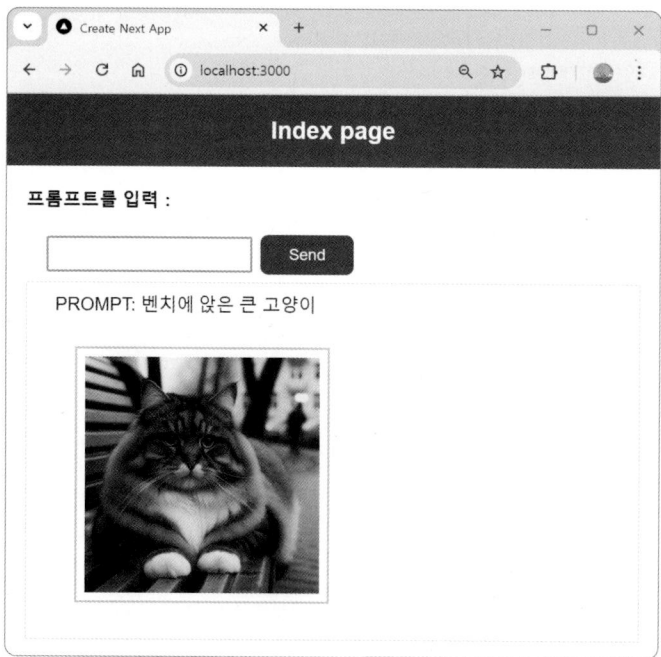

수정을 마쳤으면 시작 페이지에 접속해 프롬프트를 작성하고 전송해보세요. 잠시 기다리면 생성된 이미지가 표시될 것입니다. 이번에는 Dall·E-3 모델을 사용해서 한국어 프롬프트를 잘 인식하는 것을 볼 수 있습니다. Dall·E-2 모델을 사용한 경우라면 영어로 프롬프트를 입력하세요. 여기서는 fetch를 사용하여 /rh에 접속한 후 받아온 결과에서 url 값을 가져온 다음에 setSrc로 <img>의 src 속성을 설정하고 있습니다. fetch를 사용하는 것이 조금 번거로울 수 있지만, 지금까지 해온 방식과 거의 동일하므로 금방 이해할 수 있을 것입니다.

8.4.6 Next.js와 잘 어울리는 REST

지금까지 Next.js에서 OpenAI를 도입하는 방법을 설명했습니다.

전용 패키지를 사용하는 방법은 OpenAI의 기능을 비교적 쉽게 사용할 수 있어 아주 편리했습니다. 하지만 서버에서만 사용할 수 있기 때문에 **클라이언트에서 어떻게 이용할 것인가**도 함께 고려해야 합니다. 이번처럼 OpenAI에 액세스하는 API를 만들어 사용하거나 서버 액션을 이용해서 액세스하는 방법도 있겠죠.

fetch를 사용하는 방법은 클라이언트에서 바로 OpenAI에 액세스할 수 있어서 다양한 컴포넌트에서 이용할 수 있습니다. 이 방법은 OpenAI가 특정 URL로 API를 공개하고 있기 때문에 가능해졌습니다.

REST에 대해서

특정 URL에 액세스하는 것만으로 이용할 수 있는 API는 생각하는 것 이상으로 다양한 곳에서 사용되고 있습니다. 이런 API들은 일반적으로 **REST**(Representational State Transfer)라는 아키텍처를 사용합니다. REST는 리소스에 대해 기본적인 CRUD(Create, Read, Update, Delete의 약자로, 데이터 액세스의 기본 조작을 뜻합니다)를 HTTP 메서드로 표현하고 있어 HTTP 접속을 할 수 있다면 어떤 환경에서든 데이터에 액세스할 수 있습니다.

Next.js의 fetch 함수는 클라이언트와 서버 모두에서 사용할 수 있도록 설계되어 있는데, REST로 제공되는 API라면 모두 비슷한 방식으로 사용할 수 있습니다. fetch를 이용한 액세스 방식의 기본을 이해했다면 어렵지 않게 다양한 REST API를 사용할 수 있을 것입니다. 이처럼 Next.js는 REST API와 아주 잘 어울린다고 할 수 있습니다.

이 책에서는 OpenAI API를 이용했지만, API에 액세스하는 방법을 어느 정도 이해했다면 다른 REST API에도 도전해보세요. 구현할 수 있는 프로그램의 폭이 훨씬 넓어질 것입니다.

APPENDIX
부록

타입스크립트 입문

타입스크립트는 자바스크립트를 강화한 것입니다. 따라서 자바스크립트를 어느 정도 알고 있으면 곧바로 사용할 수 있습니다. 그래서 자바스크립트를 조금이라도 접한 사람들이 바로 타입스크립트를 사용할 수 있도록, 기초 타입스크립트 입문 과정을 준비했습니다. 이걸로 타입스크립트를 완벽하게 익힐 수 있는 것은 아니지만, 적어도 이 책을 읽는 데 충분한 지식을 갖추게 될 것입니다.

포인트

* 값, 변수, 구문에서 자바스크립트에 없는 기능을 확인한다.
* 다양한 함수의 사용법을 익힌다.
* 클래스를 사용한 객체를 사용할 수 있다.

# A.1 값, 변수, 구문

A.1.1 타입스크립트는 플레이그라운드에서!

아직 타입스크립트라는 언어를 사용해본 적이 없는 사람들을 위해 여기서 타입스크립트를 간단히 설명하려고 합니다.

타입스크립트는 자바스크립트를 강화한 언어입니다. 따라서 기본적인 문법은 자바스크립트와 크게 다르지 않습니다. 자바스크립트에 대해 어느 정도 알고 있다면 그것만으로도 타입스크립트를 절반 이상 이해했다고 해도 과언이 아닙니다. 나머지는 실제로 간단한 코드를 실행하면서 사용법을 익혀가면 됩니다.

자바스크립트는 웹 페이지 등을 만들어 그 안에서 실행하고 결과를 확인하지만, 타입스크립트에는 매우 편리한 도구가 있습니다. 바로 타입스크립트 플레이그라운드인데, 웹 브라우저로 접속하기만 하면 바로 타입스크립트 코드를 작성하고 실행해볼 수 있습니다. 이 웹사이트를 이용해 타입스크립트 사용법을 배워봅시다.

다음 웹 브라우저에서 URL로 들어가 타입스크립트 플레이그라운드에 접속하세요.

URL https://www.typescriptlang.org/ko/play

▼ **그림 A-1** 타입스크립트 플레이그라운드 화면

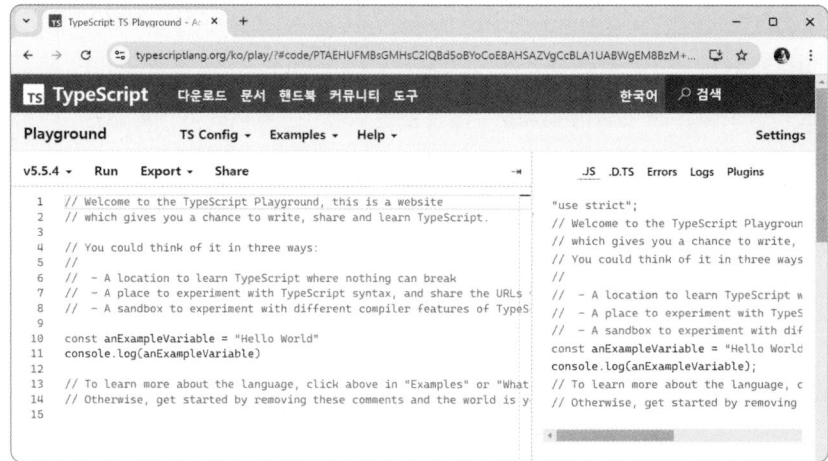

A.1.2 값, 변수, 연산

우선은 타입스크립트의 **값**에 대해 설명하겠습니다. 타입스크립트의 값은 자바스크립트와 마찬가지로 다음과 같은 세 종류의 기본 타입이 있습니다.

number	숫자 값. 타입스크립트에서는 숫자 값을 모두 number 타입으로 다룹니다.
string	텍스트 데이터를 다루는 값입니다.
Boolean	참(true) 또는 거짓(false) 값을 갖는 양자택일 상태를 나타내는 값입니다.

기본 타입은 동일하지만, 타입스크립트에서는 타입이 매우 명확하게 지정된다는 점이 다릅니다.

값 대부분은 직접 사용하기도 하지만, 변수나 상수에 대입해서 사용됩니다. 타입스크립트에서도 변수나 상수를 사용하는 방법은 기본적으로 같습니다.

▼ 변수 대입하기

```
var 변수 = 값;
let 변수 = 값;
```

▼ 상수 대입하기

```
const 상수 = 값;
```

자바스크립트를 그다지 잘 사용하지 않는 경우, var와 let의 차이점을 잘 모를 수도 있습니다. var는 프로그램 전체와 선언된 함수 내 어디에서나 사용할 수 있지만, let은 선언된 블록 내에서만 사용할 수 있습니다.

변수나 상수 사용법은 자바스크립트와 동일하지만, 또 하나 매우 중요한 차이점이 있습니다. 타입스크립트에서는 변수에 값을 대입하면 해당 변수에 타입이 설정되어, 다른 타입의 값은 대입할 수 없습니다.

▼ 자바스크립트의 경우

○
○
```
var x = 1;
x = "ok";
```

▼ 타입스크립트의 경우

○
×
```
var x = 1;
x = "ok";
```

타입스크립트는 타입을 매우 엄격하게 설정합니다. 자바스크립트에서는 변수에 들어 있는 값의 타입에 대해 별로 의식하지 않았을 것입니다. 하지만 타입스크립트에서는 항상 **변수의 타입**을 의식해 코딩해야 합니다.

타입을 지정해 변수 선언하기

변수의 타입을 더욱 명확하게 하고자 타입스크립트에서는 변수와 상수를 선언할 때 타입을 지정할 수 있습니다. 이것을 **타입 애너테이션**(anntation)이라고 하며, 다음과 같이 지정합니다

▼ 변수 대입하기

```
var 변수: 타입 = 값;
let 변수: 타입 = 값;
```

```
예) var x: number = 100;
    let s: string = "Hello";
```

▼ 상수 대입하기

```
const 상수: 타입 = 값;
```

```
예) const z: number = 12345;
```

이처럼 변수 뒤에 : 타입을 붙여 명확하게 지정합니다. 변수는 선언만 해두고 나중에 값을 대입하는 경우가 많은데, 이런 경우에도 타입을 미리 지정해두면 잘못된 값을 대입할 염려가 없습니다.

> **칼럼**
>
> **타입을 지정하지 않은 any 형**
>
> 타입스크립트에서 변수는 반드시 명확한 타입이 지정됩니다. 그렇다면 자바스크립트처럼 어떤 타입의 값도 저장할 수 있는 변수는 없을까요?
>
> 사실은 있습니다. 바로 any 타입입니다. any는 특수한 타입으로, 어떤 타입의 값이라도 대입할 수 있습니다. 하지만 어떤 값이라도 넣을 수 있다는 말은 타입스크립트의 타입 관리 기능을 거의 사용할 수 없게 된다는 것을 의미합니다. any는 편리하지만, 가급적 사용하지 않는 것이 바람직합니다.

값의 연산

값은 다양한 형태로 연산됩니다. 타입스크립트의 연산은 기본적으로 자바스크립트와 동일합니다. 사칙연산, 텍스트 결합 등 자바스크립트에서 배운 것들은 모두 그대로 사용할 수 있습니다.

비교 연산(<, >, = 등을 이용한 값의 비교)이나 논리 연산(&&나 ||를 통한 논리합, 논리곱 등)도 마찬가지입니다.

배열

배열도 기본적으로는 자바스크립트와 같습니다. 기본적인 사용법을 아래에 정리해두겠습니다.

▼ 배열의 값

```
[값1, 값2, …]
```

▼ 요소 지정하기

```
배열[번호]
```

그럼 배열 값의 타입은 어떻게 지정하면 좋을까요? 배열 값의 타입은 타입[] 형태로 지정합니다. 예를 들어 숫자 값을 넣는 배열 x를 만들고 싶다면 다음과 같이 선언합니다.

```
var x:number[];
```

이렇게 선언하면 number 타입 값만 저장하는 배열을 만들 수 있습니다. 배열이 잘 기억나지 않을 수도 있으니 간단한 예를 들어보겠습니다.

▼ **코드 A-1** 배열을 선언하고 사용한다

```
var x:number[] = [];
x[0] = 100;
x[1] = 200;
x[2] = 300;
x[5] = x[0] + x[1] + x[2];
console.log(x);
```

▼ **그림 A-2** 실행하면 로그에 결과가 출력된다

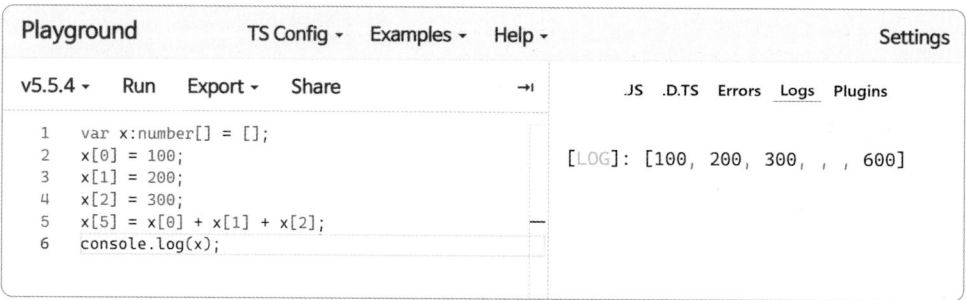

타입스크립트 플레이그라운드의 에디터에 코드를 작성하고 **Run**을 클릭합니다. 곧 바로 코드가 실행되고, 결과는 오른쪽 Logs라는 곳에 출력됩니다. Logs에 [100, 200, 300, , , 600]이 표시되는 것을 확인할 수 있습니다. 이로써 배열에 값을 대입하거나 필요한 값을 가져와서 사용하는 기본적인 방법을 알아봤습니다.

참고로 console.log는 콘솔에 로그로 값을 출력하는 기능입니다. 이를 사용하면 변수 x의 값을 출력하여 내용을 간편하게 확인할 수 있습니다.

상수 배열

상수로 사용할 배열을 선언하고 싶다고 합시다. 그런 경우 아마 누구나 떠올릴 수 있는 방법은 다음과 같은 형태의 선언일 것입니다.

```
const x:number[] = [1, 2, 3];
```

const를 사용하면 값을 변경할 수 없게 됩니다. 이것으로 안심해도 될 것 같지만, 실제로는 그렇지 않습니다. const는 대입한 값을 변경할 수 없게 하는 것입니다. 즉, const x라고 하면 x에 대입된 배열을 다른 배열로 변경할 수 없습니다.

하지만 const는 배열의 내용까지는 보지 않습니다. 따라서 const로 선언된 상수 배열이라 할지라도 저장된 값은 마음대로 변경할 수 있습니다.

내용도 변경할 수 없게 하고 싶은 경우에는 readonly 키워드를 사용하면 됩니다. 예를 들어 위의 예에서 다음과 같이 변경하면 됩니다.

```
const x:readonly number[] = [1, 2, 3];
```

이렇게 하면 배열 x를 내용도 변경할 수 없는 완전한 상수 배열로 만들 수 있습니다.

A.1.3 튜플

튜플(Tuple)은 자바스크립트에는 없었던 값입니다. 튜플은 **여러 다른 타입의 값을 함께 다루기 위한 것**입니다.

예를 들어 주소록 데이터를 관리한다고 가정해봅시다. 관리할 항목으로 이름, 이메일 주소, 나이 등이 떠오르겠죠. 이 중에서 이름과 이메일 주소는 텍스트이지만, 나이는 숫자입니다. 따라서 이들을 배열로 묶을 수는 없습니다.

이런 경우에 사용하는 것이 튜플입니다. 튜플은 여러 타입의 값을 배열처럼 하나로 묶을 수 있습니다. 튜플은 다음과 같이 선언합니다.

▼ 튜플로 선언하기

```
변수: [타입1, 타입2, …]
```

이렇게 하면 여러 타입의 값을 가진 튜플 타입 변수가 준비됩니다. 나머지는 지정한 타입에 따라 값을 []로 묶어 대입하면 됩니다. 타입 정의에서 형태를 짐작할 수 있듯이, 튜플은 배열을 확장한 것입니다. 배열을 나타내는 []에 저장할 개별 요소의 타입을 지정하는 것입니다.

그럼 튜플이 어떻게 활용되는지 간단한 예를 들어보겠습니다.

▼ 코드 A-2 튜플로 선언하고 이용한다

```
const arr:[string, string, number][] = [];

arr[0] = ['철수', '김', 39];
arr[1] = ['시영', '이', 28];
arr[2] = ['문수', '박', 17];

for(let item of arr) {
  console.log(item);
}
```

▼ 그림 A-3 튜플형 배열을 만들고 값을 차례로 출력한다

```
   .JS  .D.TS  Errors  Logs  Plugins

[LOG]: ["철수", "김", 39]

[LOG]: ["시영", "이", 28]

[LOG]: ["문수", "박", 17]
```

arr:[string, string, number][]라고 변수를 선언했습니다. [string, string, number]라는 튜플형 배열인 것을 알 수 있습니다. 배열 arr에 [string, string, number]와 다른 값을 대

입해봅시다. 예를 들어 값 3개 모두 string이거나 값이 4개인 경우도 있을 수 있습니다. 그렇게 하면 에러가 발생하여 코드를 실행할 수 없습니다. 지정한 타입과 모두 같은 타입의 값을 대입하지 않으면 에러가 발생합니다.

A.1.4 열거형

튜플과 함께 타입스크립트에서 추가된 중요한 자료형은 열거형입니다. 열거형은 여러 개의 값 중에서 하나를 선택해야 할 때 사용됩니다.

열거형은 미리 준비된 값만 사용할 수 있습니다. 먼저 enum을 사용하여 enum 타입을 정의해야 합니다.

▼ 열거형 선언하기

```
enum 형이름 {항목1, 항목2, …}
```

이렇게 타입을 정의한 후 정의한 타입을 변수에 지정해서 사용하면 됩니다. 그럼, 실제 사용 예를 들어 보겠습니다.

▼ 코드 A-3 열거형 변수를 선언하고 사용한다

```
enum color {white, black, red, green, blue};

const arr: color[] = [];

arr[0] = color.red;
arr[1] = color.green;
arr[2] = color.blue;

for (let item of arr) {
  console.log(item + ':' + color[item]);
}
```

▼ 그림 A-4 실행하면 arr 내의 값이 출력된다

```
    .JS   .D.TS   Errors   Logs   Plugins

[LOG]: "2:red"

[LOG]: "3:green"

[LOG]: "4:blue"
```

입력한 코드를 실행하면 배열 arr에 저장된 color 값이 출력됩니다. arr[0] = color.red 와 같이 color 값을 배열 각 요소에 대입하고 있는데, 열거형은 이처럼 타입.값 형태로 타입 이름과 값을 점으로 연결하여 작성합니다.

여기서는 arr에 color 값을 저장하고 for of로 꺼내어 출력하고 있습니다. 코드를 보면 item + ':' + color[item] 형태로 출력되는 것을 알 수 있습니다. for of는 배열에서 값을 가져오므로 이 예제라면 item에 color 값이 들어 있어야 합니다. 그런데 실제로 실행해 보면 item에는 0, 1, 2와 같은 숫자가 저장되어 있습니다. 그리고 color[item]으로 color 타입에서 item에 해당하는 값을 꺼내야 red와 같은 값이 나오게 됩니다.

즉, enum 값에는 정의된 타입의 인덱스가 들어 있습니다. arr[0] = color.red라고 하면 color 배열에서 red가 들어 있는 인덱스가 할당된다고 생각하면 됩니다.

A.1.5 제어 구문

제어 구문에 대해서 정리해보겠습니다. 자바스크립트에는 몇 가지 분기와 반복 구문이 준비되어 있으며, 타입스크립트에서도 동일하게 사용할 수 있습니다.

▼ 조건 분기

```
if (조건) {
   조건 성립 시 처리
} else {
   조건 불성립 시 처리
}
```

▼ 다항 분기

```
switch (대상) {
  case 값1:
     값1일 때의 처리
     break
  case 값2:
     값2일 때의 처리
     break

     …필요한 만큼 case를 준비…

  default:
     어느 것에도 일치하지 않을 때의 처리
}
```

▼ while문(1)

```
while (조건) {
   반복할 처리
}
```

▼ while문(2)

```
do {
   반복할 처리
} while (조건)
```

▼ for문

```
for (초기화; 조건; 후처리) {
   반복할 처리
}
```

▼ 배열 for문

```
for (let 변수 in 값) {
    반복할 처리
}

for (let 변수 of 값) {
    반복할 처리
}
```

모두 나열해보면 꽤 많은 구문이 준비되어 있음을 알 수 있습니다. 특히 반복과 관련해서는 while과 for에 각각 여러 개가 있습니다.

배열에 사용하는 두 개의 for문

자바스크립트를 많이 사용하지 않는 사람은 **배열에 사용하는 for문**을 잘 이해하지 못할 수도 있습니다. 배열에서 순서대로 값을 꺼내어 처리하는 for문인데, 자세히 보면 in을 사용하는 것과 of를 사용하는 것이 있습니다. 이 두 가지는 처리 대상이 객체인지, 배열인지에 따라 달라집니다.

자바스크립트에서는 배열도 객체였습니다. 타입스크립트에서도 마찬가지입니다. 배열에 수많은 요소가 저장되는 것처럼 일반 객체에도 수많은 속성이 저장되어 있습니다.

객체에서 속성을 순서대로 꺼내어 처리하고 싶을 때는 for in을 사용합니다. 이는 객체에서 속성명을 순서대로 변수로 가져옵니다. 반복 처리 내에서는 가져온 속성명에서 값을 꺼내와서 처리합니다.

배열에서 요소의 값을 순서대로 꺼내어 처리하고 싶을 때는 for of를 사용합니다. 이는 배열에서 직접 값을 가져오므로 값을 바로 처리할 수 있습니다. 같은 배열을 이용하여 두 for문의 차이를 코드로 비교해보겠습니다.

▼ 코드 A-4 배열에 사용하는 for문 (1)

```
const arr:readonly number[] = [12, 34, 56, 78, 90];
var total:number = 0;
for (let n in arr) {
  total += arr[n];
}
console.log("total: " + total);
```

▼ 코드 A-5 배열에 사용하는 for문 (2)

```
const arr:readonly number[] = [12, 34, 56, 78, 90];
var total:number = 0;
for (let n of arr) {
  total += n;
}
console.log("total: " + total);
```

두 방식 모두 얻을 수 있는 결과는 같지만, for문 루프 내의 처리가 다릅니다. for in의 경우, 배열에서 추출되는 것은 속성명(인덱스)이므로 total += arr[n]이라고 작성합니다. 하지만 for of의 경우, 값이 직접 추출되므로 total += n이 됩니다.

A.2 함수 이용하기

A.2.1 함수 정의하기

타입스크립트는 다양한 곳에서 함수를 사용합니다. 함수를 익히는 것은 타입스크립트 학습에서 매우 중요합니다.

함수의 기본부터 복습해봅시다. 함수는 다음과 같은 형태로 정의됩니다.

▼ 함수 정의

```
function 이름(인수) {
   …실행할 처리…
}
```

이 함수의 기본 정의는 타입스크립트에서도 동일합니다. 다만, 타입스크립트에서는 여기에 **반환값** 타입을 더 지정할 수 있습니다.

▼ 반환값이 있는 함수의 정의

```
function 이름(인수): 타입 {
   …실행할 처리…
}
```

이렇게 지정하면 지정한 타입으로 값이 반환되는 함수를 만들 수 있습니다. 타입스크립트에서는 타입이 중요하므로 어떤 타입의 값이 반환되는지 명확해지면 그만큼 함수를 다양한 곳에서 사용할 수 있습니다.

그럼, 실제로 함수를 이용하는 예를 들어보겠습니다.

▼ **코드 A-6** 소수인지 확인하는 함수를 정의하고 이용해본다

```
function prime(num:number): boolean {
  let flg = true;
  for (let i = 2; i < num / 2; i++) {
    if (num % i == 0) {
      flg = false;
      break;
    }
  }
  return flg;
}

const arr:number[] = [10, 11, 12, 13, 14, 15, 16, 17, 18, 19, 20];
```

```
for (let item of arr) {
  console.log(item + ' = ' + prime(item));
}
```

▼ **그림 A-5** 10~20의 정수가 소수인지 검사한 결과가 표시된다

```
         .JS   .D.TS   Errors   Logs   Plugins

[LOG]: "10 = false"
[LOG]: "11 = true"
[LOG]: "12 = false"
[LOG]: "13 = true"
[LOG]: "14 = false"
[LOG]: "15 = false"
[LOG]: "16 = false"
[LOG]: "17 = true"
[LOG]: "18 = false"
[LOG]: "19 = true"
[LOG]: "20 = false"
```

여기서는 10~20의 정수에 대해 소수인지를 검사하고 결과를 표시합니다. 그리고 prime이라는 소수 판정 함수를 정의하고, 이를 for of 내에서 호출하여 검사합니다. prime 함수는 다음과 같이 정의되어 있습니다.

```
function prime(num:number): boolean {⋯}
```

number 타입의 인수 num이 있고, 반환값은 boolean 타입으로 되어 있습니다. 인수와 반환값의 타입을 보면 **숫자를 인수로 전달해 호출하면 true 또는 false를 반환**하는 함수라는 것을 바로 알 수 있습니다. 이처럼 타입을 정확히 지정할 수 있으니 타입스크립트 함수는 자바스크립트보다 사용하기 더 쉽습니다.

부록 타입스크립트 입문 **373**

> **칼럼**
>
> **반환값이 없을 때는 void로 지정**
>
> 함수에는 반환값을 지정할 수 있지만, 반환값이 없는 경우에는 어떻게 해야 할까요? 이런 경우에는 void라는 값을 지정합니다. void로 지정하면 반환값이 없다고 판단됩니다.

A.2.2 여러 개의 반환값

함수에 반환값을 여러 개 지정할 수도 있습니다. 앞서 설명한 튜플을 반환값으로 지정하면 한 번에 여러 값을 반환하는 함수를 만들 수 있습니다.

그럼, 실제 예제로 확인해봅시다.

▼ **코드 A-7** 여러 개의 반환값을 가진 함수를 만든다

```
function gcdLcm(a: number, b: number): [number, number] {
  let gcd = 1;
  let lcm = 1;

  for (let i = 1; i <= a && i <= b; i++) {
  if (a % i === 0 && b % i === 0) {
    gcd = i;
  }
  }
  lcm = (a * b) / gcd;
  return [gcd, lcm];
}

const num1 = [10,20,30,40,50];
const num2 = [101,212,323,434,545];

for(let i = 0;i < num1.length;i++) {
  const [gcd, lcm] = gcdLcm(num1[i], num2[i]);
  console.log(num1[i]+','+num2[i]+
    ' gcd:'+gcd+', lcm:'+lcm);
}
```

▼ 그림 A-6 두 개의 배열에서 차례로 값을 가져와서 GCD와 LCM을 계산한다

```
            .JS   .D.TS   Errors   Logs   Plugins

[LOG]: "10,101   gcd:1, lcm:1010"

[LOG]: "20,212   gcd:4, lcm:1060"

[LOG]: "30,323   gcd:1, lcm:9690"

[LOG]: "40,434   gcd:2, lcm:8680"

[LOG]: "50,545   gcd:5, lcm:5450"
```

두 수의 GCD(최대공약수)와 LCM(최소공배수)을 계산해 출력하는 예제입니다. 두 배열에 검사할 값을 저장하고 for로 값을 순서대로 꺼내면서 함수를 호출해 계산 결과를 표시합니다.

여기서는 다음과 같이 최대공약수와 최소공배수를 구하는 함수를 정의하고 있습니다.

```
function gcdLcm(a: number, b: number): [number, number] {…}
```

인수로 두 number 값을 전달하면 두 number 타입 튜플이 반환값으로 반환되는데, for문에서 이 함수를 호출하는 부분을 보면 다음과 같이 되어 있습니다.

```
const [gcd, lcm] = gcdLcm(num1[i], num2[i]);
```

여기서 반환값 두 개가 각각 변수 gcd와 lcm에 대입됩니다. 이것은 자바스크립트의 분해 할당 기능을 이용한 것입니다. 배열 값을 대입할 때 요소 수만큼 변수를 배열 형태로 준비해두면 하나하나 변수에 대입됩니다.

이 분해 할당을 이용한 함수 호출 방식은 사실 리액트에서 많이 이용됩니다. 스테이트 훅을 이용할 때도 반드시 분해 할당 기능을 이용합니다. 여기서 사용법을 잘 기억해두면 도움이 될 것입니다.

A.2.3 옵션 인수와 초깃값

함수에서 복수의 인수를 다룰 때 알아두면 좋은 것이 **옵션 인수** 사용법입니다. 함수에 준비한 인수는 기본적으로 모두 정확하게 지정하지 않으면 호출할 수 없습니다. 하지만 인수 작성 방식에 따라 값을 생략할 수도 있습니다.

이를 위한 몇 가지 방법이 있는데, 그중 하나가 ? 기호를 지정하는 것입니다. 예를 들어 다음과 같이 인수를 지정하는 것입니다.

```
function 함수(인수?:타입)
```

? 기호는 null을 허용한다는 의미입니다. 예를 들어 x?라고 하면 x는 null(혹은 undefined)이라도 괜찮다는 뜻으로, 값이 없어도 문제없이 사용할 수 있습니다.

다만, 정말 값이 없으면 곤란하므로 함수 내에서 인수가 null일 때 값을 설정하는 처리를 준비합니다.

그럼, 실제 예제를 통해 확인해봅시다.

▼ 코드 A-8 옵션 인수를 사용한다

```
function tax(price:number, tax?:number):number {
  const tx = tax ? tax : 8.0;
  return Math.floor(price * (1.0 + (tx / 100)));
}

const price = 12800;
console.log(price + '원,' + tax(price) + '원');
console.log(price + '원,' + tax(price,10) + '원');
```

▼ 그림 A-7 세액이 8%와 10%인 부가세 포함 가격을 계산한다

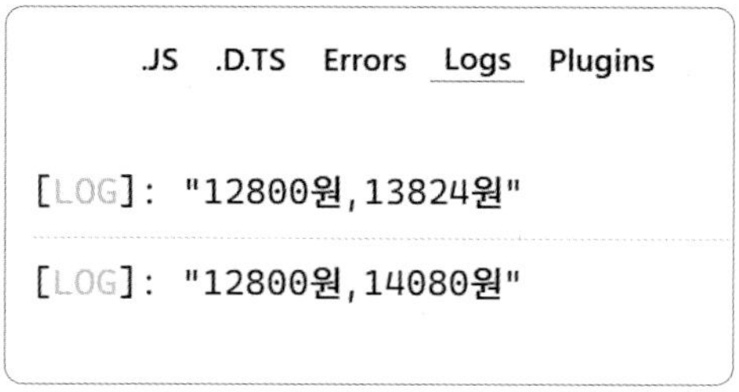

```
.JS    .D.TS   Errors   Logs   Plugins

[LOG]: "12800원,13824원"

[LOG]: "12800원,14080원"
```

여기서는 price에 준비한 금액의 부가세 포함 가격을 계산하여 표시합니다. 금액을 계산하는 tax 함수는 다음과 같습니다.

```
function tax(price:number, tax?:number):number {…}
```

첫 번째 인수로는 금액을 나타내는 price가 설정되어 있고, 두 번째 인수로는 세율을 나타내는 tax가 설정되어 있습니다. 그런데 인수 tax는 tax?:number로 지정되어 있어 null이라도 상관없습니다. 함수 내의 코드를 보면 먼저 tax 값을 확인하고, null이면 8.0으로 지정하는 것을 알 수 있습니다.

```
const tx = tax ? tax : 8.0;
```

이제 이 tx 값을 이용하여 계산하고 값을 반환합니다. 이렇게 값이 null인 경우의 처리를 잘 준비하면 null을 허용하는 인수를 설정할 수 있습니다.

초깃값 지정하기

또 한 가지 방법은 인수에 초깃값을 지정하는 것입니다. 이 방법은 다음과 같은 형태로 지정합니다.

```
function 함수(인수:타입 = 초깃값)
```

인수를 지정하고 그 뒤에 = 값 형태로 초깃값을 지정할 수 있습니다. 이렇게 하면 값이 생략된 경우에 초깃값을 값으로 전달할 수 있습니다. 예를 들어 조금 전에 살펴본 예제에서 tax 함수를 다음과 같이 변경해봅시다.

▼ **코드 A-9** 초깃값을 지정하여 함수를 정의한다

```
function tax(price:number, tax:number=8.0):number {
  return Math.floor(price * (1.0 + (tax / 100)));
}
```

이렇게 변경해도 완전히 동일하게 작동합니다. 여기서는 tax:number=8.0과 같이 인수를 지정하고 있습니다. 이렇게 함으로써 tax 인수가 지정되지 않은 경우에도 8.0이 값으로 전달됩니다.

A.2.4 가변 길이 인수

함수의 인수는 사전에 어떤 값이 전달되는지 명확하게 지정해야 합니다. 하지만 경우에 따라서는 값 몇 개만 전달하고 싶을 때도 있습니다. 예를 들어 인수로 전달되는 값의 합계를 구하는 함수를 만들 때 **필요한 만큼 얼마든지** 값을 전달받을 수 있도록 지정하고 싶을 때가 있습니다.

이럴 때 사용되는 것이 가변 길이 인수입니다. 이름 그대로 길이가 자유롭게 변할 수 있는 인수라는 의미입니다. 길이란 결국 **인수의 개수**를 말합니다. 즉, 인수를 몇 개든지 받을 수 있게 하는 것이 가변 길이 인수입니다.

가변 길이 인수는 다음의 형태로 선언합니다.

```
function 함수명(...이름:타입)
```

인수 이름 앞에 ...이라고 점을 3개 붙이면 가변 길이 인수로 다루어집니다. 주의할 점은 타입 지정입니다. 가변 길이 인수의 타입은 반드시 배열로 지정해야 합니다. 예를 들어 number 타입의 가변 길이 인수라면 number[]로 지정합니다.

다음의 예제를 통해 확인해봅시다.

▼ **코드 A-10** 가변 길이 인수를 이용한다

```
function total(...items:number[]):number {
  let res = 0;
  for (let item of items) {
    res += item;
  }
  return res;
}

const result = total(123,45,678,90);
console.log('total: ' + result);
```

▼ **그림 A-8** 인수로 지정한 값을 모두 더해서 표시한다

```
    .JS  .D.TS  Errors  Logs  Plugins

[LOG]: "total: 936"
```

여기서는 인수로 전달된 모든 값을 더해서 반환하는 함수 total을 정의했습니다. 이 함수는 다음과 같이 정의되어 있습니다.

```
function total(...items:number[]):number
```

인수 items의 타입이 number[]라고 되어 있습니다. 그럼 실제로 호출하는 곳이 어떻게 되어 있는지 살펴보겠습니다.

```
const result = total(123, 45, 678, 90);
```

인수에는 정수 값이 여러 개 준비되어 있습니다. 가변 길이 인수는 이러한 값을 모두 배열로 묶어서 함수에 전달하는 것입니다. 함수 쪽에서는 전달된 배열을 그대로 처리해나가기만 하면 됩니다.

A.2.5 값으로 다루는 함수

함수는 자바스크립트에서 값(객체)으로 다룰 수 있었습니다. 이는 타입스크립트에서도 마찬가지입니다. 예를 들어 다음과 같이 함수를 정의했다고 해보겠습니다.

```
function hoge() {…}
```

이 정의는 hoge라는 함수가 준비됐다는 것을 의미하지만, 동시에 **hoge 객체에 함수가 대입됐다**는 의미도 됩니다. 따라서 hoge()라고 하면 함수가 실행되지만, hoge를 그대로 변수 등에 할당하여 값으로 다룰 수도 있습니다.

익명 함수와 화살표 함수

함수를 값으로 다룰 때 많이 사용되는 것이 익명 함수입니다. 즉, 이름이 붙지 않은 함수를 말합니다.

```
function (인수) : 반환값 {…}
```

이처럼 함수 이름을 붙이지 않고 정의하여 익명 함수를 만들 수 있습니다. 이름이 없으므로 그 상태로는 호출할 수 없습니다. 따라서 익명 함수는 변수에 대입되거나 함수의 인수나 반환값 등으로 사용됩니다.

그럼, 실제 예제를 통해 확인해봅시다.

▼ **코드 A-11** 익명 함수를 사용한다

```
const f = function (){
  console.log("Hello!");
  return ("finished.");
}

console.log(f);
console.log(f());
```

▼ **그림 A-9** 함수를 상수에 대입하여 사용한다

```
        .JS  .D.TS  Errors  Logs  Plugins

[LOG]: function () {
    console.log("Hello!");
    return ("finished.");
}

[LOG]: "Hello!"

[LOG]: "finished."
```

예제 코드를 실행하면 상수 f에 대입된 함수 자체와 함수를 실행한 출력 그리고 함수의 실행 결과(반환값)가 각각 출력됩니다. log(f)를 사용하면 함수 자체가 값으로 출력되고, log(f())를 사용하면 함수가 실행되어 그 결과가 표시되는 것을 알 수 있습니다.

편리한 화살표 함수

익명 함수는 함수를 값으로 취급할 때 이용하는데 이럴 때는 좀 더 쉽게 작성할 수 있는 화살표 함수를 이용하는 것이 일반적입니다.

▼ 화살표 함수 작성법

```
(인수)=>{…내용…}
```

이것이 화살표 함수의 기본형입니다. 인수와 구현 내용을 => 기호로 연결하여 작성합니다. 인수가 하나일 때는 ()를 생략할 수 있습니다. 또한, 실행 내용이 단순히 반환값만 반환하는 것이라면 {}이나 return을 생략하고 반환값만 작성해도 됩니다.

화살표 함수를 이용하면 얼마나 편리해지는지 예제를 통해 확인해봅시다.

▼ 코드 A-12 화살표 함수를 이용한다

```
const add = (x:number,y:number)=>x + y;
const sub = (x:number,y:number)=>x - y;

const x = 123;
const y = 45;

console.log(add(x, y));
console.log(sub(x, y));
```

▼ 그림 A-10 add와 sub 함수가 실행된다

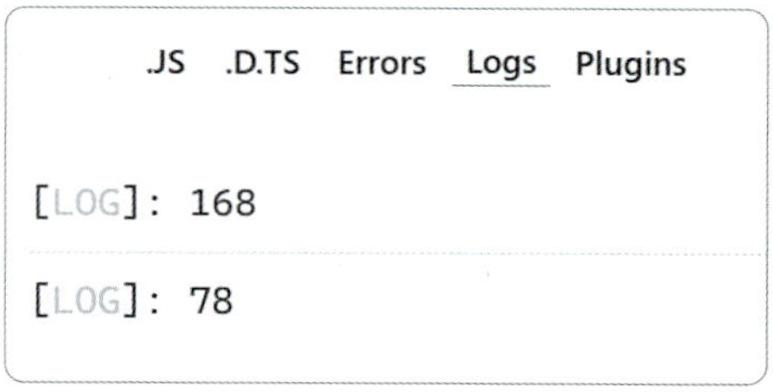

```
 .JS   .D.TS   Errors   Logs   Plugins

[LOG]: 168

[LOG]: 78
```

A.2.6 함수의 인수와 반환값으로 사용하는 함수

익명 함수나 화살표 함수는 변수에 대입해서 사용하기도 하지만 그보다 압도적으로 많은 것은 함수의 인수나 반환값으로 사용하는 경우입니다.

▼ **코드 A-13** 함수의 인수나 반환값으로 사용한다

```
const x = 123;
const y = 45;

function calc(f:Function) {
  console.log(f(x, y));
}

calc((x:number, y:number)=>x * y);
```

▼ **그림 A-11** 실행하면 calc의 인수로 지정한 함수가 실행된다

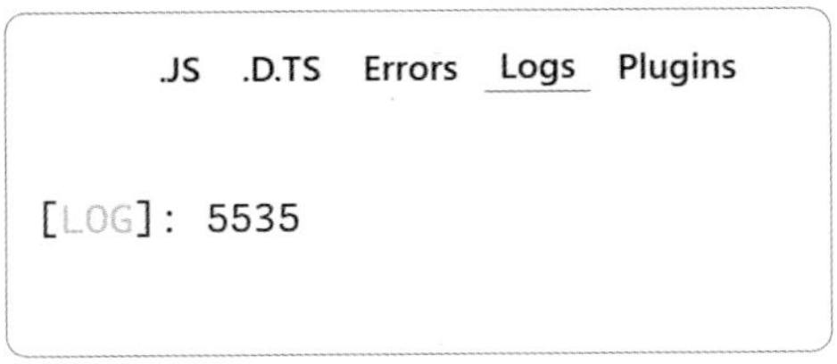

```
   .JS   .D.TS   Errors   Logs   Plugins

[LOG]: 5535
```

여기서는 calc 함수의 인수로 f:Function이 설정되어 있습니다. Function은 함수 타입을 나타냅니다. 이를 통해 함수형 값(즉, 함수 자체)을 인수로 넘겨줄 수 있습니다.

실제로 calc 함수 호출 부분을 보면 이런 사실이 잘 드러납니다.

```
calc((x:number, y:number)=>x * y);
```

calc 함수의 인수로 화살표 함수가 들어 있습니다. 이 화살표 함수는 x와 y라는 숫자형 인수를 이용해 x * y의 결과를 반환하는 간단한 함수입니다. 이 함수가 calc에서 실행되고, 그 결과로 두 값을 곱한 값이 표시된 것입니다.

함수 타입을 정확히 지정하기

이상으로 함수를 인수로 사용하는 방법을 알아봤습니다. 하지만 이 방법에는 약간 문제가 있습니다.

calc(f: Function)에서 어떤 함수가 인수로 넘어올지 알 수 없기 때문입니다. calc 함수는 f(x, y)처럼 두 인수를 가진 함수가 전달되는 것을 전제로 처리되고 있으므로 인수로 전달되는 함수는 그런 형태를 갖추고 있어야 합니다.

이런 경우에는 함수 타입을 인수와 반환값까지 정확하게 지정해야 합니다. 예를 들어 calc 함수를 다음과 같이 정의할 수 있습니다.

▼ **코드 A-14** calc 함수를 정의한다

```
function calc(f:(x:number, y:number)=>number) {
  console.log(f(x, y));
}
```

인수 부분을 보면 calc(f:(x:number,y:number)=>number)라고 정의한 것을 알 수 있습니다. 여기서 (x:number,y:number)=>number가 인수 f의 타입을 지정한 부분입니다. 함수의 타입을 이렇게 화살표 함수로 지정하면, **x와 y라는 number 타입의 인수가 있고, number 타입의 값을 반환하는 함수**임을 바로 알 수 있습니다.

이렇게 정확하게 인수와 반환값의 타입까지 지정하면 실제로 calc를 호출할 때 화살표 함수를 더욱 간단하게 호출할 수 있습니다.

```
calc((x:number, y:number)=>x * y);
```

```
calc((x, y)=>x * y);
```

이처럼 타입 지정을 생략하고 호출할 수 있습니다. 인수에 어떤 타입의 값이 지정될지 이미 정해져 있으므로 일일이 정확한 타입까지 기술하지 않아도 됩니다.

객체 이용하기

A.3.1 객체 리터럴

객체는 자바스크립트에서도 꽤 이해하기 어려운 부분입니다. 게다가 타입스크립트에서는 많은 기능이 추가되어 초보자가 이해하기 훨씬 더 어려워졌습니다. 여기서는 **일단 이 정도만 알아두면 리액트와 Next.js를 사용할 수 있을 것**이라고 여겨지는 기초 지식에 초점을 맞춰 설명하겠습니다.

우선 객체 리터럴에 대한 설명입니다. 객체는 다양한 형태로 사용됩니다. new를 사용하여 생성하거나 함수를 사용하여 생성하는 것 등 뭔가를 이용한 결과가 객체로 반환되는 경우가 가장 많을 것입니다.

그밖에 의외로 많이 쓰이는 것이 **값으로서의 객체**입니다. 예를 들어 함수의 인수로 객체를 지정할 때 그 자리에서 객체를 값으로 기술하는 경우가 자주 있습니다.

자바스크립트와 타입스크립트에서는 객체를 값으로 표현할 수 있습니다. 주로 다음과 같은 형태로 작성합니다.

▼ 객체 리터럴의 기본

```
{
  속성: 값,
  속성: 값,
  …생략…
}
```

{} 안에 속성명과 설정 값을 원하는 만큼 기술합니다. 이것이 가장 기본적인 객체 작성 방법입니다.

'뭐야, JSON과 똑같네'라고 생각한 사람도 있을 것입니다. 맞습니다. JSON 작성 방법과 동일합니다. 다만, JSON의 데이터는 문자열 값인 반면, 객체 리터럴은 그대로 객체로 사용할 수 있다는 점이 다릅니다.

객체 리터럴 사용하기

그럼, 실제로 객체 리터럴을 만들어 사용해봅시다.

▼ 코드 A-15 객체 리터럴을 사용한다

```
const ob1 = {
  name:'kim',
  mail:'kim@gilbut'
};
const ob2 = {
  name:'lee',
  age:28
};

function check(ob:any) {
  console.log('*** check ***');
  for(let p in ob)  {
    console.log(p + ' => ' + ob[p]);
  }
}

check(ob1);
check(ob2);
```

▼ 그림 A-12 두 객체의 내용이 출력된다

```
     .JS  .D.TS  Errors  Logs  Plugins

[LOG]: "*** check ***"
[LOG]: "name => kim"
[LOG]: "mail => kim@gilbut"
[LOG]: "*** check ***"
[LOG]: "name => lee"
[LOG]: "age => 28"
```

예제를 실행하면 ob1과 ob2 객체를 생성하고 내용을 출력합니다. check 함수에서는 for를 사용하여 객체의 속성을 순서대로 꺼내어 내용을 출력합니다. ob1과 ob2에 서로 다른 값이 저장되어 있는 것을 알 수 있습니다.

두 객체 모두 각각 상수에 값으로 대입되어 있고, 거기서 속성 값을 꺼내어 사용하고 있습니다. 대입된 값이 객체로 잘 다루어지는 것을 알 수 있습니다.

A.3.2 클래스 정의하기

조금 전 예제에서는 두 객체를 생성했습니다. 두 객체는 각각 다른 내용을 담고 있었습니다. 필요한 것을 그때그때 만드는 용도로 객체 리터럴은 매우 편리합니다. 그러나 정해진 값이 준비되어 있는 데이터로 객체를 생성할 때, 객체마다 내용이 다르면 문제가 될 수 있습니다. 이러한 경우 모든 객체가 동일한 내용을 가지도록 만들어야 합니다.

이럴 때 사용되는 것이 바로 **클래스**입니다. 클래스는 객체의 설계도라고 할 수 있습니다. 클래스를 정의해두면 해당 객체에 어떤 내용이 들어 있는지 명확하게 알 수 있습니다.

클래스는 다음과 같이 정의합니다.

▼ 클래스의 정의

```
class 이름 {
    속성: 값
    속성: 값
    …생략…

    메서드(인수): 반환값 {…처리…}
    …생략…
}
```

클래스에는 속성과 메서드가 있습니다. 속성은 **값**을 보관하는 것이며, 메서드는 **처리**를 설정하는 것입니다. 클래스는 이 두 가지 요소로 구성되어 있습니다.

개인 정보 클래스 Person 만들기

그럼, 실제로 간단한 클래스를 만들고 이용해 봅시다. 여기서는 개인 정보를 관리하는 Person이라는 클래스를 정의하고 이용해보겠습니다.

▼ 코드 A-16 Person 클래스를 만든다

```
class Person {
  name: string = 'noname';
  mail: string = 'nomail';
  age: number = 0;

  print(): void {
    console.log(this.name + '(' + this.age + ')\n'
      + '[' + this.mail + ']');
  }
}

const kim = new Person();
kim.name = 'kim';
const lee = new Person();
lee.name = 'lee';
lee.age = 28;

kim.print();
lee.print();
```

▼ 그림 A-13 Person 클래스의 객체를 생성하고, 속성 값을 설정해 print 메서드로 표시한다

```
      .JS  .D.TS  Errors  Logs  Plugins

[LOG]: "kim(0)
[nomail]"

[LOG]: "lee(28)
[nomail]"
```

예제를 실행하면, 두 Person 객체를 생성하고, print 메서드를 사용해 내용을 표시합니다. Person 클래스에는 다음과 같은 속성이 정의되어 있습니다.

```
name: string = 'noname';
mail: string = 'nomail';
age: number = 0;
```

속성은 값이 설정되지 않으면 undefined가 되어 문제를 일으킬 가능성이 있으므로 모두 초깃값을 설정했습니다. Person을 이용하는 부분은 다음과 같이 되어 있습니다.

```
const kim = new Person();
kim.name = 'kim';
```

new Person으로 객체를 생성하고 name 속성에 값을 설정하고 있습니다. 이렇게 해서 객체가 생성되면 kim.print()처럼 메서드를 호출하여 내용을 표시합니다.

객체의 속성과 메서드는 이와 같이 객체명.속성명 또는 객체명.메서드명 형식으로 지정합니다. 이렇게 함으로써 **어느 객체의 속성 또는 메서드인지**를 명확하게 구분할 수 있습니다.

또한, print 메서드를 보면 이 객체의 속성을 사용하기 위해 this.name, this.mail, this.age 등의 표현을 사용하고 있음을 알 수 있습니다. this는 객체 자신을 나타내며, this.name은 **이 객체의 name 속성**을 나타냅니다.

이 부분에서 다룬 객체의 기능은 자바스크립트와 동일합니다. 그래서 대강 알겠다고 생각한 사람도 있을 것입니다. 객체의 기본은 자바스크립트나 타입스크립트나 거의 같습니다.

A.3.3 생성자

실제로 사용해보면 클래스가 생각했던 만큼 편리하지 않다고 느낄 수도 있습니다. 무엇보다도 new로 객체를 만들고 난 후 하나하나 속성을 설정해야 했으니까요. 더 간단하고 빠르게 만들 수 없다면 굳이 사용하고 싶지 않을 것입니다.

이런 경우에 도움이 되는 것이 생성자(constructor)입니다. 생성자는 객체를 생성할 때 사용되는 특별한 메서드로, 다음과 같이 클래스 내에 정의됩니다.

```
constructor(인수) {
  …처리…
}
```

생성자에는 필요한 값을 전달하기 위한 인수를 설정할 수 있습니다. 생성자는 new로 객체를 생성할 때 자동으로 호출됩니다. 따라서 이곳에 인수를 준비해두면 new할 때 해당 인수를 지정할 수 있습니다.

그럼, 앞에서 만든 Person 클래스에 생성자를 추가해봅시다.

▼ 코드 A-17 생성자를 사용한다

```
class Person {
  name: string;
  mail: string;
  age: number;

  constructor(name:string,mail:string,age:number) {
    this.name = name;
    this.mail = mail;
    this.age = age;
  }

  print():void {
    console.log(this.name + '(' + this.age + ')\n'
      + '[' + this.mail + ']') ;
  }
}

const kim = new Person('kim','kim@gilbut',39);
const lee = new Person('lee','lee@flower',28);

kim.print();
lee.print();
```

▼ 그림 A-14 Person 객체를 생성하고 print한다

```
        .JS   .D.TS   Errors   Logs   Plugins

[LOG]: "kim(39)
[kim@gilbut]"

[LOG]: "lee(28)
[lee@flower]"
```

이전과 마찬가지로 두 객체를 생성하고 print 메서드로 내용을 표시하고 있습니다. 클래스 길이는 길어졌지만, 클래스를 이용하는 코드는 오히려 간단해졌다는 것을 알 수 있습니다.

클래스에 추가된 생성자를 다시 살펴봅시다.

```
constructor(name:string,mail:string,age:number) {
  this.name = name;
  this.mail = mail;
  this.age = age;
}
```

생성자에는 이렇게 세 인수가 설정되어 있고, 각각 객체 자신의 속성에 할당됩니다.

이렇게 생성자가 준비된 Person은 다음과 같이 객체를 생성합니다.

```
const kim = new Person('kim','kim@gilbut',39);
const lee = new Person('lee','lee@flower',28);
```

new를 사용해 객체를 생성할 때 생성자에 설정된 세 인수를 지정하고 있습니다. 이제 한 줄로 객체를 생성할 수 있게 됐습니다. 이 방법이 훨씬 간단하네요!

A.3.4 클래스의 타입

클래스는 객체에 정해진 성질을 부여합니다. 저장되는 속성, 실행할 수 있는 메서드 등은 클래스마다 정해져 있습니다. 이러한 특성 때문에 클래스는 타입스크립트에서 일종의 **타입(자료형)**으로 취급됩니다.

예를 들어 Person 클래스의 객체를 저장하는 배열을 생성하고 싶을 때 Person을 타입으로 지정하면 다른 객체가 추가되는 것을 방지할 수 있습니다. 클래스를 사용하면 특정 기능을 특정 클래스에서만 사용할 수 있도록 클래스별로 처리하는 일이 늘어납니다. 타입으로서 클래스의 역할이 점점 더 중요해지는 것입니다.

그럼, 실제로 앞에서 만든 Person 클래스를 다루는 배열을 만들어 사용하는 예를 살펴보겠습니다.

▼ **코드 A-18** 클래스를 배열의 타입으로 지정한다

```
class Person {
   …동일하므로 생략…
}

const data:Person[] = [];
data.push(new Person('kim','kim@gilbut',39));
data.push(new Person('lee','lee@flower',28));
data.push(new Person('park','park@happy',17));

data.map(value=>value.print());
```

▼ **그림 A-15** Person 배열을 만들어 객체를 추가하고 내용을 출력한다

```
     .JS   .D.TS   Errors   Logs   Plugins

[LOG]: "kim(39)
[kim@gilbut]"

[LOG]: "lee(28)
[lee@flower]"

[LOG]: "park(17)
[park@happy]"
```

여기서는 const data: Person[]으로 Person 타입의 배열을 생성하고, 이 배열에 push 메서드로 Person 객체를 추가하고 있습니다. data에는 Person 이외의 다른 객체를 추가할 수 없습니다. 따라서 이 배열의 내용을 사용할 때는 '모두 Person이다'라는 전제하에 코드를 작성할 수 있습니다.

마지막에는 배열 안에 있는 모든 Person 객체를 출력하기 위해 다음과 같이 map 메서드를 사용했습니다.

```
data.map(value=>value.print());
```

map은 배열의 메서드이며, 배열에 저장된 값 하나하나에 대해 인수의 함수를 호출합니다. 이 예제에서는 value=>value.print()라는 화살표 함수가 값마다 실행됩니다. value에는 저장되어 있는 각 Person이 전달되며, print 메서드를 호출하여 내용을 출력합니다.

이는 data에 저장된 것이 모두 Person이라 가능한 방식으로, 만약 Person이 아닌 다른 객체가 섞여 있다면 value.print()에서 에러가 발생합니다.

A.3.5 type을 이용한 타입 앨리어스

이처럼 클래스는 타입스크립트에서 객체를 다룰 때 매우 중요한 역할을 합니다. 하지만 조금 지나친 느낌이 드는 것도 사실입니다. 고작 두세 개의 객체를 만들어서 사용할 뿐인데 굳이 클래스를 정의하고 생성자를 작성하는 것은 상당히 번거롭습니다.

사실 더 간단하게 객체의 타입을 정의할 수 있는 방법이 있습니다. 바로 type 키워드를 이용하는 방법입니다. type은 새로운 타입을 정의하기 위한 키워드로 다음과 같이 사용합니다.

```
type 타입 이름 = 타입
```

type 뒤에 이름을 지정하고, =로 설정할 타입의 내용을 구체적으로 작성합니다. 여기에 객체의 구체적인 내용을 작성하여 객체를 특정한 내용의 타입으로 다룰 수 있게 합니다.

설명만 들어선 무슨 말인지 잘 이해가 안 될 수도 있으니, 실제로 사용하는 예를 살펴봅시다.

▼ **코드 A-19** type으로 객체 타입을 만든다

```
type Person = {
  name:string,
  mail:string,
  age:number
}

const data:Person[] = [];
data.push({name:'kim',mail:'kim@gilbut',age:39});
data.push({name:'lee',mail:'lee@flower',age:28});
data.push({name:'park',mail:'park@happy',age:17});

data.map(value=>console.log(value.name + '(' +
  value.age + ', ' + value.mail + ')')
);
```

▼ **그림 A-16** Person형 객체를 생성하고 표시한다

```
       .JS   .D.TS   Errors   Logs   Plugins

[LOG]: "kim(39, kim@gilbut)"

[LOG]: "lee(28, lee@flower)"

[LOG]: "park(17, park@happy)"
```

이전 예제와 마찬가지로 여러 Person 객체를 배열에 추가하고 그 내용을 map으로 출력하고 있습니다. 다만, 하는 일은 같지만 이번 코드에는 Person 클래스가 없습니다. Type으로 정의된 Person 타입만 있을 뿐입니다.

```
type Person = {
  name:string,
  mail:string,
  age:number
}
```

여기서는 name, email, age라는 세 값을 가진 객체가 Person이라는 타입으로 정의됐습니다. data:Person[ ] 배열에 추가하는 부분은 다음과 같이 되어 있습니다.

```
data.push({name:'kim',mail:'kim@gilbut',age:39});
```

인수로 지정한 객체는 Person 타입으로 판단되고 data에 추가됩니다. 내용이 다른 객체라면 Person 타입으로 판단되지 않고 에러가 발생합니다.

단, 여기서는 type으로 속성만 정의했기 때문에 Person 클래스를 사용했을 때처럼 print 메서드로 내용을 출력할 수 없습니다. 그래서 data.map에서 console.log를 사용해서 value 인수의 값을 출력하는 처리를 따로 만들었습니다.

클래스는 속성뿐만 아니라 메서드 등을 구현할 수 있어 더 강력하지만, **잠깐 사용하는 것**이라면 type으로 타입을 지정하는 것이 더 간단하고 편리합니다.

A.3.6 제네릭 타입

다양한 객체를 다루게 되면 **특정 객체만을 대상으로 하는 처리**를 여러 개 만들어야 하는 경우가 있습니다. 이럴 때 도움되는 것이 제네릭(generic) 타입입니다.

제네릭 타입은 어떤 클래스 안에서 특정 종류의 타입 값을 사용할 때 쓰입니다. 이는 다음과 같은 형태로 정의됩니다.

```
class 이름 <T> {…}
```

이름 뒤에 <T>라고 기술하면, 제네릭으로 지정됩니다. 실제로 이 클래스를 사용할 때는 T 부분에 다양한 타입을 설정할 수 있습니다. 즉, 이 제네릭 타입은 사용 **시점에 결정되는 타입**인 것입니다. 클래스 내에서는 T 타입(실행되기 전까지는 어떤 타입인지 결정되지 않은 타입)을 전제로 처리해야 합니다.

제네릭 타입 사용하기

제네릭 타입은 어떻게 사용하는지, 어떤 장점이 있는지 알아보겠습니다. 실제 예제 코드를 살펴봅시다.

▼ **코드 A-20** 제네릭 타입을 사용한다

```
class Data<T> {
  data: T[];

  constructor(...item: T[]) {
    this.data = item;
  }

  print(): void {
    switch (typeof(this.data[0])) {
      case "string":
        console.log("텍스트");
        const res = this.data.join('|');
        console.log(res);
        break;
      case "boolean":
        console.log("진위값");
        console.log(this.data);
        break;
      case "number":
        console.log("숫자값");
        let total = 0;
        this.data.map(value => total += +value);
        console.log('total:' + total);
        break;
      default:
        console.log('대응하는 타입이 없습니다.');
    }
  }
}

const d1: Data<number> = new Data(12, 34, 56);
const d2: Data<boolean> = new Data(true, false);
```

```
const d3: Data<string> = new Data('one', 'two', 'three');

d1.print();
d2.print();
d3.print();
```

▼ 그림 A-17 실행하면 Data에 저장된 값의 타입별로 표시가 달라진다

```
.JS   .D.TS   Errors   Logs   Plugins

[LOG]: "숫자값"
[LOG]: "total:102"
[LOG]: "진위값"
[LOG]: [true, false]
[LOG]: "텍스트"
[LOG]: "one|two|three"
```

세 Data 객체를 생성하고 print 메서드를 호출하여 내용을 표시하는 예제입니다. 그런데 결과를 보면 Data에 저장된 값의 타입에 따라 출력 내용이 달라지는 것을 알 수 있습니다.

여기서는 다음과 같은 형태로 클래스와 속성을 지정하고 있습니다.

```
class Data<T> {
  data: T[];
```

Data에는 <T>라고 제네릭 타입이 지정되어 있고, 데이터를 저장하는 data 속성은 T 타입의 배열로 되어 있습니다. data는 생성자에서 값이 설정되어 있습니다.

```
constructor(...item: T[]) {
  this.data = item;
}
```

여기서 T 타입 값이 data 속성에 저장됩니다. print 메서드에서는 T 타입이 실제로 어떤 타입인지에 따라 처리가 달라지도록 switch문을 사용하고 있습니다.

```
switch(typeof(this.data[0])) {
  case "string":
    …string형을 처리…
  case "boolean":
    …boolean형을 처리…
  case "number":
    …number형을 처리…
  default:
    console.log('대응하는 타입이 없습니다.') }
```

typeof(this.data[0])는 data의 첫 번째 값의 타입을 조사하는 것입니다. typeof 함수는 인수로 지정한 값의 타입을 string 값으로 반환합니다.

typeof 함수로 data에 저장된 값의 타입을 조사하고, case문을 사용하여 string인지, boolean인지, number인지 또는 그 외의 타입인지에 따라 각각 다른 처리를 합니다.

실제로 Data 타입을 사용하는 부분을 살펴보겠습니다.

```
const d1: Data<number> = new Data(12, 34, 56);
const d2: Data<boolean> = new Data(true, false);
const d3: Data<string> = new Data('one', 'two', 'three');
```

d1:Data<number>와 같이 Data 뒤에 <number>로 타입을 지정하고 있습니다. 이렇게 하면, <T>의 T 부분에 number가 설정됩니다. 마찬가지로 T에 boolean이나 string으로 설정하고, 그 값을 인수로 하여 new Data로 설정한 것을 볼 수 있습니다. 이들은 모두 Data 타입의 객체이지만, 저장되는 값의 타입에 따라 동작이 달라지는 것을 알 수 있습니다. 이것이 제네릭의 작동 원리입니다.

일반적으로 직접 제네릭 타입 클래스를 만들기보다는 제네릭 타입 클래스를 사용하는 경우가 압도적으로 많습니다. 특히 Next.js에서는 제네릭을 이용한 객체가 꽤 많이 등장하므로 우선 사용법만이라도 잘 이해해두는 것이 좋습니다. 제네릭 타입 클래스를 직접 만들지 못해도 상관없지만, 사용할 수조차 없는 것은 매우 곤란합니다.

A.3.7 앞으로의 학습 방향

이상으로 타입스크립트의 기본적인 기능을 간단히 설명했습니다. 사실, 절반 정도는 타입스크립트가 아닌 자바스크립트의 기능이었습니다. 타입스크립트를 사용하기 위해서는 무엇보다도 자바스크립트에 대한 이해가 중요하므로 어쩔 수 없습니다.

아직 설명하지 않은 기능이 많지만, 일단 이 정도의 지식이 있으면 타입스크립트로 Next.js 개발을 시작할 정도는 될 것입니다. 다만, 이는 '어느 정도 할 수 있을 것'이라는 의미이지, '이제 이것으로 완벽하다!'라는 의미는 전혀 아닙니다.

앞으로도 각자 타입스크립트를 계속 학습하기를 바랍니다. 더 본격적으로 공부하고 싶다면 〈타입스크립트 교과서〉(2023, 길벗) 책을 참고하세요.

찾아보기

A

anntation 362
App 컴포넌트 077
appendFileSync 289
App.js 038
async 222
await 232

C

cache 233
ChatGPT 314
className 079
Client Side Rendering 190
create-next-app 041
createRoot 037
CRUD 357
CSR 190

D

defaultProps 221
doAction 240
Document Object Model 019
DOM 019

E

enum 367
export 040

F

fetch 232
for문 370
force-cache 234
Function 383

G

generateMetadata 221
generateStaticParams 222
generic 395
GET 메서드 295
getServerSideProps 207
getStaticPaths 200
getStaticProps 179, 194, 195
GetStaticProps 179
global.css 141

I

Image 컴포넌트 133
import문 036
Incremental Static Regeneration 211
index.js 035
ISR 211

J

JSX 020

L

layout.tsx 047, 048
Link 컴포넌트 130

M

Metadata 050
mutate 292

N

NextApiRequest 287
Node.js 023
node_modules 034

no-store 234
npm 024
npm run build 190, 215
npm start 033, 190
npx 027
npx create-react-app 026

O

OpenAI 314

P

pages 폴더 155, 159
page.tsx 047, 052, 112
POST 전송 303
public 폴더 035, 131

R

ReactDOM 036
ReactNode 051
React.StrictMode 037
readFileSync 250, 289
reportWebVitals() 038
Representational State Transfer 357
Response 233

REST 357
RootLayout 051
Route Handler 293
router.query 170, 206

S

serverAction 244
Server Side Rendering 206
setInterval 214
Single Page Application 125
SPA 125
src 폴더 035, 158
SSG 192
SSR 207
state 082
style 096
Styled JSX 145
SWR 256

T

Tailwind CSS 115
Tuple 365
TypeScript 018

U

URLSearchParams 246
use client 191, 218
useEffect 089
useRouter 168
useSearchParams 226
use server 218
useState 082
useSWR 258

V

Vercel 053
Visual Studio Code 025
void 374

W

Web API 022
Web Vitals 038
writeFileSync 309

ㄱ

가변 길이 인수 378
가상 DOM 019
객체 리터럴 385

글로벌 변수 106
깃허브 065

ㄷ

데이터 공유 106
동적 라우팅 134, 167, 199
동적 렌더링 189

ㄹ

라우트 핸들러 293
라우팅 022, 125
라우팅 시스템 184
라이브러리 017
렌더링 185
렌더링 시스템 184
리액트 019
리액트 애플리케이션 034
리터럴 194

ㅂ

백엔드 016
비동기 함수 232
빌드 189

ㅅ

상속 151
생성자 389
서버 모듈 그래프 217
서버 사이드 기능 184
서버 사이드 렌더링 022, 155, 186
서버 액션 241
서버 컴포넌트 218
선언형 코딩 020
스타일 객체 099
스타일 클래스 096
스테이트 080
스테이트 훅 082

ㅇ

앱 라우터 154
열거형 367
이펙트 훅 089
익명 함수 380

ㅈ

자료형 392
자바스크립트 018
정적 렌더링 188
정적 사이트 생성 191
정적 속성 177, 195
제네릭 278, 395

ㅋ

커밋 063
컴포넌트 020, 072
컴포넌트 기반 페이지 274
쿼리 파라미터 227
클라이언트 모듈 그래프 217
클라이언트 사이드 렌더링 186, 190
클래스 387

ㅌ

타입스크립트 018
타입 애너테이션 362
튜플 365
트랜스컴파일러 018

ㅍ

파일 시스템 기반 라우팅 125
페이지 라우터 155
폼 전송 307
푸시 063
프런트엔드 016
프레임워크 017
프로바이더 269

ㅎ

화살표 함수 381
확장 문법 038

기호

{} 074
〈JSXStyle〉 146
@apply 124
_app.tsx 161
{children} 174
_document.tsx 160
_layout.tsx 173